図解 れなくなるほど面白い

世界史

鈴木 旭
Akira Suzuki

日本文芸社

はじめに

前代未聞の歴史本が現れた。と言うと大袈裟かもしれないが、確かに見たこともない本である。世界史なのに日本史が混在している。と言うよりも、日本史が世界史として書かれているということである。世界史という単一のタイム・テーブルの上で、日本史も、中国史も、アメリカ史も、ヨーロッパ史も、ロシア史も、世界中のあらゆる出来事が並んでいる。

地域も異なれば、文化の質も異なる。それを単一のタイム・テーブルの上に並べるのは無茶ではないか、という意見もあるかもしれないが、ぐずぐず、あれこれ言う前に、まず手に取ってページをめくって欲しい。何か、感じることがあるはずだ。まったく無関係の事件だと思ったり、別々の事柄だと思っていたことがつながっていたり、関連性、関係性が見えてくる。

そうなのだ。一つの地球の上で起きている事柄、事件は何らかのつながりを持って起きている。その関連性、関係性を系統的に学ぶのが世界史なのだが、従来はなぜか、コマ切れ状の地域の歴史程度の追及しか、なされて来なかったような気がする。筆者自身、そういう方法論に何の疑問も抱かず、歴史を追求してきた。それで十分に足りて来たからだ。

しかしいま、日本史を日本国民として学ぶにしても世界史的視野の広がりの中で見て行くようにしなければ理解できない。端的に言えば、現代人はかつての日本国民の意識、知識、行動範囲にさえも到達していない。たとえば戦前の国民は現代人のように身軽に世界中を動き回っていないが、確実に台湾、朝鮮、満州、中国全土、東南アジア諸国諸地域、南洋諸島を身近に感じていた。それは植民地化とか、侵略とか、戦争とか、そういう問題ではない。地理的感覚であり、生活感覚であり、世界観である。

あまりにもスケール観に違いがありすぎるという気がしてならないのである。幕末から第二次世界大戦の敗戦に至る間の日本国民は、身長は大きくなかったものの、背筋が伸びて姿勢が良く、志が真っすぐで、大きかったように思う。単純な戦前懐古趣味、ノスタルジアではないか、と言われそうな気もするが、そういう批判では済まないような気がする。

人間のスケールが違い過ぎる。現代人は戦前に比較して小さくなったということである。本書を読んで大きなスケールで世界を飲み込んでもらいたい。

令和二年九月　自宅書斎にて記す

鈴木 旭

眠れなくなるほど面白い
図解 世界史

目次

はじめに …… 2

序章 アジアの目覚め

01 日本列島の縄文文化 土器を発明し文化を創造した原日本人 …… 12
02 メソポタミア文明 農業と都市国家を生み出した灌漑技術 …… 14
03 黄河・長江文明 大河の辺で花開く小河川文化の集合体 …… 16
04 エジプト文明 古代王国とピラミッドを生んだ母なるナイル …… 18
05 インダス文明 前後の脈絡がない完璧な都市文明の謎 …… 20

第1章 古代国家の誕生

06 古代メソポタミア サルゴン王とハンムラビ王による統一と再統一 …… 22
07 エジプト中王国 地方豪族の成長、混乱の時代を経て再統一 …… 24
08 クレタ・ミケーネ文化 オリエントとは異なる地中海の明るい文明 …… 26
09 鉄の民ヒッタイト 強引なオリエント統一を進める馬と鉄の民 …… 28

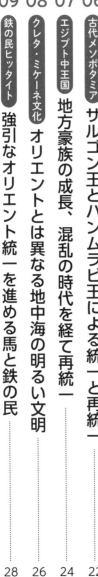

10 エジプト新王国 侵略者を一掃しエジプトの栄光を回復す……30
11 アッシリア帝国 オリエント世界をはじめて統一した専制帝国……32
12 フェニキア人 「海の民」の地中海交易と植民市建設……34
13 黄河周王朝 易姓革命で周の武王が殷王朝を打倒……36
14 インド カースト制度の成立 アーリア人の侵入でできたカースト制度……38

第2章 古代国家の統一と分散

15 中国 春秋戦国時代 王朝の東遷から約五五〇年間、乱世を繰り返す……40
16 日本 神武王朝成立 単なる神話で片付かない古代国家の誕生……42
17 ペルシア アケメネス朝 ダレイオス大王、史上最大の大帝国を統治する……44
18 ギリシア・ペルシア戦争 新興ギリシアが専制帝国ペルシアを破る……46
19 ローマ 共和制ローマ イタリア半島に平民主導の共和制ローマ出現……48
20 マケドニア アレクサンダー大王 東西融合を図るアレクサンダー大王の東征……50
21 中国初の統一国家＝秦 春秋戦国を生き残り中国初の統一国家を建てる……52
22 中国 漢王朝 漢王劉邦から武帝に繋ぐ漢帝国の世界的発展……54
23 日本 北九州の小国連合体 続々と輩出する群小諸国の大陸詣で……56

第3章　変動するアラブ世界とヨーロッパ

24 帝政ローマ　ローマ軍、クレオパトラのエジプトを征服する……58
25 ミラノの勅令　ローマ帝国の曲がり角。キリスト教を公認する……60
26 ゲルマン民族の大移動　西ヨーロッパに侵入するゲルマン諸部族の働き……62
27 隋の建国　国際文化国家となる唐の土台を作った隋王朝……64
28 大唐国　空前の世界帝国として君臨する大唐国の出現……66
29 天武天皇の世紀　大唐国に相対し日本国と称す。天子に対抗し天皇と称す……68
30 ウマイヤ朝　アラブ人以外に一気に拡散するイスラム教……70
31 アッバース朝　東の長安と並ぶ西の国際都市バグダードの発展……72
32 フランク王国　ローマ教会と結託するカール大帝の遠望……74
33 フランク王国の分裂　王国の分裂で仏・独・伊三国の基礎が作られる……76
34 中央アジア トルキスタン　イスラム世界に台頭するトルコ系部族集団……78

第4章　大航海＝植民地支配の開幕

35 十字軍の時代　度重なる十字軍大遠征の功と罪……80
36 ドイツ ハンザ同盟　エルベ川以東の中世都市連合体＝ハンザ同盟……82

37 イタリア都市国家 皇帝と教皇、諸侯間の抗争の渦中で台頭する都市国家 84
38 モンゴル帝国 途方もない世界帝国を築いたモンゴルの騎馬軍団 86
39 元帝国 中興の祖、第五代フビライ・ハンが中国に元王朝を開く 88
40 イギリス大憲章 ローマ教皇に代わる国王の成長を制限するイギリス 90
41 フランスジャンヌ・ダルク ジャンヌ・ダルク、イギリスから領土奪還に成功 92
42 イタリアルネサンス 海外領土まで所有するイタリア都市国家の富と文化 94
43 ジェノバ太平洋航路の開拓 大航海時代は都市国家間の利権争いから始まった 96
44 スペインフェリペ二世 大航海時代の覇者スペイン＝「太陽の沈まない国」 98
45 イギリス開拓と植民 スペイン無敵艦隊を撃破し世界の制海権を掌握する 100
46 オランダ新教徒の独立戦争 ゴイセンと呼ばれたカルヴァン主義者の国が誕生 102

第5章 近代国家の誕生

47 日本織豊政権 アジアで唯一の絶対主義国家の可能性 104
48 日本徳川幕府 外国貿易と国内市場育成を抑圧した幕府 106
49 フランスルイ14世 太陽王のフランス絶対主義国家建設の展望 108
50 プロイセン王国 ドイツの東方植民が生み出した地主貴族の軍事国家 110

51 ロシア ロマノフ王朝 とり残されたヨーロッパ東端＝アジア西端の帝国 …… 112
52 イギリス 産業革命 機械による大量生産と大量輸送時代の開幕 …… 114
53 アメリカ 独立戦争 北アメリカ十三州の独立宣言「代表なくして課税なし」 …… 116
54 フランス革命 ブルボン王朝を葬ったパリ民衆の革命思想 …… 118
55 フランス ナポレオン戦争 革命軍＝国民軍を率いる新時代の英雄ナポレオン …… 120
56 ウィーン会議 ヨーロッパの再編 会議は踊る。されど進まず。ナポレオン後の戦後処理 …… 122

第6章 帝国主義と植民地経営

57 東南アジア 植民地化 欧米列強による急速かつ苛烈な植民地支配 …… 124
58 中国 阿片戦争 文明の落差を知らぬ清王朝の無知に付け入るイギリス …… 126
59 インド セポイの乱 イギリスのインド破壊・植民地支配を拒絶する傭兵隊の反乱 …… 128
60 ビスマルクのドイツ統一 至上命令。断固たる鉄血政策によるドイツ統一 …… 130
61 アメリカ 南北戦争 黒人奴隷を巡る南北アメリカの二つの価値観と相違点 …… 132
62 日本 明治維新 迫る外圧に日本が選択した「明治維新」という特異な道 …… 134
63 日清＝日露戦争 東アジアに漂う古代中国の亡霊と帝政ロシアの野望 …… 136
64 中国 孫文と辛亥革命 三民主義を掲げて中国改革の先鞭を成す …… 138

第7章　戦争と革命の時代

65　セルビア 第一次世界大戦　誰が勝者か？　果てしなく続く消耗戦＝マルヌの戦い……140
66　アメリカ 宣戦布告　ヨーロッパ中心の列強体制がアメリカ中心に変わる……142
67　ロシア革命　「帝国主義戦争を内乱に転化せよ」……144
68　アメリカ 国際連盟　アメリカ抜きのアメリカ体制＝国際連盟の発足……146
69　アメリカ 世界恐慌　金本位制を崩壊させ、再度の植民地争奪戦突入……148
70　ドイツとイタリア 持たざる国　政局混迷に乗じて台頭するナチズムとファシズム……150
71　イギリスとフランス 対ナチス戦略　ナチスの領土拡大に対抗する英仏の国土防衛戦略……152
72　日中戦争　やむなく掲げた『大東亜共栄圏』建設のスローガン……154
73　日本 ポツダム宣言の受諾　連合国の総反撃を受け、伊・独・日は相次いで降伏す……156

第8章　アメリカ体制の成立と崩壊

74　東アジア 独立と解放　植民地支配から脱却したアジア諸国の解放と独立宣言……158
75　戦後世界 国際連合　米ソ主導の戦後世界体制＝東西冷戦時代の始まり……160
76　日本 極東軍事裁判　戦争は犯罪か？　後世に汚点を残したＧＨＱ……162
77　中国 毛沢東　戦後のドサクサに紛れて独立。社会主義国を宣言する……164

78 朝鮮戦争 アメリカ＝日本とソ連、中国が激突する …… 166
79 東欧世界 民主化闘争 ソ連支配からの脱却と民主化・自立のための戦い …… 168
80 西欧統合の動き 統合を目指す西欧諸国の願い＝経済協力事業 …… 170
81 ベトナム 独立戦争 米ソ支配に抵抗する土着民独自の民族独立戦争 …… 172
82 ソ連 ペレストロイカ（改革） 社会主義神話を崩壊させたゴルバチョフ物語 …… 174
83 ドイツ 東西交流と統一 ベルリンの壁の崩壊と東西ドイツの合流 …… 176

終章 混迷打開への道

84 中国 経済発展と米中関係 市場経済制度を導入し「世界の工場」としてドルを稼いだが、いま …… 178
85 アメリカ 対中国政策の見直し 「アメリカ・ファースト」と戦後体制再編成を目指す …… 180
86 北朝鮮 ミサイルと原爆開発 金正恩の大言壮語「核抑止力で国守る」？ …… 182
87 韓国 外交失敗の悲哀 日本、アメリカと決別し漂流する韓国。中国に救いを求める …… 184
88 イギリス EU離脱 EU離脱はイギリス没落の始まりか？ …… 186
89 日本 領土・外交問題 漂流する日本はどこへ行くのか？ …… 188
おわりに …… 190

ブックデザイン 株式会社ウエイド（菅野 祥恵）
イラスト 株式会社ウエイド（山岸 全）
DTP 株式会社ウエイド（菅野 祥恵、六鹿 沙希恵）

図解 眠れなくなるほど面白い

世界史

01

土器を発明し文化を創造した原日本人

世界初の食糧保存と加工を目的とする道具＝土器を発明する。

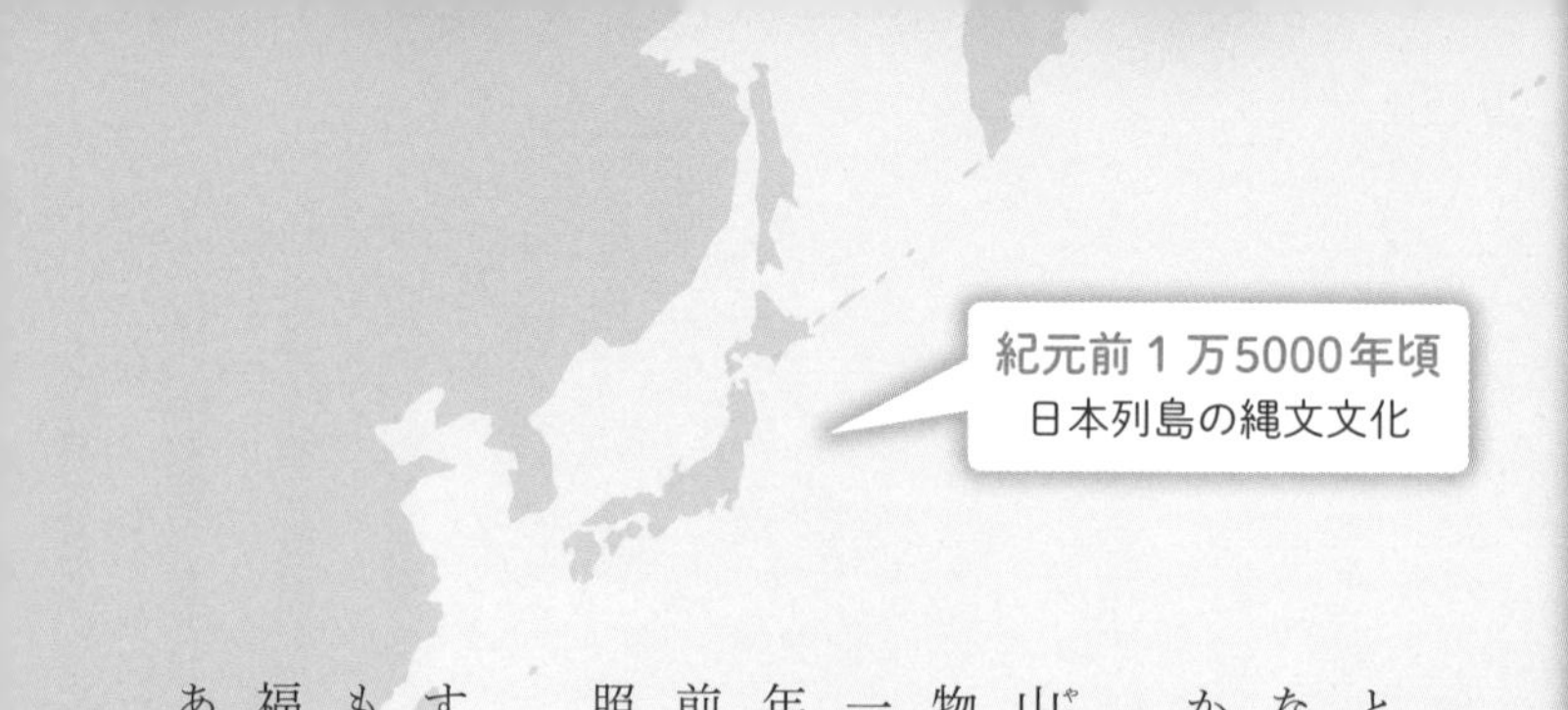

日本の縄文文化が世界最古の新石器文化であると言えば、多くの人が怪訝《けげん》な顔をされるかもしれない。しかし、これは紛《まぎ》れもない事実であり、しっかり記憶しておかなければいけない。

平成十一年（一九九九）、青森県蟹田《かにた》町の大平《おおだい》山元《やまもと》遺跡で出土した無文土器に付着していた炭化物の年代測定をしたところ、一万六五四〇年前～一万五三二〇年前という結果が出た。放射性炭素年代測定では一万三七八〇年前～一万二六八〇年前だったのが、樹木や年輪、珊瑚などのデータと照合して補正したのである。

より正確かつ精密な測定結果が前出の年代だとすれば否定する謂《いわ》れはない。それにしても三千年も変化すのは穏やかではない。しかし、日本には福井洞窟（長崎県吉井町）で縄文草創期の土器である爪形文《つめがたもん》土器が出土した地層の下で、旧石器文化では最後の石器になる細石刃と一緒に隆線文《りゅうせんもん》土器が見つかっている。

測定結果は一万二七〇〇（±五〇〇）年前だった。他にも泉福寺洞穴遺跡（佐世保市）では隆線文土器出土の下層で豆粒文《とうりゅうもん》土器が出ており、神奈川県大和市でも同様の結果が出ている。少しも珍しいことではない。重要なことは従来、**世界最古とされてきたメソポタミア産の土器よりも七、八千年も古い**ということである。

七、八千年という時間差をどう考えるのか。ここから世界史に入って行きたいのである。そのためには土器の制作年代が古い、新しいというだけではない。**農業生産が始まり、織物・編み物が手掛けられ、定住生活が始まった**ことなどを総合的に把握しなければいけない。これが満たされたとき、世界最古の新石器文化となる。

縄文遺跡と草創期の縄文土器出土状況

亀ヶ岡遺跡
遮光器土偶など縄文晩期の代表的な土器を数多く出土
函館空港遺跡
縄文早期の集落跡が出土
大湯環状列石
縄文後期に造られた、内側と外側に同心円状に並ぶ組石遺構
三内丸山遺跡
ピーク時には500人を超えたと推定される大集落跡、大型掘立柱建築物跡など出土。前期から中期にかけ1500年も続いた
菜畑遺跡
縄文晩期の水田跡などが出土
福井洞穴
1万2700年前の隆線文土器が細石刃とともに出土
板付遺跡
縄文晩期の水田跡や水路跡などが出土
尖石遺跡
竪穴住居跡を発掘。縄文中期の集落を形成していた
上野原遺跡
50軒近い住居や集石遺構をともなう集落で、定住生活が行なわれていたことを示す縄文早期の集落跡
泉福寺洞穴
隆線文土器や豆粒文土器を出土
※貝塚は他にも多数発掘されている

Column

海を渡った縄文人
各地で発見された縄文土器

意外なニュースがある。

カムチャッカ半島やベーリング海峡のセントロレンス島、ロシアのサンクトペテルブルグの近くにあるラーガ湖で縄文土器に酷似した土器が出土したと、人類学の西村真次氏（早稲田大学教授）が、その著『世界古代文化史』（東京堂）で報告している。

この事実は日本列島と北アメリカ、ロシアは縄文の昔から結ばれていた可能性を暗示している。海は自由往来を阻む障害にはならなかった。縄文人は海を自由に往来したのである。ダブルカヌーやアウトリガー（舷外浮材）カヌーにすれば、船上に小屋を乗せることができる。長期の洋上生活ができたのである。

外野席

約１万年前の日本の定住集落　鹿児島県国分市の上野原遺跡が紀元前 7500 年頃には 50 軒近い住居や配石遺構を伴う集落になっていた。縄文早期に早くも定住生活をしていた。青森市の三内丸山遺跡もほぼ同じかそれ以上の規模の集落（野球場１つ分）だった。北海道でも函館空港遺跡群で見つかり、次々に実証されつつある。

02

農業と都市国家を生み出した灌漑技術

灌漑技術がスケールの大きな都市国家を出現させた。

メソポタミア文明のルーツは、チグリス川中流の町、キルクークの東方にある台地上で発見された集落ジャルモ遺跡である。紀元前六五〇〇年頃、土器の使用の他、ムギの栽培と日干し煉瓦《れんが》による住居建設が確認されている。

定住生活が実現されていたのである。

しかし、**メソポタミア文明の特徴である灌漑《かんがい》農法**はまだ始まっておらず、天水農法であった。それが紀元前六〇〇〇年代半ば、チグリス＝ユーフラテス流域の中流にあるサマッラ遺跡において、灌漑利用の農業が始まるとわずか五百年の間に、あっと言う間に下流に広がって行く。

それを象徴するものが、灌漑技術なしには育成されない六条大麦やパン小麦、栽培種亜麻の栽培だった。チグリス＝ユーフラテス下流、メソポタミア南部の乾燥地帯でも灌漑技術を利用すれば、それを生産することが可能であり、農業生活はできることが実証されたのである。

こうして**開拓地が急激に広まり、大規模な集落が形成されるようになるとジッグラト（神殿）を中心とする都市国家が出現する。**いわゆるウバイド文化が最初の都市国家を実現するのであるが、以来、新石器文化の集大成をなすメソポタミア文明が花開くことになる。

農耕可能領域が飛躍的に広がり、メソポタミア中流はもとより下流の肥沃な沖積地に広がって行く中で大輪の華を咲かせたのである。これが文化論として灌漑農耕が小さく、部分的に語られるのではなく、日干し煉瓦の発明、ジッグラトの建設、楔形《くさびがた》文字の発明など、**多様な文化的要素を集合して表現する概念として「文明」という用語で表現される**ことになるのである。

農耕の発展と社会基盤の変遷

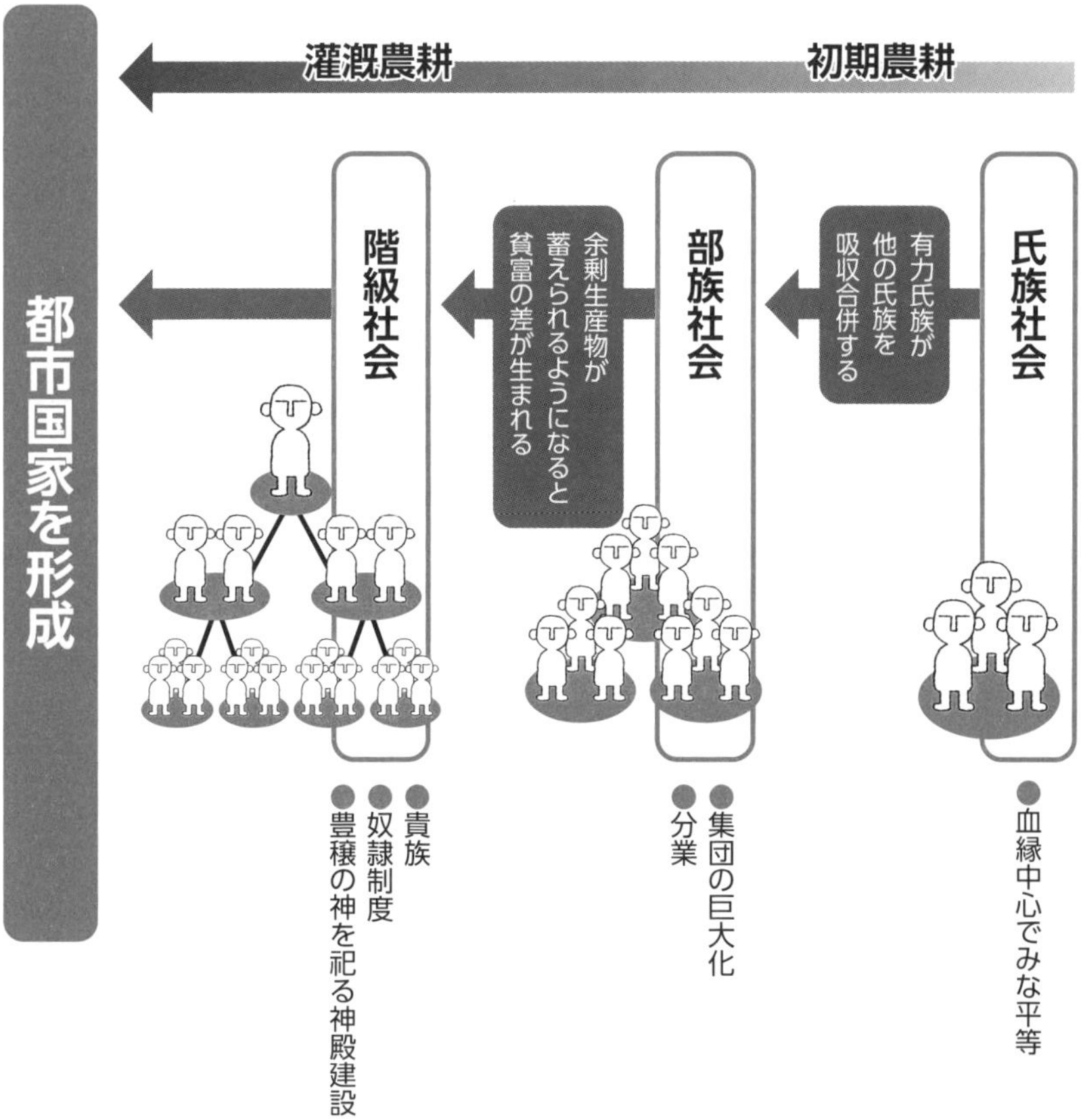

Column

現代の紛争地帯を流れ下る、チグリス＝ユーフラテス川

東トルコのタウルス山脈を源流としてトルコとシリアの国境東端を下り、イラク領内を北から南に貫流。ユーフラテス川と合流した後、ペルシア湾に入るチグリス川。全長一八五〇キロに及ぶ。

他方、相棒のユーフラテス川はチグリス川の一・五倍、二八〇〇キロ。トルコ最大の湖、ヴァン湖を源流としている。従って、この川の水はどの国の所有になるのか、国籍不明。トラブルが絶えない。

近代になって、メソポタミア周辺の諸国は無理矢理、独立させられたが、土着する部族社会の生活習慣を無視して欧米先進国の都合で国境線が引かれたため、いまも紛争は絶えない。

外野席　**正体不明？謎のシュメール人**　チグリス・ユーフラテス川下流、メソポタミアの湿原に開拓民として進出したシュメール人の人骨がエリドゥ、ウル、キシュ、ウバイドなどで発見されたが、一定の形質人類学的特徴が見られない。結局、様々な人種的特徴を有する民族が混在していたという結論に落ち着いた。多くの民族が共存する世界。

03

大河の辺《ほとり》で花開く小河川文化の集合体

解明進む中国華北・華中の多元的な小文化とそのつながり。

紀元前
6000 ～ 5000 年頃
黄河・長江文明

従来の中国史観では「黄河流域から各地へ文化が伝わった」と言われてきたが、一九七〇年代以後、長江流域で河姆渡《かぼと》遺跡（紀元前六〇〇〇年～五〇〇〇年）の発掘調査が進む中で、この説は修正された。大量の稲籾《もみ》が発見され、高床式住居が発見されたのである。

さらに中国東北部の遼河《りょうが》周辺でも文化の痕跡を残す遺跡の発見が進んでいるため、現在では**「黄河・長江文明」と総称し、①遼河流域、②黄河上流・中流・下流、③長江上流・中流・下流に分類し、それぞれの小河川文化が互いに影響し合い、独自の発展を遂げてきた**と認識されている。

その上、屋上屋根を重ねる如く、ビッグニュースになったのは二十世紀後半、四川省広漢市で三《さん》星堆《せいたい》遺跡が発見され、大量の青銅器が出土したこと。予想外の土地で怪異な青銅の面が多数発掘されて話題になった。

四川省は地形的に他の地域から途絶しており、黄河・長江両文明とも区別されるので、異質な文明として受け止められている。歴史的にも中華文明史観では把握されない「化外《けがい》の地」であり、視野の外にあった土地で発見されたため、中国文明には含まれないという見解もある。

いずれにせよ、こうした事実が連続したため、現在の考古学会では「黄河文明」という用語だけでなく、**「四大文明（メソポタミア・インダス・エジプト・黄河）」という用語も実情に添わない**死語扱いとなっていることを記しておきたい。

同じように、仰韶《ぎょうしょう》文化と竜山文化が黄河文明の中核をなし、中原の地に拡散し、中国文明の中心になったという説明は事実に反するだけでなく、間違っているということも指摘されている。

黄河文明と長江文明の範囲

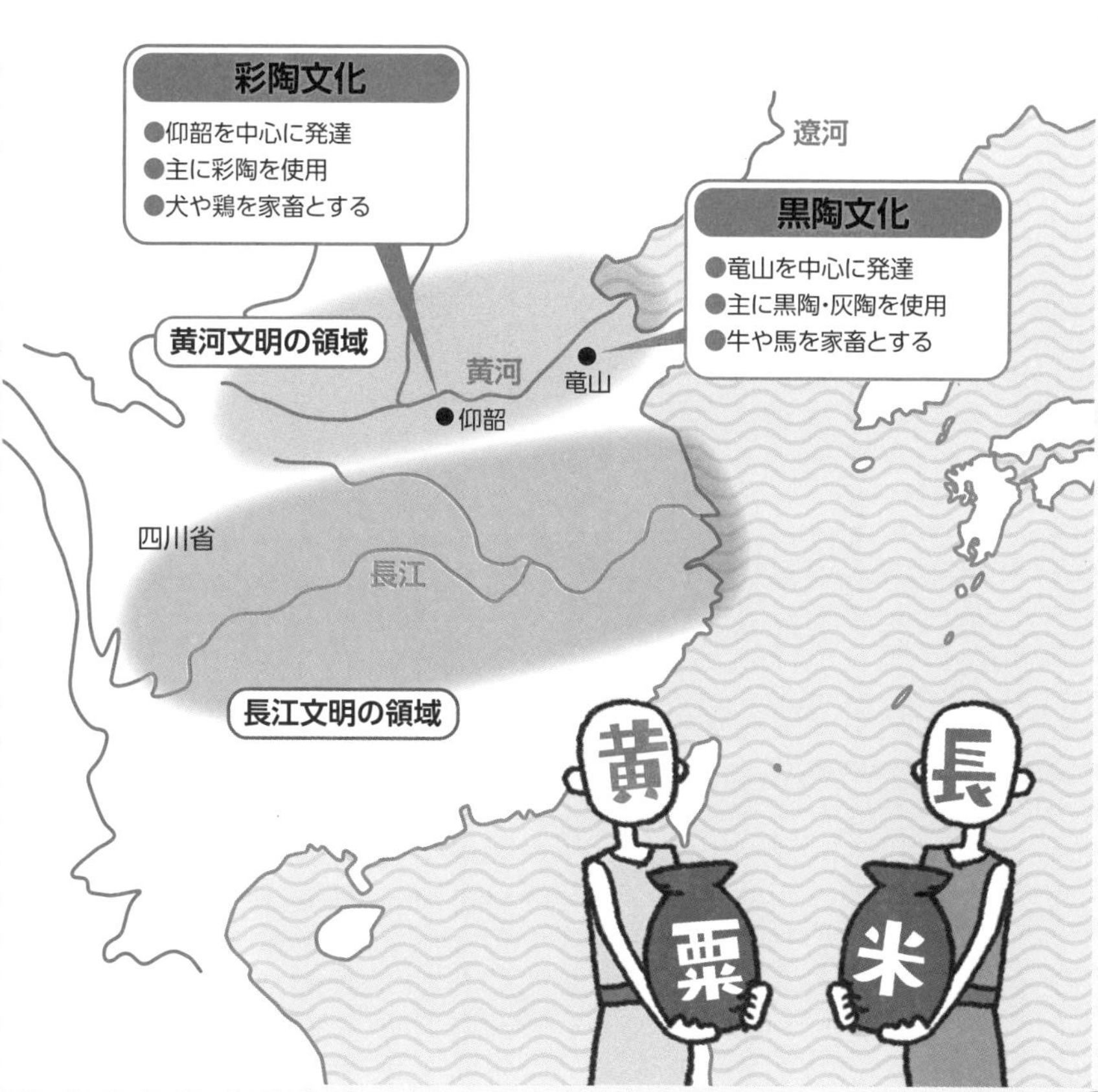

Column

中華史観は破綻した多元多様な古代中国の文化

一九七〇年代以後、中国考古学は長足の進歩を遂げ、紀元前五〇〇〇年紀の遺跡発掘で大きな成果を挙げた。山東方面で仰韶文化と並ぶ大汶口《だいぶんこう》文化を発見し、長江下流で河姆渡遺跡を発掘したとき、黄河中心の史観は覆された。

続いて、独自の個性を持つ文化が実在したことが証明された。黄河では大汶口文化に続く後岡文化、二里頭文化、長江では屈家嶺文化、良渚文化などである。

現在、中国考古学会は研究半ばにあり、この先、どう展開されるのか、予想は難しいが、事実（調査結果）に即して多元多様な文化状況を正当に評価する視点と方法を示して欲しいと思う。

外野席　**中国文化は黄河流域だけではない**　PEAPLE'S REPUBLIC OF CHINA。中華人民共和国の英語的表現だが、なぜ CHINA が中華になるのか。CHINA はシナでいい。中国には春秋戦国時代以来、現代に至るまでの中国歴代の王朝には「黄河文明地帯＝中原の地＝世界の中心」という中華思想があったからではないだろうか。

04

古代王国とピラミッドを生んだ母なるナイル

上下エジプトの二大勢力を合体し、統一する母胎が形成される。

現代のエジプトは砂漠地帯にあるので「砂漠の国」のように思われているが、**古くから「ナイルの賜物《たまもの》」と言われる大河の恵みによって、確実に営まれる緑豊かな穀倉地帯であった。**

毎年七月から十月になるとナイルの大河は増水し、上流から肥沃な腐葉土を含む泥水を運んで来てくれるからだ。氾濫を繰り返して周辺の土を肥やしてくれるので、特に肥料を与えなくても年に二〜三回も収穫できたのである。

ナイルの流れはチグリス＝ユーフラテス川のような暴れ川ではなく、いつも穏やかだったので、**古代エジプト人は「ベイスン・システム（溜池灌漑法）」を管理すれば差しさわりがなく、それぞれのノモス（州）ごとに公正な土地の分配と管理ができた。**水争いはなかったという。

このエジプトで人びとが定住し、農業を営むようになったのは紀元前五〇〇〇年頃であり、確実な農耕の痕跡はそれから五百年後、モエリス湖畔のファイユーム文化が初見になる。穀物を栽培し、羊と山羊を飼育していた。**エジプトはこの後、上下に分かれて発展し、統一される。**

下エジプトはカイロ周辺で小麦、大麦を栽培し、牛や羊、豚、山羊を飼育していたが、集落の痕跡は見られるものの、道具類は乏しかった。シリア、キプロス、メソポタミアと共通するものが多く、その影響下にあったものと見られる。

間もなく、デルタの付け根にあるマーディ遺跡（紀元前三五〇〇年）に引き継がれるが、この頃、上エジプトで隆盛を誇るナカダ文化の強い影響下に置かれ、独自性を失って行く。上エジプト主導の王権が成立し、上下エジプト統一の機運が盛り上がって行くのは間もなくのことである。

母なるナイル川

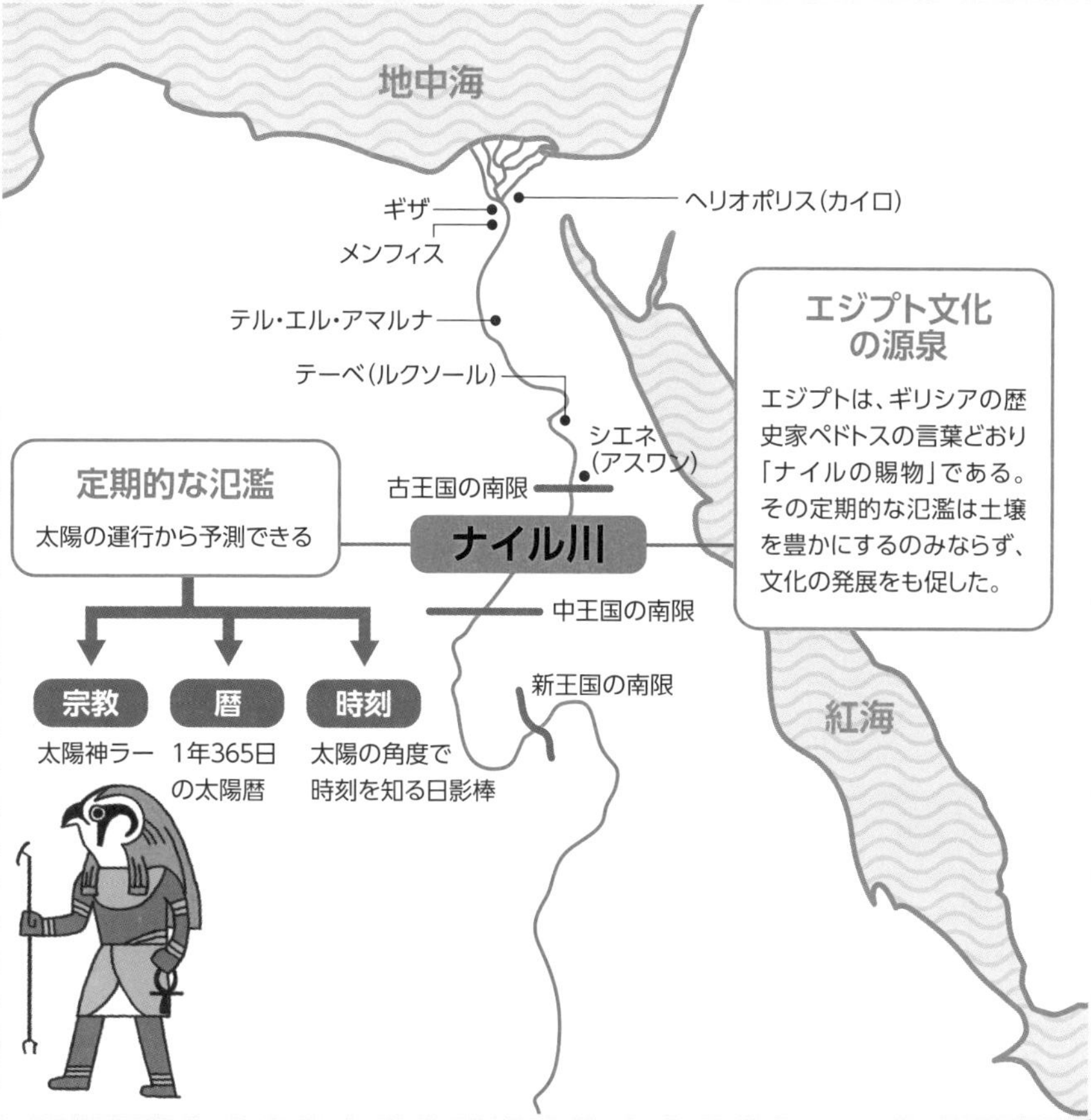

Column

エジプトを支えたベイスン・システム

ナイル川は毎年夏、定期的に水と肥沃な土をエジプトに運んでくれた。その恵みを効果的に利用する技術としてエジプト人が考えたのが「ベイスン・システム」という灌漑用水制御技術だった。

　氾濫する水の流入経路に堤防を造って堰《せ》き止め、水門の開閉をして必要なだけの水量を制御する施設であるが、この施設はさらに別の機能も果たしていた。肥沃な泥土を沈殿させ、水を土に浸透させることで土壌に含まれる塩分を洗い流す働きもあった。

　しかしいまは、上流の巨大ダムのせいで氾濫もなく、ベイスン・システムの用はなくなってしまった。幸か不幸か。判断は難しい。

外野席　**百家争鳴のピラミッド論争の決着点**　『太陽と巨石の考古学』（法政大学出版局）によれば、ピラミッド関係の研究書は300冊以上もあった。商業出版図書は含まれていない。ではどんなことを書いているのか。天文学？日時計？ 文明のモニュメント？ 水の供給ポンプ？ ファラオの墓？ 永遠の生命維持装置？ まだ定説はない。

05

前後の脈絡がない完璧な都市文明の謎

突然に始まり、突然に消えた文明の正体は未だにわからない。

いわゆるインダス文明は、どういう文明なのか、未だにわからない。不明のままである。

二十世紀初頭、**ハラッパー遺跡とモヘンジョダーロ遺跡の発掘によって、規則正しく組み立てられた都市文明の全容が明らかに**され、その後、現在に至るまでの間、遺跡の発見事例は六百事例に及び、発掘されたのはインドが九十六、パキスタンが四十七、アフガニスタンが七、合計百四十七遺跡にも及ぶが、未だに不明である。

しかし、突然に現れ、忽然《こつぜん》と消えた都市文明と表現された常套句はいま、広大な版図に点在する遺跡の調査が進むにつれ、必ずしもそうではないことが判明してきた。**モヘンジョダーロを除いて、すべての都市が最初から完成された都市として現れる**ということだ。

つまり、モヘンジョダーロだけが唯一、途中から計画都市に変更された形跡があり、しかも、一番下の無遺物層までの間、十二メートルもの文化堆積層があったのだ。残念ながら、地下水位の上昇で発掘はできないが、可能性を暗示する。一日も早く、その実態を解明して欲しい。

モヘンジョダーロはどこから来たのか?

少なくとも**モヘンジョダーロでは、他の古代文明では当然見られる神殿や宮殿、王墓などが見られないが、城壁と市街地はきちんと正確に区分され、何度か洪水で破壊されているが、その都度、寸分違わず、再建された。**当初の都市計画案は厳格に守られたのであった。

そして、どこへ行ったのか? このモヘンジョダーロから北東方向へ進出し、すでに先ハラッパー文化によって開発の進んでいた地域、すなわち、インダス流域に拡散して行ったのであろう。

インダス文明

インダス文明ではモンスーン気候を利用して、早くから稲作が行なわれていた。こうした経済的安定を背景として、インダス川流域に都市文明が興った。モヘンジョダーロとハラッパーが、その二大遺跡だ。

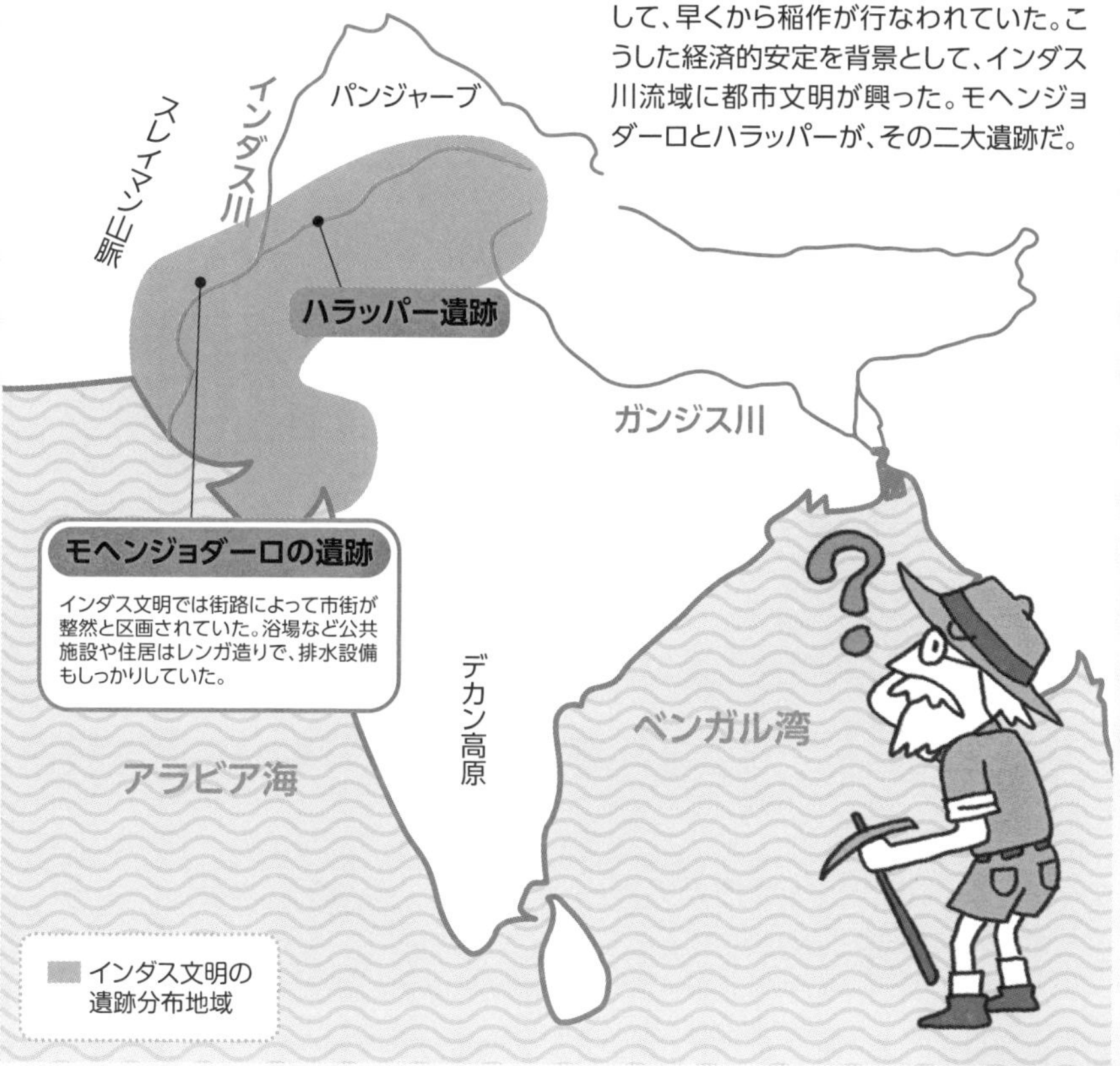

Column

消えた都市文明――広大な版図に点在する都市

インダス文明の遺跡群は六百余に及び、その分布範囲は地図を広げて見れば驚くほどに広い。

東はインドのニューデリー、西はパキスタンの西端マクラーン、南はインド・カンベイ湾を見下ろすグジャラート、そして北はインド最北端のシムラ丘陵である。その距離は東西一五五〇キロ、南北一一〇〇キロに及ぶ。

インド、パキスタン両国の考古学的探究のおかげでずいぶん、研究は進んでいるものの、最初に発見された二つの遺跡、モヘンジョダーロとハラッパーを凌駕する遺跡は見つかっていない。

何か、見落としているものはないか？ 手掛かりはないものか？

外野席 **大浴場はワニの養殖施設？** インダス遺跡。モヘンジョダーロの市街地を見下ろす高台の大浴場は、沐浴のために使われた大浴場ではなく、ワニの養殖施設だった？ 大浴場の長さ12m、幅7m、深さ3mは浴場に使うには深すぎるという。実際、「ワニは神様の乗り物である」という神話があり、飼育しているところがあるという。

06

サルゴン王とハンムラビ王による統一と再統一

サルゴン王のアッカド王国建設からハンムラビ王の法による支配へ。

紀元前 2300年頃〜
古代メソポタミア

紀元前三〇〇〇年頃、メソポタミア南部各地には、**シュメール人が築いたエリドウ、ウル、ウルク、ラガシュ、シュルッパク、ニップール、キシュなどの都市国家が乱立**し、交易ルートや水利権を巡って対立することが多くなっていた。

その中で勝ち残ったのが、**アッカドの王サルゴン**であった。メソポタミア初の統一王となったサルゴンは、直《ただ》ちにユーフラテス中流のマリ王国とシリアのエブラ王国に侵攻。マリ王国から中流の航行権を奪い、エブラ王国からは金銀の産地、木材の伐採権、織物技術を奪った。

そこで大きな役割を果たしたのが楔形《くさびがた》文字。神殿経営、交易と税金の記録に使われ実用文字だったのが文章表現手段になったこと。それに伴って、シュメール語に限られていた楔形文字がアッカド語の表記にも使われるようになった。

しかし、ウル第三王朝が台頭し、アッカド王国滅亡後、メソポタミアを再統一するが、再び乱世の世相を呈するや、**バビロンを本拠とするアムル族の王ハンムラビが旧シュメール系部族やエラム族との融和を図り、全メソポヤミアの平和と統一を実現する**。三つの戦略が策定された。

第一は消滅しつつあるシュメール語文献をアッカド語に翻訳する。第二はシュメール法典類を集大成し「ハンムラビ法典」を編纂する。そして第三はシュメールの主神エンリルとバビロンの地主神マルドゥクを合体させ、「ベール・マルドゥク信仰」を確立すること。

その結果、ハンムラビ王の権威は否応なしに高まり、ギリシア人が「バーブ・イリ」（神の門）と呼んだ**小さな都市が間もなく「バベル」と呼ばれ、バビロンと呼ばれるようになる**のである。

楔形文字と古バビロニア王国

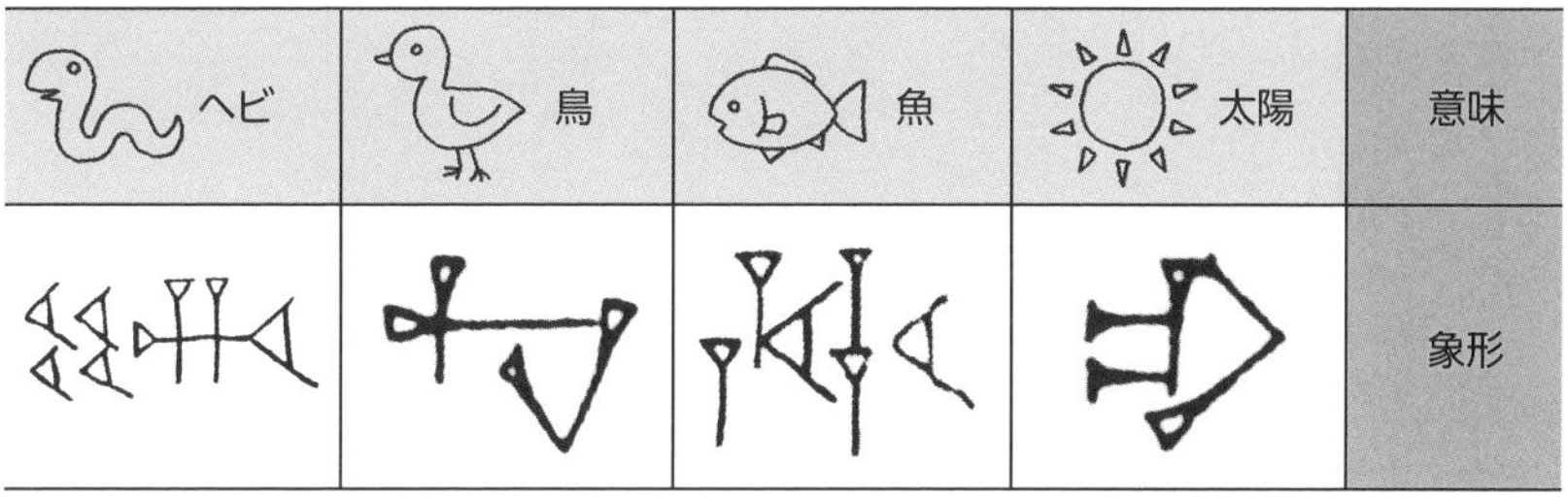

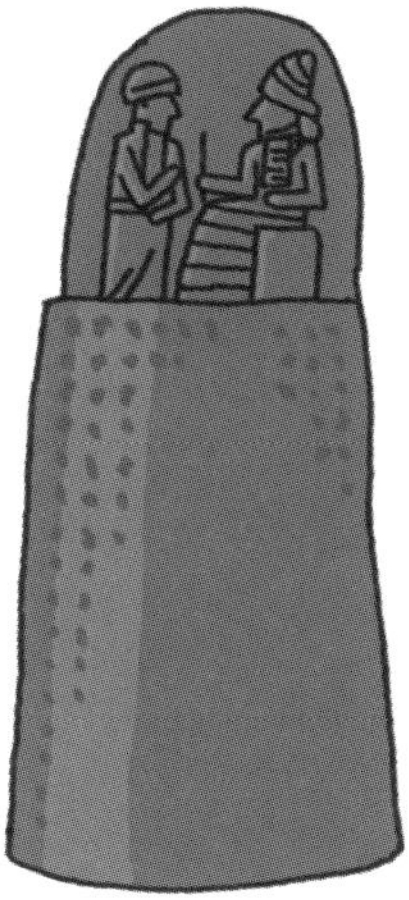

ハンムラビ法典が記された石柱。太陽神シャマシュから法典を授かるハンムラビ王の姿がレリーフとなっている。

古バビロニア王国

- 前2000年頃、バビロンを中心とする地方にセム系遊牧民の**アムル人**が侵入し、**古バビロニア王国（バビロン第一王朝）**を建設。
- 古バビロニア王国第六代の王、**ハンムラビ**がこの地方の統一を完成。シュメール法典類を編纂し、**ハンムラビ法典**を制定。
- ハンムラビはさらに、シュメールの神とバビロンの神を合体させ、**マルドゥク神**とした。
- 古バビロニア王国でははじめて**太陰太陽暦**が成立し、同時に閏年もつくられた。また一**週間7日制**が確立された。

Column 統一には欠かせない楔形文字の発明

文字には一字一字が意味を持つ「表意文字」と、意味を持たず単に音だけを出す「表音文字」がある。前者が漢字であり、後者の代表例がアルファベットだ。

後に単純な表音文字になってしまうのであるが、楔形文字は元々は表意文字だった。イギリスの言語学者ローリンソンらによって解明されたのであるが、神官が祭祀を記録し、書記が法規を記録する手段だったのが、宮廷内の人事を記録する手段に用途が広がったとき、代わったらしい。

なるほど、漢字がわが国に伝来した当初も、単なる表音文字としてひらがな同様に使われた時代が長く続いたことがあった。

外野席 **ハンムラビ法典？** ハンムラビは異民族間の融和と統一を図るために「法による統治」を宣言。①他人を死刑で告訴し立証できないときは、告訴人は死刑。②子が父を打ったときはその手を切る。③他人の目を潰した者はその目を潰す。④他人の奴隷の目を潰したり、骨を折ったりした者は、その奴隷の値の半分を支払えばよい等々。

07

地方豪族の成長、混乱の時代を経て再統一

ナイル上流の第十一王朝が中下流勢力を征服。空前の繁栄を誇る。

エジプトでは古王国時代、**第四王朝のクフ王らが大ピラミッドを建立**するときは、率先して馳せ参じた豪族たちが第六王朝以後、自分の出身地で独自の思想でピラミッドを建設するようになった。力を蓄えることができるようになったためだ。

その結果、王国は四分五裂し、分散と混乱の時代に移る。第七王朝から第十王朝（前二一八一年〜前二〇五〇年）の間である。その間、下流のデルタ地帯にアジア方面から遊牧民ヒクソスが侵入し、混乱と無秩序に拍車をかけた。

その間、中流のヘラクレオポリスを拠点とする第九、第十両王朝が勢力を拡大するが、前**二〇六〇年頃、テーベを首都とする第十一王朝のメントゥホテプ二世が第十王朝を打倒し、再びエジプト統一を成し遂げる。**以後、第十二王朝に引き継がれ、長く平和が保たれたのである。

特徴的なのは国内の開発が急速に進んだ点。歴代の王たちが、ナイル川の支流が注ぎ込む広大な沼沢地であったファイユーム盆地を干拓し、穀倉地帯に変貌させた功績は大きい。それを基盤にして、様々な文化芸術が花開く時代になった。

また、ピラミッド造営も復活するのであるが、壮大かつ不可思議な大ピラミッド建設を試みた形跡は見当たらず、日干し煉瓦を使う小規模なものに終わっている。人間的感覚で理解し、把握できる程度の建造物に終わっている。

こうして**安定的経営を実現した中王国は、対外遠征はあまり行なわず、もっぱら州侯として納まる旧豪族たちの力を削ぎ落とし、中央集権化を図る行政改革に力を入れた。**その結果、旧豪族間の勢力均衡が保たれたため、長いエジプト史を通じて、最も繁栄した時代を実現できたのである。

エジプト王朝の変化❶

前3000年頃

先王朝時代

- 農耕社会が発展し、ノモスができる
- ノモスが統合されて、上エジプトと下エジプトの二大国家ができる

初期王朝時代
第一王朝〜第二王朝

- 上エジプトのメネス王が下エジプトを併合する

古王国時代
第三王朝〜第六王朝

- メンフィスに都を置く
- ピラミッドが建設される

神権国家の誕生

第三王朝
- 神ファラオの墓としてピラミッドの建設が始まる

第四王朝
- 真正なピラミッド型へと形を整える
- 神殿が上下二つに分離する

第一中間期
第七王朝〜第十王朝

前2000年頃

中王国時代
第十一王朝〜第十二王朝

- テーベに都を遷す

Column

複雑なエジプト古代文字 使い分けられた三種の文字

一七九九年、ナポレオンのエジプト遠征の際、発見されたロゼッタストーンに記されていたギリシア文字がエジプト古代文字解明の手掛かりとなった。

紀元前三〇〇〇年頃、ファラオを讃える石碑や神殿、墓に刻まれたのがヒエログリフ（神聖文字）。パピルスという一種の紙に手書きするのがヒエラティック（神官文字）で、二種類の文字があった。

それが中王国時代、ヒエログリフの改革で簡略化され、さらに新王国時代末期、さらに簡略されたデモティック（民衆文字）が作られ、ローマ時代まで使用された。

時代によって、用途によって、種々に使い分けられた。

外野席 **神聖文字を記すためのパピルス** パピルスの作り方はパピルス草の中心部を取り出し、薄く押し伸ばしてから並べて湿った布で挟むようにして重しを乗せて乾かす。ヒエログリフ（神聖文字）で綴られた「死者の書」などに使用される。紀元前2050年以後、中王国時代の古代エジプト人の思想、来世観を表わす貴重な遺物になる。

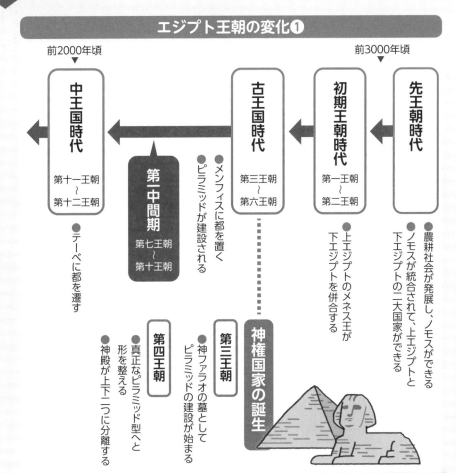

08 オリエントとは異なる地中海の明るい文明

伝説に彩られたクノッソス宮殿が物語る謎の民族・社会組織。

紀元前 2000年頃
クレタ・ミケーネ文化

クレタ・ミケーネ文化はミノス・ミケーネ文化ともいう。ミノスとはクレタ島の王の呼称であり、「クレタ島の」という意味もあるためだ。

クレタ島はエーゲ海の南端にあり、東の小アジアへ約二〇〇キロ、南のエジプトへ三〇〇キロ、北のシリア南岸まで約五〇〇キロという地理的環境にあり、**オリエント世界とギリシアを中心とする地中海的世界の中継地になっている。**

また、島内にはそれなりの平野があり、農業生産にも適していたので一つのまとまりを持つ共同体を作りやすかったこともあり、**紀元前二〇〇〇年頃から東地中海の中心的存在となる。クノッソス、マリア、ファイストスの三宮殿の建設は、その具体的かつ象徴的な表現であった。**

前一七〇〇年頃、これらの宮殿は地震や津波によって一斉に破壊されるが、以前を上回る大規模な宮殿に生まれ変わり、ミノス王が統治する国家となる。そのとき、キクラデス諸島、ギリシア本土の一部も支配下に入り、遺跡発掘者A・エヴァンズによれば、首都クノッソスは人口八万、当時は世界最大の都市だったという。

興味深いのは、**クレタ島の宮殿は軍事的な配慮がまったくない反面、通風、採光、給排水には大きな関心が寄せられていたこと。**大階段を巡らして吹き抜けを作り、各階層を縦に貫《つらぬ》く採光用空間を設定し、陶製パイプをつないで給排水を行なった。開放的なエーゲ海らしい作りだった。

しかし、前一六〇〇頃、**ギリシア本土のミケーネが急速にクレタ化**して行った。優れた航海者であったクレタ人から航海術と交易を学び、やがて交易圏を拡大し、ギリシア各地で植民活動を開始。クレタ人に取って代わるようになる。

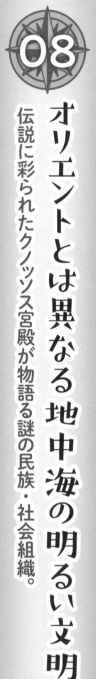

クレタ島とクノッソス宮殿

いくつもの小さな島々と並行して東西に伸びるクレタ島。政治の中心として、また、海上貿易の要衝として栄えた。海洋的な、大らかな性格の文化を持っていた。

Column

ミノタウロスの迷宮？ 丘の起伏を利用した複雑な宮殿

クノッソス宮殿は小高い丘の起伏を巧みに利用して作られている。無理に土地の造成工事を施すことなく、土地の形状に合わせて部屋を配置しているのが面白い。

従って、一つの建物でありながら、階層が違う。こちらが二〜三階になっていても、隣の部屋は四階建てというのは当たり前。階層の異なる空間が同じ屋根の下に並んでいるので、まるで迷路に迷い込んだようになる。

この点、ギリシア神話で語られる暗い物語、ミノス王が人身牛頭の怪物ミノタウロスを閉じ込めた「迷宮」に例えられるのであるが、実際の部屋は明るく、写実的な壁画で彩られていた。

外野席 **謎のクレタ人とクレタ文字** クレタ文明の担い手たるクレタ人とは誰で、どこから来たのか。エジプトか、シリア・パレスチナ方面か、メソポタミアか。彼らは東地中海を自由に往来し、東方先進地域と交易を重ねた。またエジプトのヒエログリフに似た絵文字、簡略化した線文字Aという文字を持っていたことはわかっている。

紀元前 1680年
鉄の民ヒッタイト

09 強引なオリエント統一を進める馬と鉄の民

アナトリア高原を制圧し、地中海諸都市に進出。エジプト新王国と対決する。

インド＝ヨーロッパ語族は、前二千年紀初めから原住地の中央アジアや南ロシアを離れ、馬と戦車でオリエント各地に侵入。新国家を建てる。その一つがヒッタイトであり、紀元前一六八〇年、**小アジアのアナトリア高原に上がってヒッタイト古王国を建国**している。

アナトリア高原は元々鉱物資源が豊富で、先住民のハッテイ人を征服したとき、製鉄技術を取得したのに続き、「鋼《はがね》」を発明したことで、鉄を強靭な武器にする技術を確立。馬と戦車に鉄の威力を加えて無敵の戦闘力を発揮するようになる。

また地中海に面するシリアやパレスチナなどの沿岸諸都市は、金やキプロスの銅、ミケーネの土器などを扱うカナン人やギリシアのミケーネ人の溜り場になっている。これらの諸都市と親しく交流し、味方にしたことがヒッタイトの南下、勢力拡大に弾みを付けることになる。

前一四三〇年頃、ヒッタイト新王国が成立。間もなくエジプト新王国と激突を繰り返すようになるが、中でも前一二八五年、ラムセス二世を撃退したカデシュの戦いは有名であり、ボアズキョイ（ヒッタイトの首都ハットウシャ）の公文書館に保存された粘土板文書やエジプトのカルナック神殿の壁画に刻まれている。

しかし、**馬と戦車と鉄でオリエントを制圧し、エジプト侵入を成し遂げた無敵の戦闘力も「海の民」と言われる未知の集団の侵入を受け、いくつかの都市国家に分裂。**前八世紀頃にはアッシリア帝国に吸収されて消滅している。恐れ気もなく侵入した「海の民」とは、正体不明の航海民、貿易集団、フェニキア人かもしれない。

武力は富の力には敵わないのか。

軍事力と機動力のヒッタイト

メソポタミアの変遷

シュメール人の都市国家 ← ウル第一王朝 ← アッカド王国 ← ウル第三王朝 ← 古バビロニア王国 ← カッシート王国

ミタンニ王国

ヒッタイト

世界で最初に鉄製武器を実用化したヒッタイトは、戦車などを利用した軍事力と機動力で古バビロニア王国を滅ぼし、エジプトと対立することになった。

Column

三千枚に及ぶ粘土板文書　世界帝国の旧首都に残された公式文書

トルコの首都アンカラから東へ二〇〇キロ、アナトリア高原のほぼ中央部にヒッタイト帝国の首都が置かれたハットウシャ（現ボアズキョイ）がある。

いまは草木も生えない禿山《はげやま》の連なりをさらしているが、かつては水源豊かな緑の森に覆われ、実り豊かな穀倉地帯であった。その場所で宮殿跡や約三千枚に及ぶ楔形文字で刻まれた粘土板文書の収蔵庫跡が見つかった。

調べるとアッカド語で刻まれており、ヒッタイト王とエジプト王の間で締結された紀元前十三世紀の平和条約批准書であった。いまで言えば、国と国の停戦合意をまとめた外交文書に他ならない。

外野席 **ヒッタイトの鉄より千年も古い鉄？**　トルコ中部の遺跡で紀元前2200年～2300年のものと見られる鉄の塊が発見された。鉄と言えば、前1200年～1300年頃、鉄の民ヒッタイトが製造したというのが定説だが、それよりも千年も古い。ヒッタイト以前の先住民ハッテイ人の製造よりも遡る見込みで、誰が作ったのか謎のまま。

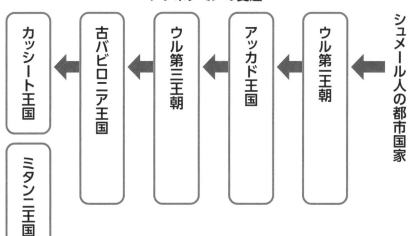

10

侵略者を一掃しエジプトの栄光を回復す

遊牧民ヒクソスに占領された郷土を奪還し再びテーベの神に捧げる。

紀元前一七二〇年頃、アジアから南下した種族がエジプトのデルタ地帯に侵入し、メンフィスを占領した。メンフィスはエジプトの首都ではないが、経済や宗教の要地であり、事実上、エジプトを占領したことと同じ意味を持っていた。

『エジプト王名表』の作者マネトンは、**エジプトの新しい支配者となったアジア人を「ヒクソス」と呼んだ。**ヒクソスは新王朝（第十五〜十六王朝）を開き、デルタ地帯を拠点として、広く中部エジプトからシリアまで支配した。

しかし、テーベ（現在のルクソール）を拠点とするエジプトの王たちの間で独立の機運が高まり、ヒクソス勢力の駆逐に成功。間もなく上下エジプト統一し、第十七王朝を開く。そして逆にシリア、ヌビアに遠征して制圧。ついにはオリエントに君臨する帝国（第十八王朝）となる。**エジプト新王国時代**の開幕である。

この時代を代表するのがトトメス三世だ。遠征の都度、膨大な戦利品をアメン神殿に奉納する。しかし、アメン神官団が急速に勢力を拡大し、王位すら左右するようになったため、アメンホテプ三世と四世は、アメン信仰を排し、アテン神信仰に切り替える。

しかし、その試みは失敗。再びアメン信仰が国家的祭祀の中心になり、混乱を収拾したラムセス一世が第十九王朝を開設。**ラムセス二世は、その威信を示す巨大建造物を多数残していることが物語る通り、六十年を超える治世を通じて「古代エジプト最大の王」と称賛された。**

その後、第二十王朝ラムセス三世の治世が、古代エジプト最後の栄光となる。栄光あるエジプトの統一が回復することはなかった。

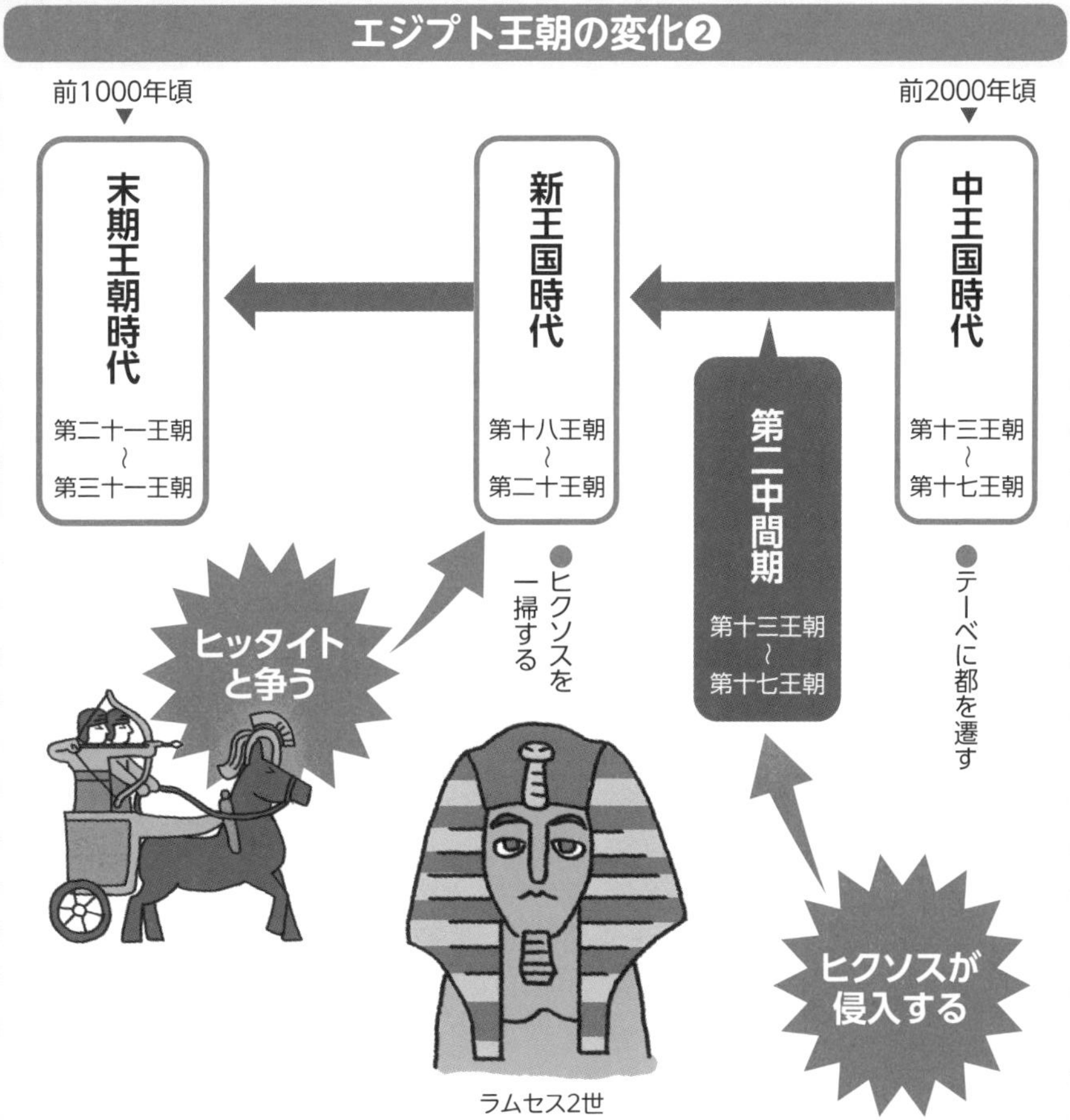

Column

ヘロトドスの証言。最も上等なミイラの作り方、教えます

古代ギリシアの歴史家ヘロトドスが「最も上等なミイラの作り方を教えます」と言い、真面目に手順を追って具体的に紹介しているのである。

一 まず、遺体の鼻孔から鉄カギで脳を摘出する。

二 脇腹を切開して内臓を取り出し、内部を油や香料で洗い清め、没薬《もつやく》や桂皮などの香料を詰め込み、切開口を縫い合わせる。

三 加工した遺体をソーダ水の中に七十日間、漬けておく。

四 遺体を取り出して洗浄し、全身に包帯を巻く。

五 木棺に納め、封印をした上で墓に安置する。

外野席 **観光名所「王家の谷」** テーベ（現ルクソール）のナイル川西岸にある岩山の谷間にある岩窟墓群「王家の谷」。新王国時代の王たちの墓が集中している。トトメス１世が在世当時、多くの墓が盗掘に遭うため、自分の墓を隠す目的で建設したのが始まり。1922年にツタンカーメンの墓が未盗掘の状態で発見され、話題になった。

11 オリエント世界をはじめて統一した専制帝国

「鉄と戦車」で全オリエントを制覇し、初の世界帝国を実現した。

チグリス＝ユーフラテス両河川に挟まれたメソポタミア北部を紀元前二千年紀から概ね占めていたのがアッシリアである。アッシュール神を最高神として仰ぐセム系部族が興した。

興亡変転目まぐるしいオリエントの地ではめずらしく、**発祥以来、一四〇〇年以上続いたアッシリアは「一統一一七代」も続く『王名表』が残されている**のも稀有なこと。オリエントのほぼ中央に位置する地の利を生かし、周辺諸国との商業活動によって富を蓄えたのでる。

初めミタンニの支配下にあったが、その影響下から脱却したのを手始めに**バビロニアと戦い、ヒッタイトと戦って勝利し、オリエント世界を完全制覇し、確固たる地歩を築いた。**バビロニアでは洗練された文化を吸収し、アッシリアでは鉱物資源と製鉄技術を手に入れた。

アッシリアの王たちは、積極果敢に遠征し「鉄と戦車」で連戦連勝、領土を拡大した。そして、発展維持のために最も重要視したのが大量捕囚政策、つまり、被征服民の強制移住であった。オリエント世界ではめずらしいことではなかったが、アッシリアの強制移住策には特徴があった。

強圧的な武力行使に訴えるのではなく、被征服民の文化や言語、宗教や政治体制に関する情報を集め、分析し、適確に飴《あめ》とむちを使い分けたのである。**長期に渡る世界帝国統治の手法が完全に確立されていた**と言ってよい。このノウハウは後に続く新バビロニアやアケメネス朝ペルシアにも継承されて行く。

従って、世に言われているように単純に「鉄と戦車」で世界帝国を建設し、統治したわけではないことを強調しておきたい。

アッシリアのオリエント統一

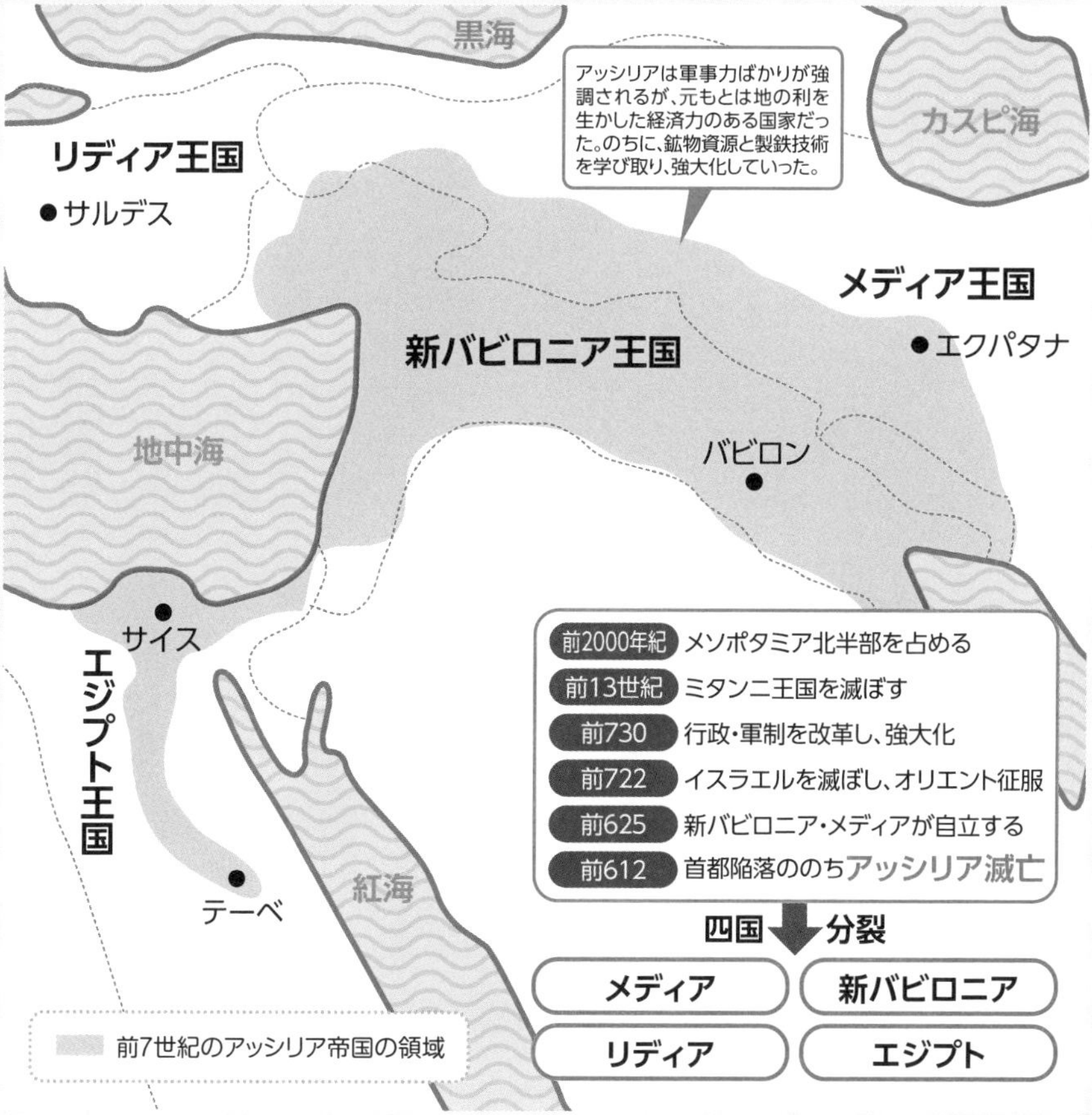
黒海
カスピ海
アッシリアは軍事力ばかりが強調されるが、元もとは地の利を生かした経済力のある国家だった。のちに、鉱物資源と製鉄技術を学び取り、強大化していった。
リディア王国
サルデス
メディア王国
エクバタナ
新バビロニア王国
地中海
バビロン
サイス
エジプト王国
テーベ
紅海
前2000年紀 メソポタミア北半部を占める
前13世紀 ミタンニ王国を滅ぼす
前730 行政・軍制を改革し、強大化
前722 イスラエルを滅ぼし、オリエント征服
前625 新バビロニア・メディアが自立する
前612 首都陥落ののちアッシリア滅亡
四国 分裂
メディア
新バビロニア
リディア
エジプト
前7世紀のアッシリア帝国の領域

Column

アッシリア名物「鉄と戦車」の軍隊とはどんな？

アッシリア軍の兵制は槍兵と弓兵、盾兵から成る歩兵と「チャリオット」と呼ばれる戦車、そして、騎兵から成っていた。この他、現代で言う工兵に相当する部隊もあり、渡河や城攻めで活躍した。

アッシリア軍は弓兵を多く用いたらしい。その際、敵の弓矢から味方の兵を守るため大型の盾を装備する盾兵も同時に動いた。攻撃と防御の同時運用である。

戦車部隊はミタンニとの戦いで学んだらしい。特に王直属の「足の戦車」と呼ばれる部隊があった。

また、東方高原から輸入した精強な軍馬に乗り、鉄の武器を使う騎兵隊がおり、大活躍したという。

外野席 **宮殿のレリーフが語る王の姿** アッシリア帝国の宮殿遺跡は考古学上、王室文庫に収録された数万枚の粘土板文書で有名。そして注目されたのが宮殿の壁に刻まれたレリーフ。アッシュール・バニパル王の獅子狩りや戦闘場面、王宮庭園での饗宴の様子などが刻まれていた。力強い描写のレリーフは美術品としても完成度が高い。

12

「海の民」の地中海交易と植民市建設

レバノン杉と航海能力で地中海を駆け巡る。

地中海東部に面するシリア・パレスチナ沿岸には、前三〇〇〇年頃からセム系のカナーン人が住み着き、エジプト王朝に従属して交易活動をしていた。その流れから**発展して集団を形作ったのがフェニキア人**だ、と推定されている。

エジプト王朝は、レバノン山脈の麓に産するレバノン杉や糸杉を貴重な木材資源、香油の資源としていた。また、ナイル川を上下できる程度の平底船しかなかったので、大量の木材を海路でも運搬できるフェニキア人の船と航海能力に期待していた。こうして**フェニキア人は活躍の場を与えられ、シリア・パレスチナ沿岸にシドン、テイルスなどの新しい都市国家を建設する。**

ところが、前一二〇〇年頃、大きな転機が訪れる。ドーリア人が南下してミケーネ文化を破壊し、ギリシア本土にイオニア人、アイオリス人が進出。小アジアやシリア・パレスチナ沿岸にはギリシア・エーゲ海諸島から「海の民」が侵入する。

その結果、これらの地域を支配していたヒッタイト帝国が滅び、エジプト新王国の勢力が後退。代わって、**シリア・パレスチナに栄えた都市国家の人々は海の民と陸の民に分かれてそれぞれの運命を辿る**ことになる。

海岸に都市を建設し、専ら海上交易に徹したフェニキア人は海の民となり、アラム人はシリアの内陸部に都市を作り、内陸交易の発展に尽力した。アラム人と同じ運命を辿ったのがヘブライ人。前一一世紀後半にヘブライ王国を建設。ダビデ王とソロモン王の時代に繁栄する。

中でも、フェニキア人は外洋航海の力を飛躍的に向上させ、カルタゴなどの植民市を次々に建設。地中海全域に進出して行く。

アルファベットの母＝フェニキア文字

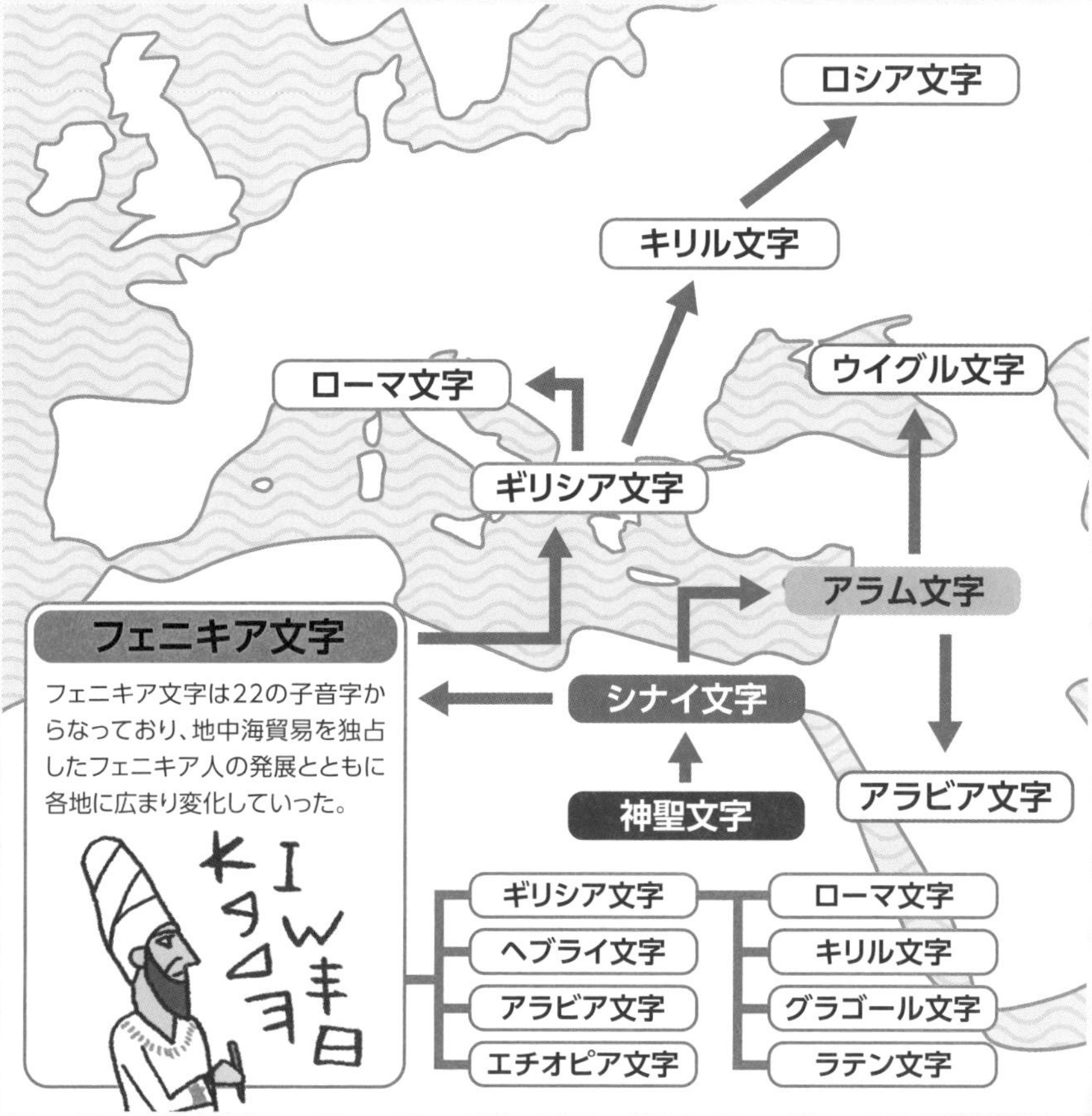

Column

アルファベットはフェニキア文字から生まれた

フェニキア人は、彼らの母なる部族カナーン人が象形文字であるエジプトの神聖文字（ヒエログリフ）から考案したアルファベットの原型とも言うべき表音文字を継承し、発展させてギリシアに伝えたことで知られている。

その表音文字をフェニキア文字と言う。二十二個の子音文字から成っており、地中海貿易を独占したフェニキア人の発展と共に各地に広まり、変化して行った。ギリシア文字、ヘブライ文字、アラビア文字、エチオピア文字等。

こうして見るとアルファベットの母はフェニキア文字であったと言っても差し支えないのである。

外野席 **海の民フェニキア人と陸の民アラム人** 古代のシリア・パレスチナ方面で栄えた都市国家の人々は総じて海の民と陸の民に分かれる。海岸に都市を建設し、専ら海上交通に徹した海の民フェニキア人。セム系のアラム人はシリアの内陸部に都市を建設して内陸交通を発達させた。いずれも多様な文字と文化の発展に貢献している。

紀元前 11 世紀頃
黄河周王朝

13 易姓革命で周の武王が殷王朝を打倒

古代中国独自の封建制度で血統重視の身分制度を導入する新王朝開設。

前二一世紀～前一九世紀頃、**黄河流域に広大な領域を支配する「殷《いん》」と名乗る王朝が出現**する。農事、軍事などの国事行為はことごとく神意を伺い、その結果に基いて王が万事を決済するという祭政一致の神権国家である。

ところが、前一一世紀に至り、**殷王朝に服属していた周《しゅう》の武王《ぶおう》が軍を起こして殷王朝を攻め、鎬《こう》京《けい》（今の西安）を首都とする新王朝を開く**。伝説では殷の紂王《ちゅうおう》が美女妲己《だっき》とのただれた愛に溺れたのが命取りになったといわれる。

ともかく、武王は「秩序回復」「新制度による国家再建」を掲げ、殷王朝との戦いで功のあった一族功臣や各地の有力者に封土を与えて世襲の諸侯とし、貢納と軍役の義務を負わせた。また、周王や諸侯の下には「卿・大夫・士」という家臣が連なっていたが、これの領地を与えられ、農民を支配する仕組みになっていた。

こうして殷王朝における自然神崇拝と祖先神崇拝の祭祀権を継承し、殷王朝に代わって執り行なうという大義名分を立てた。これを「易姓革命」、すなわち、天命が革まり、有徳者《うとくしゃ》が新天子となって姓が易《かえ》ることをいう。以後、この説によって王朝交代を正当化するようになる。

その結果、上は王から下は計・大夫・士に至るまで血統の同じ親族、家族によって構成され、本家の家長を中心に祖先の祭りを行ない、村々の農民も土地神を中心とする村落共同体として王侯・士大夫が支配するようになる。

周王朝のこと、特筆しなければいけないのは、**中国四千年の歴史の五分の一、約八百年を周王朝の統治期間で占めている**こと。春秋時代になっても「礼」は失われなかったということである。

殷王朝の成立

※確認されている最古の王朝は殷だが、夏だとの説もある。

Column

殷の紂王が美女溺愛？ 忠臣を殺害し塩辛、干し肉にした？

殷王朝の第三十代紂王が美女妲己とのただれた愛に溺れたのが命取りになったと伝えられている。

神権国家の王たる者は神命を奉じて国事に携わるべきもので、民の苦しみを顧みず、酒池肉林に溺れ、罪人を真っ赤に焼けた銅の棒の上を歩かせ、苦しみ、死んで行くのを見ては喜び、果ては国家の忠臣三公を殺し、塩辛にしたり、干し肉にしたという。

真偽の程は不明だが、何であれ、落ち目のところには、この種の噂が立ちやすい。殷王朝周辺の動揺ははなはだしく、周王朝武王を慕い、周囲に集まってきたのは否定できない事実のようである。

外野席 **周王朝は「アジアのギリシア＝ローマ」？** ギリシア＝ローマは、神々が支配し専制君主が君臨する古代国家の呪縛から解放されるのが目的で都市国家＝市民社会を実現した。中国周王朝も、神命を奉じて国の運営に携わるべき殷王が、民の苦しみを省みず快楽に溺れたため、人徳の誉高い周王国武王の周りに人が集まったからという。

紀元前11世紀〜
インド
カースト制度の成立

14 アーリア人の侵入でできたカースト制度

カースト=異民族間の婚姻・同居禁止は風土感染症予防策だった？

前一五世紀頃、**インドに侵入したアーリア人はインダス川流域のパンジャーブ地方に定住した後、更に前一一世紀にはガンジス川流域に進出**する。この間、自然神への讃歌（リグ）を集めた最古の聖典で、古代インドの姿を伝えているという**『リグ・ヴェーダ』**が成立している。

ところで、ガンジス川流域に定着すると、牧畜民であったアーリア人が農業生活を始める。鉄製農具と牛を使った農作業の普及が生産性を飛躍的に伸ばしたためで、その結果、階層分化が急速に進み、新たな社会の仕組みが必要になった。それが**「カースト制度」**になる。

インドに特有の身分制度で、**生まれを意味するヴァルナと職業集団を表すジャーティからなる。**

ヴァルナはバラモン（バラモン教の司祭）が一番上にいる。次がクシャトリヤ（武士又は貴族）、ヴァイシャ（農耕牧畜民、手工業者などの生産者）で、最下位にシュードラ（隷属民）がいた。

以上がインド侵入時から徐々に形作られてきた身分制度であるが、ガンジス川流域に進出後、さまざまな職業集団に遭遇する度に再編成を余儀なくされたため、世襲の職業集団ジャーティに分かれて所属するようになった。ヴァルナか、ジャーティか、いずれかに属し、通婚禁止などの他、生活の細部まで規制されたのである。

ところで、このヴァルナとジャーティから成る身分制度をカースト制度と呼ぶが、これはポルトガル人が初めて遭遇したとき、自国語で血統を意味する「カスト」を用い、「カースト制度」と呼んだのが始まりで、アーリア人の用語ではない。

また、現代では経済的、政治的階層を反映せず、貧しいバラモンや豊かなシュードラもいる。

カースト制度

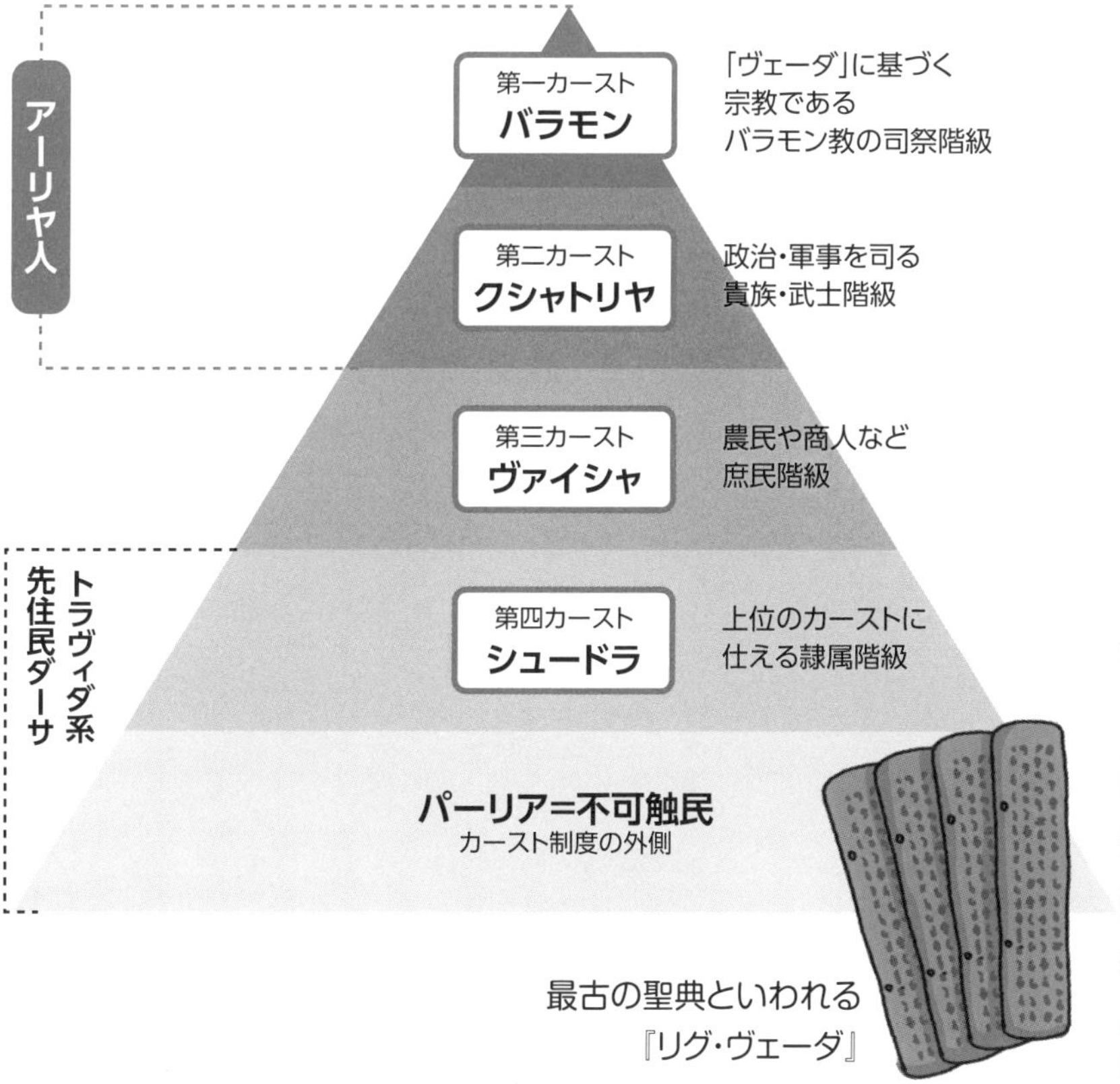

Column

カースト制度の本当の意味　異民族間の通婚禁止は感染症予防策だった？

通説というのは聞いてみないとわからないものである。インドのカースト制度は前近代的な身分制度であり、現代では不都合、不合理な制度かもしれない。

ところが、違っていた。アーリア人が中央アジアを出て、ドラヴィダ人などの原住民と混住し、中には通婚するようになったとき、しかも、移動距離が長くなればなるほど、経験したことのない感染症に侵されることが多くなった。

原住民は免疫抗体反応があるが、アーリア人にはないので死亡する。それを防止するのは異民族との通婚禁止、交際禁止しかなかった。いまのコロナ対策と似ている。

外野席

日本にも影響を与えた『リグ・ヴェーダ』　リグとは讃歌、ヴェーダとは知識を意味する。軍神・雷神でお馴染みのインドラ神＝帝釈天、死者の国の神ヤマは奈落（ナラカ＝地獄）の支配者閻魔大王だ。火に供物を捧げる儀式ホーマが護摩となった。ギリシア・ローマやゾロアスター教とも共通する点がある。東西文化交流があった？

紀元前 770 年〜
中国　春秋戦国時代

15 周王朝の東遷から約五五〇年間、乱世を繰り返す

乱世でも周王朝の権威を護持した春秋から激烈な攻防の戦国へ。

中国四千年の歴史を振り返るとき、五分の一、八百年を周王朝が占めることに驚かされる。太平平楽、いかに安定した支配と統治が行なわれたのか、中国の歴史の中でも際立っている。

しかし、幽王の時代、犬戎の侵攻を受け、次の平王《へいおう》の時代、前七七〇年、鎬京《こうけい》（いまの西安）から洛邑《らくゆう》（いまの洛陽）に遷都以来、**秦《しん》が中国統一を成し遂げるまでの間、約五五〇年間、中国は乱れに乱れ、激烈な攻防戦が続く時代に移る。これを春秋戦国の時代という。**

かつて周王から封土を与えられた諸侯が、それぞれ勢力を蓄え、敵対と同盟（会盟）を繰り返す中で淘汰《とうた》されて行く時代であった。前半の春秋時代はまだ周王朝の権威は保たれ、王室を尊重する気風は残されていたが、後半の戦国時代になると一変してしまう。

周王朝は諸侯と同レベルの地位に転落。**乱世も「戦国の七雄」に絞られてくると、それぞれ「王」を名乗って天下統一を標榜する**ようになる。

その背後にあったのが鉄製農具の普及によって灌漑や開墾が進み、急激に生産力が上昇したこと。そして、生産力の上昇による成果を巧みに取り込んだ諸侯が実力者として生き残る。黄河上流の秦や長江流域の楚《そ》、呉《ご》、越《えつ》などである。

この時代、軍事的攻防が激しく繰り返されただけではない。**春秋時代には、王道の理念、理想を説く孔子が登場**し、諸侯が諸国において、それぞれ独自に国造りを実践する戦国時代においては、「法に基づく国造り」を主唱する法家《ほうか》のような思想家が歓迎されるようになる。

春秋の名は孔子がまとめた魯《ろ》の年代記『春秋』に由来し、戦国は『戦国策』に由来する。

東周と西周

殷

- 前二千年紀に成立し、前一五〇〇年頃に小屯を都とした。周の武王に滅ぼされたとされる。

西周

- 前一一〇〇年頃に成立し、鎬京に都を置く。
- 殷の神権政治に代えて、封建制を敷いた。
- 前九世紀頃、諸侯の反乱が続き、乱世となる。
- 前七七〇年、異民族の犬戎に鎬京が攻略され、滅んだ。

孔子

東周

春秋時代

- 西周時代に建設された洛邑に都を移す（東遷）。
- 前七二二年、時代名称のもととなった『春秋』が記述され始める。
- 前五五二年、孔子が生まれる。この後、新思想が続々と現われる。
- 鉄製農具が使われ始める。

戦国時代

- 前四〇三年、晋が三分裂し、韓・魏・趙が独立して諸侯となる。
- 周王室は有名無実化し、諸侯の権力が増大化する。
- 秦・楚・燕・斉・韓・魏・趙の七大諸侯が覇権を争う。
- 前二五六年、秦が周を滅ぼす。

秦

- 前二二一年、秦が統一を完成。政王が始皇帝となる。

Column

諸子百家の主張や如何？ 採用された法家の思想

旧秩序が崩壊し、新しい国造りや社会秩序の再建が叫ばれる時、必ずそれを裏付ける理論や思想が叫ばれる。特に古代中国の春秋戦国時代が賑やかだった。

諸子百家と呼ばれる思想家（子）や学派（家）が輩出し、覇を競い合った。誰しも一度は聴いたことがあるだろう。孔子や孟子、荀子などの儒家、墨子の墨家、老子、荘子の道家、陰陽家、韓非子の法家、孫子の兵法家などだ。

この中で乱世を終わらせ、平和時の秩序ある国造りを進めるために最適の思想と理論を提供したのが法家であった。人知に依らず、客観的な法に基づく国造りが人々に受け容れられたのである。

外野席 **パッとしない孔子の人生** 『論語』でお馴染みの孔子の人生は実につまらない。18歳で魯に仕官、牧場や倉庫の管理業務を担当。36歳時、内乱勃発のため君主と共に斉に亡命。魯に帰国して私塾を主宰。51歳から役人を歴任後、55歳で諸国巡遊の旅に出るが耳を傾けてくれる者なし。68歳で帰国。73歳で死亡している。

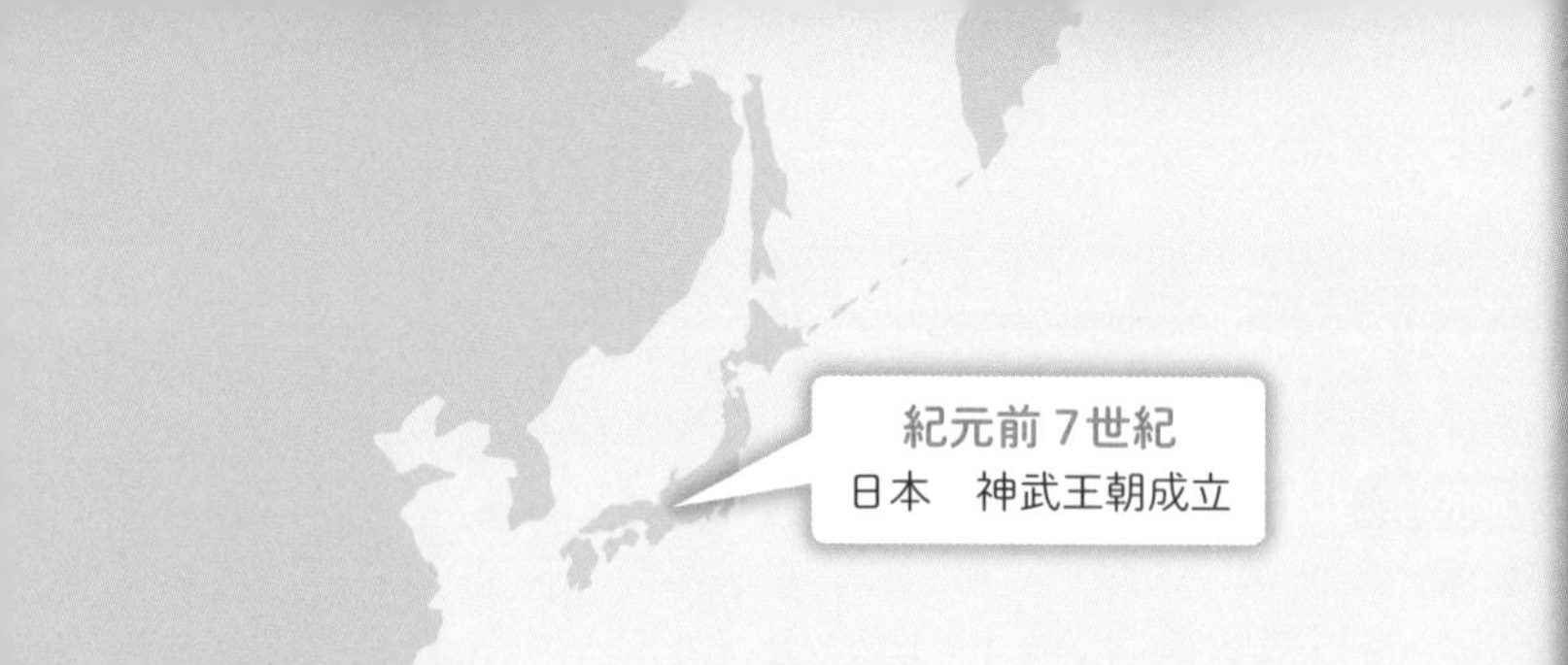

16 単なる神話で片付かない古代国家の誕生

縄文日本から弥生日本への過渡期に出現する国家創成期の伝承。

『日本書紀』によると、神武天皇は庚午年一月一日に生まれ、一五歳で立太子。四五歳のとき、志を立てて東征を開始し、肥前から宇佐、安芸、吉備を平定して難波、河内に攻め入り、紀伊に回って数々の苦難を経て大和を征服。ついに畝傍山《うねびやま》の麓、橿原《かしはら》の地に都を開いたという。

そして、翌年の**前六六〇年二月一一日、初代天皇として即位した**と伝えられている。もっとも即位の日は明治政府が『日本書紀』に記述された時日を太陽暦に換算して導き出した数字であり、そのまま史実とするわけにはいかない。

しかし、この伝承を「神話」として一蹴するのも適当ではない。

第一の理由は、前六六〇年という年は考古学年代でいう縄文晩期（前一〇〇〇年～前三五〇年）に相当するからだ。前期以来、選択的農業を開始して定住生活を体験。集落を営むようになって後期には大規模集落を形成するに至った。

第二は、晩期になって気温が低下し、周辺海域の海面低下によって選択的農業と漁労は壊滅的打撃を受けたところへ稲作と鉄器が普及。組織だった生産労働が求められるようになった。

さらに第三には、ちょうど同時期、中国大陸では春秋戦国時代の真只中にあった。諸勢力間の興亡激しく、敗残者の群れが大挙渡来し、勝手に上陸してキャンプ地を開き、居座ることがなかったとは言えないご時世だった。

こうなると、**稲作集落を基盤にして鉄器を集め、武装集団を率いて列島防衛、国家創生のために立ち上がる勢力がなかったとは言えない**。空想かもしれないが、十分に予想できる。神武天皇は、その象徴的人格だったのではあるまいか。

初代神武天皇の東征ルート（『古事記』より）

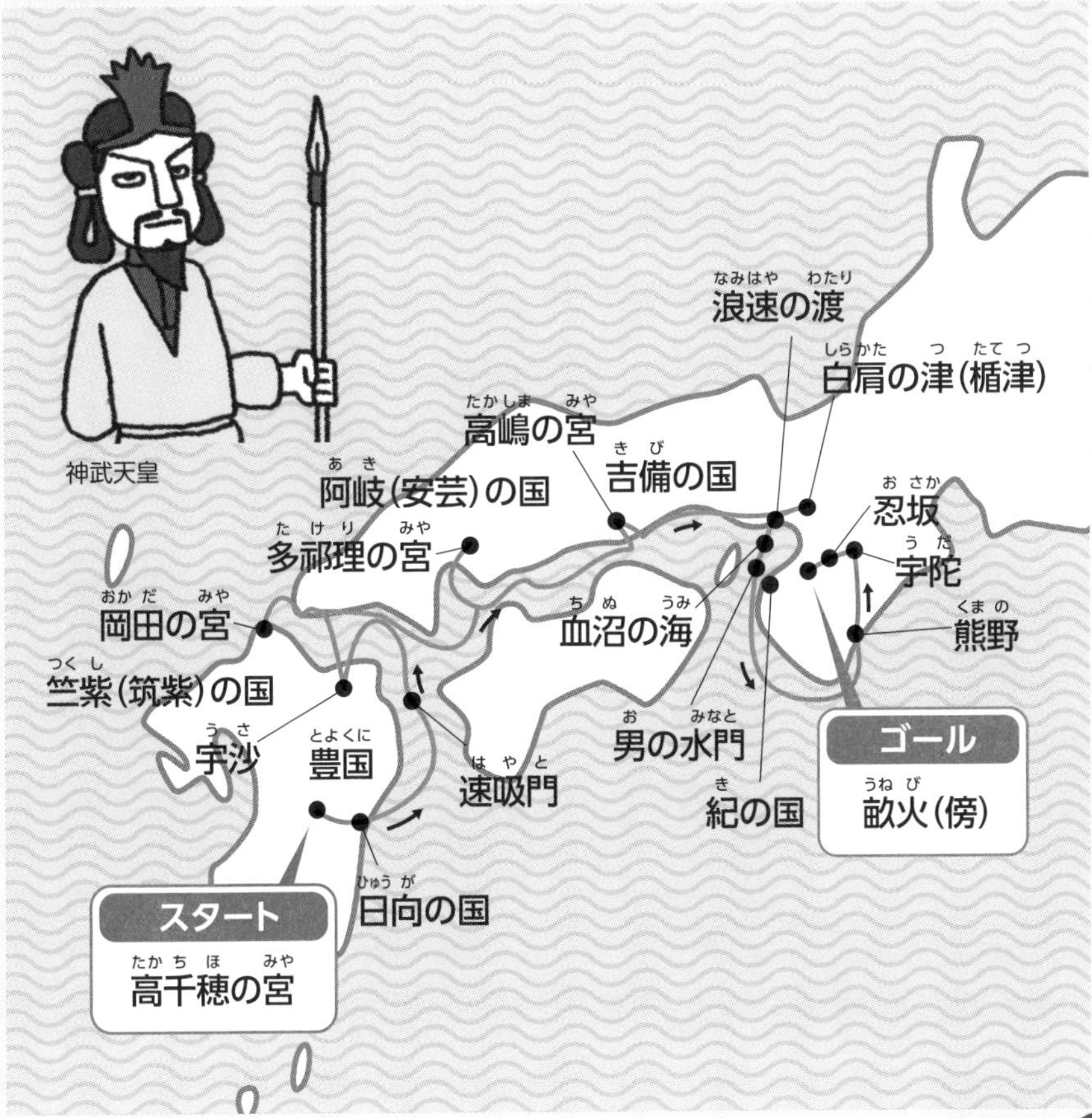

Column

大和の王、那賀須泥毘古

神武天皇の東征伝は、日向《ひゅうが》の地を出発して宇佐や岡田の宮で武器や兵員を整え、安芸、吉備を経て浪速《なみはや》の渡《わたり》（明石海峡）を越えて生駒突入を図るが、先住民の激しい抵抗に遭《あ》って入れず、さんざん苦労した末、大和に入ったという。

そのとき、神武天皇を苦しめたのが「登美能那賀須泥毘古＝トミノナガスネヒコ」という大和の先住民の部族長であった。いまは亡き超古代史研究家佐治芳彦氏によれば、三輪山《みわやま》周辺の鳥見辺りに住む龍神族（ナーガ族）の首長だったのではないか、と推理した。

龍神対八咫烏《やたがらす》の戦い、縄文人対弥生人の戦い、それが登美能那賀須泥毘古対神武天皇の戦いの真相だったのである。

外野席 **神武即位年代の計算方法は？** 神武天皇の即位の年が紀元前660年になった理由は『日本書紀』に年代の記録がなかったので、明治政府が神武天皇の即位を推古天皇九年（辛酉＝601）から数えて1260年前の辛酉の年にしたため。推古天皇がなぜ基準になったのか。推古天皇が聖徳太子と共に日本史上初めて暦日を用いたため。

17

ダレイオス大王、史上最大の大帝国を統治する

東はインダスから西はギリシア、北はカスピ海から南はエチオピアまで。

滅亡したアッシリア帝国はエジプト、リディア、新バビロニア、メディアの四王国に分かれた。この地図を前六世紀になり、書き替えたのがアケメネス朝ペルシアである。

イラン高原に定着し、メディア王国に服属していた**アケメネス家のキュロス二世は前五五〇年、メディアを滅ぼすと次のカンビセス二世はエジプトを征服してオリエント世界を再統一した。そして三代目のダレイオス一世が大帝国を築く。**

東はインダス川から西は地中海、ギリシア北部、北は黒海、カスピ海から南はエジプト、エチオピアに至る空前の大帝国だった。王都ペルセポリスもまた空前の規模を誇り、宮殿だけでも、高さが一二～一四メートルで、東西約三〇〇メートル、南北四二八メートルもあった。

大きいだけではない。新バビロニアに捕囚《ほしゅう》されていたユダヤ人を帰還させたり、アラム語を官用語にしたり、異民族には寛容な帝国だった。**諸民族の文化や言語、社会を包括した上で、新しい帝国の支配秩序を築こうとした**のである。

ダレイオス一世はまた、統治手腕にも長けていた。直轄地のエジプトとバビロニア以外の地域は二十管区に分割し、サトラップ（総督）を置く一方、「王の目」「王の耳」と呼ばれる監察官を派遣して監視することを怠らなかった。かくの如く、帝王とは用心深いものである。

帝都ペルセポリスは、前三三〇年、ペルシアに侵入したアレクサンダー大王によって破壊され、廃墟となってしまったが、一九七一年、イラン建国二五〇〇年祭が、この地で挙行されたようにイラン人にとって、特別な意味を持つ遺跡なのであった。ペルシアの聖地なのかもしれない。

オリエントの変遷

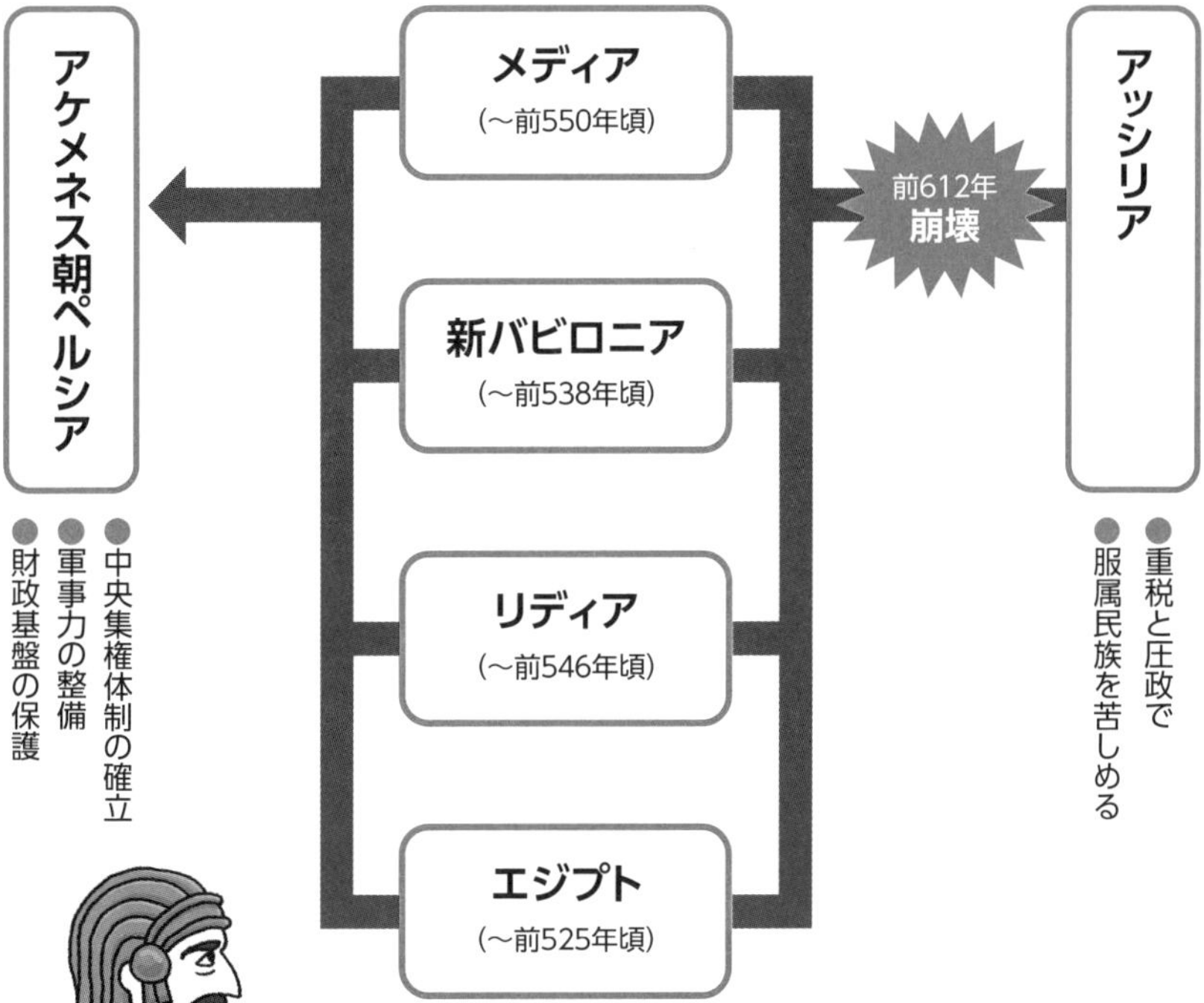

Column

ゾロアスター教は、メイド・イン・ペルシアだった

有名なゾロアスター教は前六世紀前半、ゾロアスターを開祖としてペルシアの地で誕生した。

聖典『アヴェスター』を根本聖典とし、世界を主神で善（光明）の神アフラ・マズダと悪（暗黒）の神アーリマンとの相克《そうこく》とみなす。主神のための聖火を守る儀礼から「拝火教」とも呼ばれた。

このゾロアスター教はアケメネス朝になって急速に広まり、後のササン朝ペルシアでは国教として採用されるに至る。さらにはインドや中国に伝播し、「沈黙の塔で死の穢《けが》れを払う」という鳥葬の風習で知られるようになる。

そのルーツはペルシアにあった。

外野席 **ダレイオス１世を称えるアレクサンダー大王** アケメネス朝ペルシアを築いたダレイオス１世の征服領域は、エーゲ海からインダス川に至る史上最大の広さであった。その国を滅ぼして空前の大帝国を築いたのがアレクサンダー大王。ダレイオス１世の墳墓を訪れたとき深く感動し、墓の碑文をギリシア語に翻訳するように命じた。

18

新興ギリシアが専制帝国ペルシアを破る

東方の専制帝国から市民の自由と独立を守ったギリシアのポリス連合。

ミケーネ文明の崩壊後、四世紀もの間、沈没していたギリシアが各地に勃興するポリス（都市国家）と共に勢いを盛り返す。

ポリスは土成壁で囲まれた中心市と農村部に分かれており、中心市には神殿を祀《まつ》るアクロポリスと政治談議や経済取引の場であるアゴラ（広場）があった。そうしたポリスの中でも勢い盛んだったのはアテネであった。

一方、小アジアやエーゲ海東岸のギリシア人によるイオニア植民市やマケドニアなどエーゲ海北岸一帯まで支配下に収めていた**アケメネス朝ペルシアにとって、ポリスは「獅子身中の虫」に他ならず、衝突は避けられなかった。**

前五〇〇年、小アジアのイオニア植民市の反乱をきっかけにしてペルシア戦争が勃発。ダレイオス一世の命令で出陣したペルシア艦隊は、前四九二年、嵐に出逢って壊滅。前四九〇年、二回目はギリシア本土上陸後、マラトンの戦いでアテネ軍に敗北を喫する。あり得ない敗北だった。

前四八〇年、次の王クセルクセス一世の三度目の遠征で、スパルタ軍と対戦。テルモピレーの戦いで完勝するが、テミストクレス率いるアテネ軍とのサラミスの海戦で大敗北。翌年のプラタイアの戦いでも敗北する。

強大な海軍力で対ペルシア戦争を勝利に導いたアテネの提唱で、対ペルシア防衛のためのデロス同盟が結成されたが、この同盟結成は他のポリスに対するアテネの覇権確立を実証することになったものの、反面、ポリス間の分裂抗争を刺激し、対立抗争を激化させることにもなって行く。

どちらが正義か悪か、ではない。歴史の女神はとりあえずアテネの市民に微笑んだのである。

ギリシア対ペルシア　戦局の推移

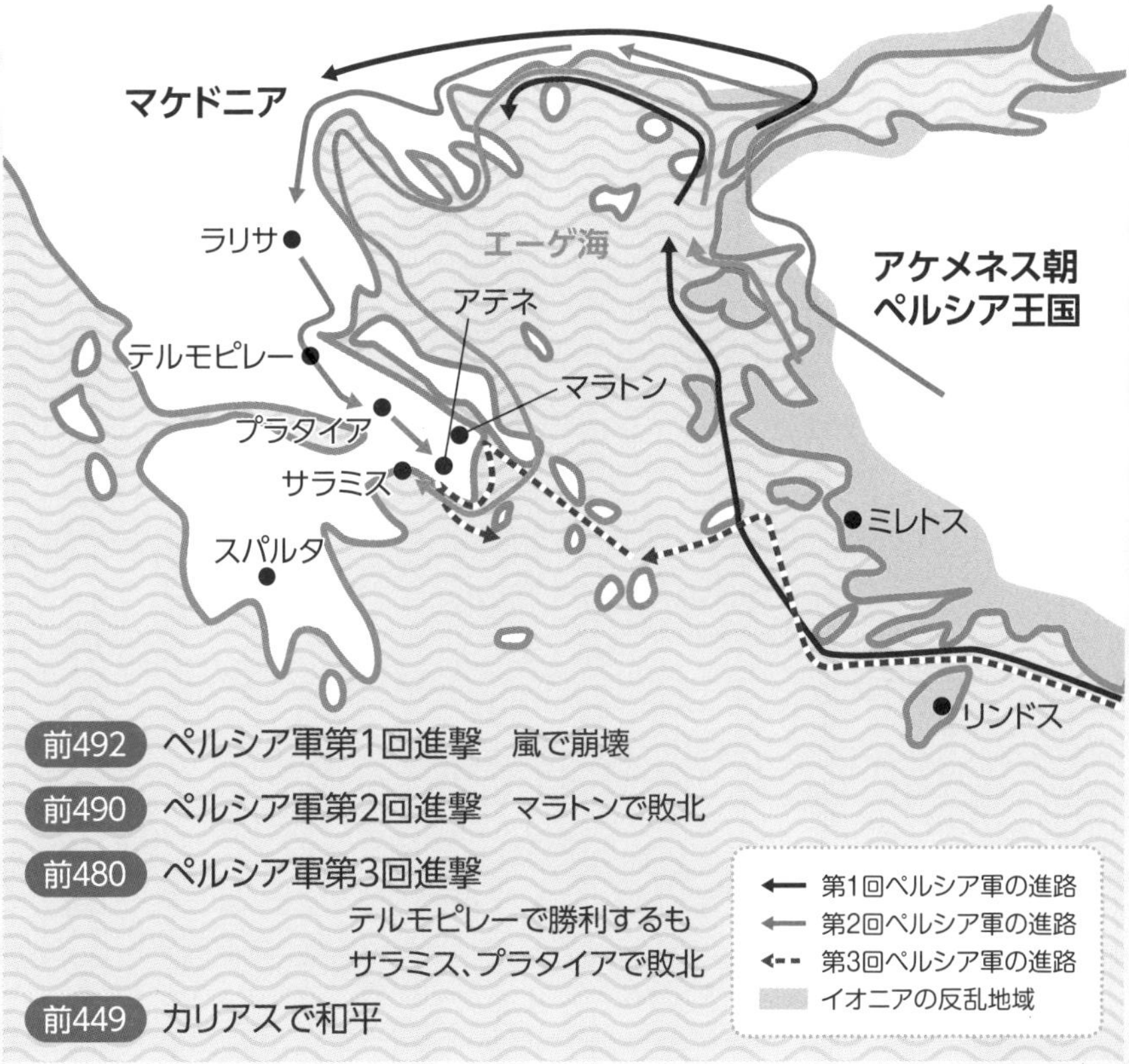

マケドニア
ラリサ
エーゲ海
アケメネス朝
ペルシア王国
アテネ
テルモピレー
マラトン
プラタイア
サラミス
ミレトス
スパルタ
リンドス
前492 ペルシア軍第1回進撃　嵐で崩壊
前490 ペルシア軍第2回進撃　マラトンで敗北
前480 ペルシア軍第3回進撃
テルモピレーで勝利するも
サラミス、プラタイアで敗北
前449 カリアスで和平
第1回ペルシア軍の進路
第2回ペルシア軍の進路
第3回ペルシア軍の進路
イオニアの反乱地域

Column

民主政治国家を標榜するポリスの裏と表

新興国家ポリスにおいて、王政や貴族政治から民主制に移行していく過程で、繰り返して現れたのが僭主《せんしゅ》政治であった。

僭主とは聞き慣れない言葉だが民衆の言葉を巧みに取り込んで、貴族政治や王政を排撃し、専制的にポリスの権力を牛耳る手法の実践家。大衆迎合主義、衆愚政治と訳される現代のポピュリズムの実践者と同じかもしれない。

この種の僭主の出現を阻止する目的で導入されたのが「陶片追放」制度。追放したい人物の名前を陶器の破片に書いて市民に投票させるのだが、政争の具に悪用されることもしばしばあったとか。

外野席 **ギリシア人も与したペルシア帝国の包容力**　ギリシア人の都市国家は幾度もダレイオス１世率いるアケメネス朝ペルシアと戦った。そのダレイオス１世のペルシア帝国は包容力があり、多くのギリシア人を重要ポストに登用したり、僭主政を廃し民主政復活に手を貸した。意気に感じ、ペルシア側に与したギリシア人も多かったという。

19

イタリア半島に平民主導の共和制ローマ出現

貴族と平民が対立しつつ、対外的には協働して周辺都市国家を平定。

紀元前 509 年頃～
ローマ　共和制ローマ

前八世紀以前、イタリア半島南部にはギリシア同様、南下したイタリア諸民族と先住民エトルリア人の小都市国家が建設されていた。ティベル河畔下流のローマもその一つだった。

初期のローマは七人の王によって統治された。後半三人の王がエトルリア人だったが、**前五〇九年頃、最後の王が追放され、有力貴族の集まりである元老院《げんろういん》が実権を握る共和政体になる。**元老院は早速、一年任期で選出する執政官（コンスル）二名に最高指揮権を与えた。

以後、**共和制ローマは周辺都市国家を次々に征服して膨張しつつ、内部では軽装歩兵や重装歩兵各隊を担う圧倒的多数の平民（プレブス）が参政権を求めて元老院の貴族と争った。**対外戦争で連戦連勝、功績を重ねる平民の力を貴族たちも無下に否定することはできなかった。

平民と貴族はあらゆる分野で対立した。平民の護民官選出、平民会の設置（前五世紀）、貴族の恣意《しい》を許さない成文法「十二表法」制定（前四五〇年）、執政官の一人を平民から登用する法（前三六七年）、平民会の議決が元老院の承認を経ないで国法となる法の制定（前二八七年）などだ。一歩一歩、着実に共和政体は進化した。

他方、平民と貴族の同盟を強化しながら先住民エトルリア勢力を駆逐しつつ、イタリア半島中南部の先住民、サムニテス人との前四世紀以来の戦いに決着を付け、南部最大のギリシア人植民市タレントゥムを征服。**前二七〇年頃にはイタリア半島全域の統一を成し遂げる。**

そして以後、共和制ローマの目は地中海に注がれて行く。シチリアを跳躍台にして、対岸の覇者カルタゴとの対決が日程に上がる。

ローマ共和制の完成まで

年代	出来事	補足
～前8世紀	イタリア半島南部にイタリア諸民族が南下、定住。小都市国家を形成	
前6世紀末	エトルリア人の王を追放し、共和政を敷く	有力貴族の集まりである元老院に実権
	多数の平民が対外戦争で功績をあげ、参政権を要求	
前5世紀初	平民の利益を守る護民官を設置	その後、平民会の設置
前450年	十二表法の制定	貴族による立法権の独占を阻む
前367年	リキニウス＝セクスティウスの法の制定	2名の執政官のうち1人を平民に、など
前287年	ホルテレジウス法の制定	平民会の立法権の独立

Column

イタリア先住民、エトルリア人の謎

　ローマを建国したのは誰か、を語るとき、一切話題にならないのが先住民エトルリア人の存在だ。

　エトルリア人はイタリア半島中部に定住する先住民で、移住してきたインド＝ヨーロッパ系のイタリア諸民族とは区別される。言語も民族的特徴も不明である。

　前八世紀にはイタリア最大の勢力を誇り、豊かな富とギリシア風の文化に包まれていた。注目されるのは、来世を信じる彼らのネクロポリス（地下の墓地）を飾る豪勢な壁画や装飾具、埋葬品だ。

　そして、その地下帝国を築いた壮大な土木技術力。それはそのままローマ帝国に継承された。

外野席 **ローマの原郷、フォロ・ロマーノの大墓地**　ローマの中心部にあるフォロ・ロマーノ。各国の観光客があふれ、夏には、ウェスタの神殿では古代ローマの歴史を体験する「音と光の夕べ」が催される。なぜなら、この遺跡はローマの建設者、初代王ロムルスが建設したパラティノの丘の住民たちの墓地、ローマ発祥の地だったからである。

20

東西融合を図るアレクサンダー大王の東征

インド西部まで広がる大帝国を築きヘレニズム時代の扉を開く。

ポリス主体のギリシアと違って、王政下のマケドニアは前四世紀半ば、フイリッポス二世の時代、国力を増強し、ギリシア全土を浸食し始めた。

内部抗争に明け暮れる個々のポリスを個別撃破しつつ、最終的には前三三八年、アテネとテーベ同盟軍をカイロネイアの戦いで破り、逆にマケドニアを盟主とするコリント同盟を発足する。そして、ギリシアを支配し、ペルシア遠征に立つところ、フイリッポス二世は没してしまう。

ここで登場するのが**アレクサンダー大王**である。弱冠二十歳の青年だが、父の遺志を継いで遠征に継ぐ遠征。**長槍の重装歩兵密集隊と騎兵隊という強力な軍隊を率いて前三三〇年にはガウガメラの戦いでペルシア軍と激闘を繰り返し、ついにペルシア帝国を滅亡に追い込む。**

だが、アレクサンダー大王はインダス川に至り、さらに東征を希望し、インド征服を目論むが、果たせず、帰還の途中、バビロンにて死亡する。遠征に継ぐ遠征の連続で無理がたたり、病にかかったのか、事業半ばにして倒れてしまう。

アレクサンダー大王は、ギリシア人には異民族同様、「バルバロイ」と呼ばれたことを知っていたかどうかはわからないが、自分はギリシア人だと言い、独自の文化観を抱き、**広く東西文化の融合を図るヘレニズム文化を伝播《でんぱ》させる役割を果たした。**その意味で大王なのである。

遠征先の一つであるエジプトをはじめ、各地に二十余ものアレクサンドル市を建設し、ギリシア人に定住を促し、ヘレニズム文化の普及に寄与しているが、それもギリシア人の一人としての振舞いだった。大王死すとも理想は死なず。ギリシアからインダス川の辺まで生き続けたのである。

アレクサンダー大王の広大な版図

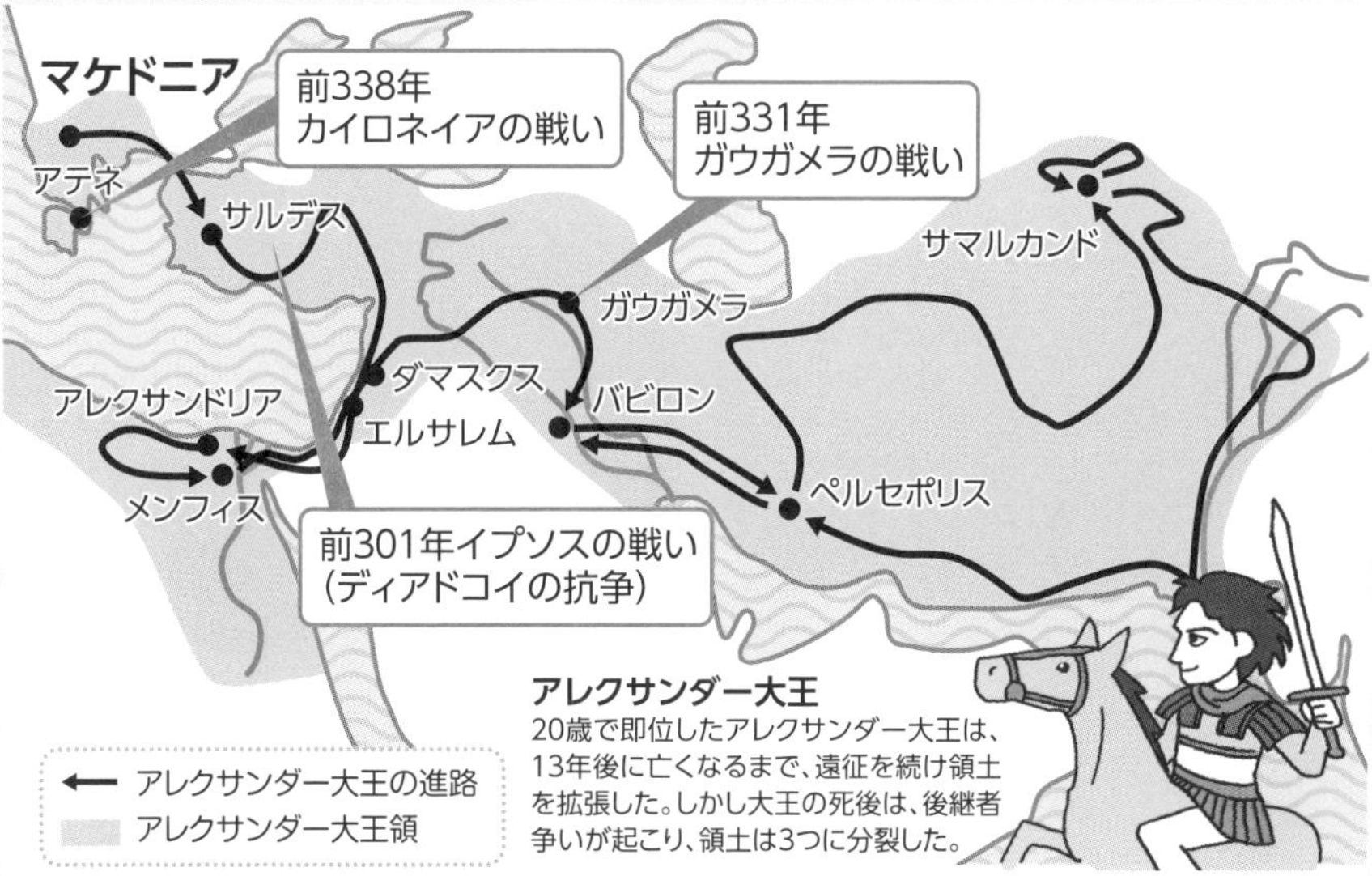

アレクサンダー大王
20歳で即位したアレクサンダー大王は、13年後に亡くなるまで、遠征を続け領土を拡張した。しかし大王の死後は、後継者争いが起こり、領土は3つに分裂した。

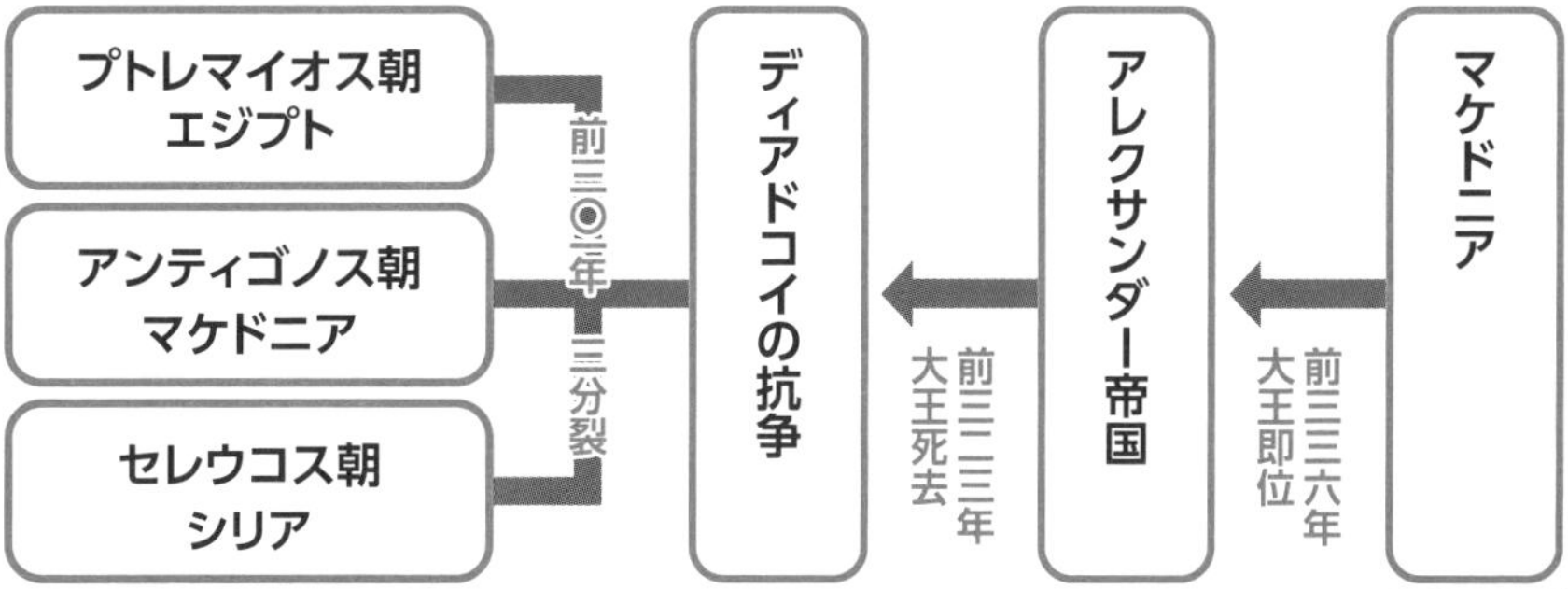

Column

ナポレオンも尊敬したアレクサンダー大王

ギリシア風に言えば、大王の名はアレクサンドロスであるが、わが国では英語読みの通りがいいのでアレクサンダーと呼ぶ。

大王の東征は古代ギリシアと古代オリエント両文化を融合させてヘレニズム文化と呼ばれる独特の様式を生み出した功績は大きい。東洋では当たり前の仏像をギリシア風に彫像した作品もある。

大王個人に対しても英雄視し、尊敬する者が多かった。歴史上でも有名なカルタゴの将軍ハンニバル、ローマの終身独裁官ガイウス・ユリウス（シーザー）、そしてナポレオンである。現代も大王の名にちなんだ名前を付ける人が多い。

外野席 **超歴史的な街、アレクサンドリア市** カイロに次ぐエジプト第2の都市。アレクサンダー大王が遠征途上、各地で自らの名を冠して建設したギリシア風の都市の第一号で、多くの文化的要素を合わせ持ちながら、開放的なコスモポリタン。欧米的な雰囲気が漂う国際観光·商業都市である。世界保健機関の東地中海方面本部がある。

紀元前 221 年～
中国初の統一国家＝秦

21 春秋戦国を生き残り中国初の統一国家を建てる

秦王の「政」が始皇帝と称し中華帝国の先例を整える。

春秋戦国時代を勝ち抜き、生き残ったのは秦であった。前二二一年、秦は周《しゅう》（東周）を滅ぼし、**中国史上初の帝国を樹立。秦王の政は自ら始皇帝と名乗る**。これによって、中国の国家社会の原型となる根本が定まったと言ってよい。

秦が勝者となった**理由の第一は、地の利を生かしたこと**。黄河支流の渭水《いすい》流域という、最西端の辺境の地であったため、遊牧民族には悩まされたが、中原《ちゅうげん》の地で戦う諸国を遠くから観望し、戦乱の直接的被害を被ることは少なかった。そして、主敵を個別撃破して勝ち上がった。

第二には**国造りを果断に実行したこと**。身分・経歴を問わず、有能な人材を採用。衛《えい》出身の商鞅《しょうおう》に「変法」という内政改革を実行させたのが吉と出た。法治主義、度量衡《どりょうこう》の統一、開墾による農業奨励、中央集権のための郡県制実施などだ。これによって、富国強兵を実現する。

また第三には、宰相李斯《りし》の下で**厳しい法秩序の実行**を求める法家を重用し、儒家の反発を「焚書《ふんしょ》坑儒《こうじゅ》」で抑圧した。他にも文字や貨幣、車軸幅の統一などを実施しつつ、さらに北方遊牧民族の侵攻を防ぐため、土塁を修築し連結して「万里長城」（現存する長城は明《みん》代のもの）を造営した。

こうして「中華帝国」の出発点を築いた秦帝国であったが、厳しすぎる支配体制に対する不満が噴出し、始皇帝の死後、農民反乱を突破口にして各地で反乱が相次ぎ、やがて楚の項羽《こうう》と漢の劉邦《りゅうほう》の決起を招いたとき、**前二〇六年、秦は滅亡する。建国以来、わずか十五年後のこと**だった。

厳しい春秋戦国時代を戦い抜き、勝ち上がり、生き残った秦帝国であったが、滅び去るのは早かった。先駆者の役目は終わったのである。

始皇帝の国づくり

度量衡の統一・貨幣の統一 車軸幅の統一	都市間の交易を容易にし、商業発展を促す。
郡県制の全土拡大	中央集権体制を強化する。
焚書・坑儒	儒家の反発を抑え、法による秩序を維持する。
官僚機構の整備	身分・経歴を問わず有能な人材を官吏として登用し、国政にあたらせる。
民間武装の解除	内乱を防ぎ、安泰を守る。
土塁の修築	外敵の侵入を阻止し、平和を維持する。

Column

法による支配
始皇帝の『天下取り七カ条』

秦が最初の帝国を開設できたのは、政王の恣意によらず、法によって政事を行なったからだ。主だった七カ条を挙げてみよう。

一、什伍の法で十家を什、五家を伍の隣組に編成し、内部で罪を告発した者には賞を与えた。
二、分異の法を定め、分家しないと税を二倍にした。
三、敵の首一つで爵位を上げる等、軍功爵の制度を定めた。
四、軍功がなければ宗室関係でも容赦なく除籍した。
五、私闘を禁止した。
六、産業を奨励し、多く税を納めた者は夫役を免除した。
七、二十爵の制。階級を定めた。

外野席 **始皇帝の使者＝徐福が日本に来た？** 戦国時代を勝ち抜いて、中国全土の統一に成功した秦の始皇帝。権力を手中に納めた始皇帝は「不老長寿の霊薬」を入手したくなり、徐福を団長とする大船団を編成。大船85隻に童男童女500人、30年分の食料その他が積み込まれた。行く先は？ なぜか日本各地に「徐福伝説」が残されている。

22

漢王劉邦から武帝に繋ぐ漢帝国の世界的発展

初代の中華帝国秦王朝に学んだ漢王劉邦の慰安＝統治方針。

紀元前 202 年～
中国　漢王朝

前二〇九年、農民兵士の陳勝《ちんしょう》・呉広《ごこう》の乱は一時、「張楚《ちょうそ》」という国を建てる勢いであったが、結局は内部崩壊し、農民出身の劉邦と楚の名門出身の項羽の戦いに局面は移る。

一方、秦帝国の宮廷も内紛に陥り、二世皇帝は殺害され、自ら秦王に格下げした三世皇帝は旧帝都咸陽《かんよう》に一番乗りした劉邦に降伏した。ここで**漢王となった劉邦は項羽と対等の立場となり、「垓《がい》下《か》の戦い」で項羽を撃破。前二〇二年、漢王朝を開設し、初代皇帝に即位した**のである。

劉邦は長い動乱後の疲弊を案じ、暫時の休養策を採る。兵士には功績に応じた恩典を与えて農業に戻し、田租を軽減した。民衆の間でも二十等爵制を設け、爵位を与えて慰安した。これで爵位を通して一つの国家秩序に編成された。

また、郡県制の失敗に学び、功績のあった家臣・一族には封土を与えて諸侯に任じ、封建制を採用しながら、自らの直轄支配地には郡県制を採用した郡国制を施行したのである。ケース・バイ・ケースの柔軟発想が内政安定、農業はじめ生産力と税収増大を生み出し、帝国の基盤を強化したのであった。

秦帝国の後、中国王朝を引き継いだ**漢帝国は、西暦紀元の前後、ほぼ二百年ずつ、前漢と後漢に分断されつつも四百年にわたって中国の中華の地を支配し続けた**。そこには初代王朝と評すべき秦帝国の失敗に学んだ劉邦（高祖《こうそ》）以来の統治方針、数々の背策が生かされていたのである。

第三代文《ぶん》帝も秦代の厳しい法律を大幅に削減、過酷な刑罰も緩和。人頭税や夫役《ぶえき》も軽減しており、次の景《けい》帝も文帝に準じていたので、世に「文景の治」として賞賛されたのである。

漢と秦の地方行政のしくみ

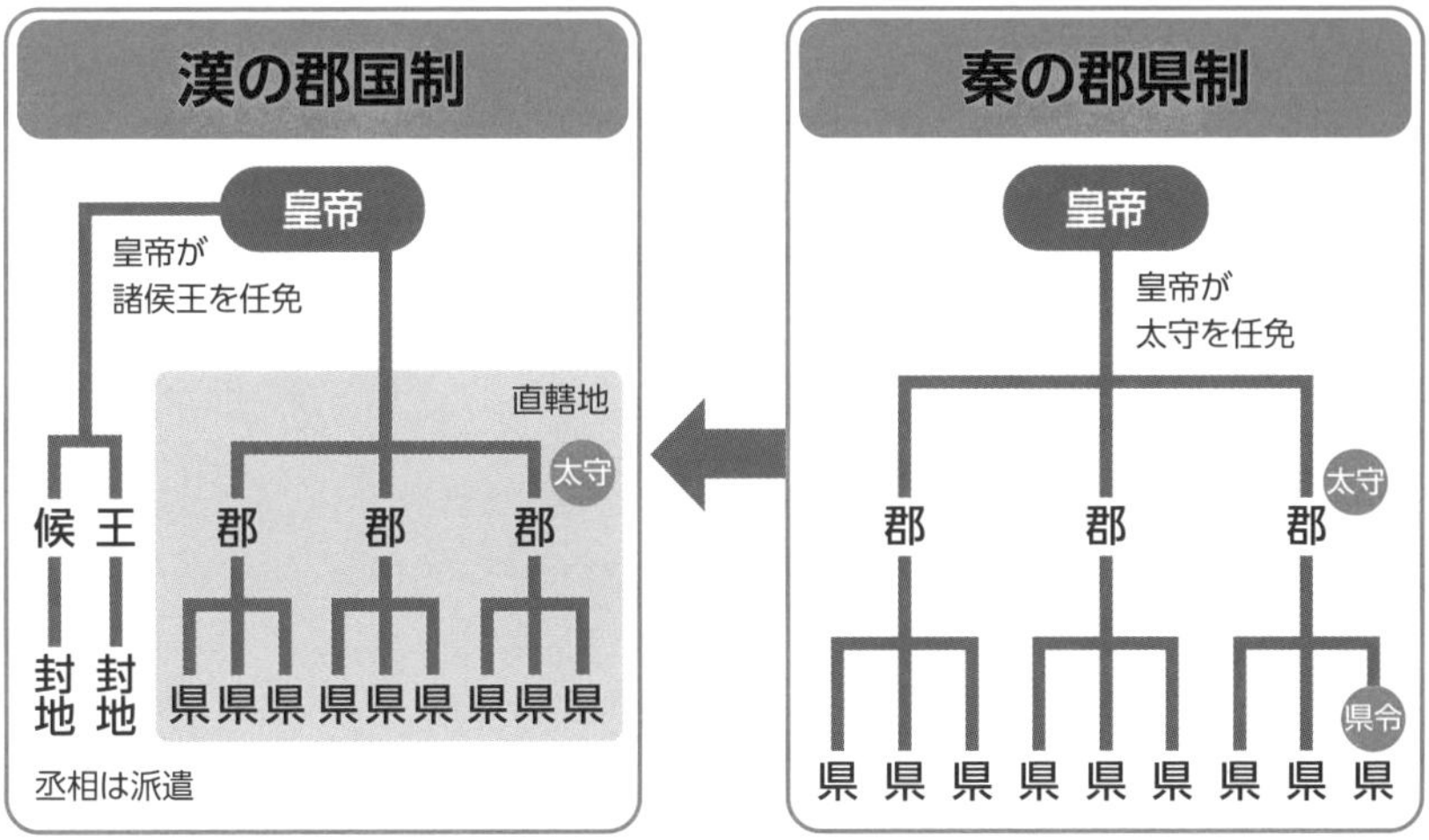

劉邦は、直轄地には郡県制を敷いた。あわせて、封地には一族や功臣を諸侯王に任命し、自治的に政治を行なわせた。

Column

豪華絢爛な墓。夫よりも婦人の墓が？

漢王朝の創始者、初代皇帝劉邦は功績のあった一族や功臣を諸侯（王）にしたが、どれほどのものであったか。一九七一年、湖南地方の長沙市近郊で発見された「馬《ま》王堆《おうたい》遺跡」を見ればわかる。

紀元前二世紀前半の大臣一家の墓には、一一〇〇点余の豪華な副葬品と共に絹織物に包まれた夫人の遺体が生前さながらの姿で埋葬されていた。面白いのは、先に亡くなった夫の墓より夫人の墓のほうが大きく立派なこと。

女尊男卑を連想するのは早とちり！　夫が死んだときよりも富を蓄えて立派になっていただけのことでした。良かった、良かった。

外野席　**正史中の正史、司馬遷の『史記』**　中国の歴史を知る上で欠かせないのが「正史」。歴代王朝の業績がまとめられている。それは前王朝が滅びた後、次代の王朝に仕える人々が著したものだが、司馬遷の『史記』は漢代、王朝開設以来の歴史を、歯に衣を着せず書き綴った歴史書なので、長い間親しまれてきた。全約130篇になっている。

23 続々と輩出する群小諸国の大陸詣で

後漢光武帝に通じた北九州の「漢委奴国王」。

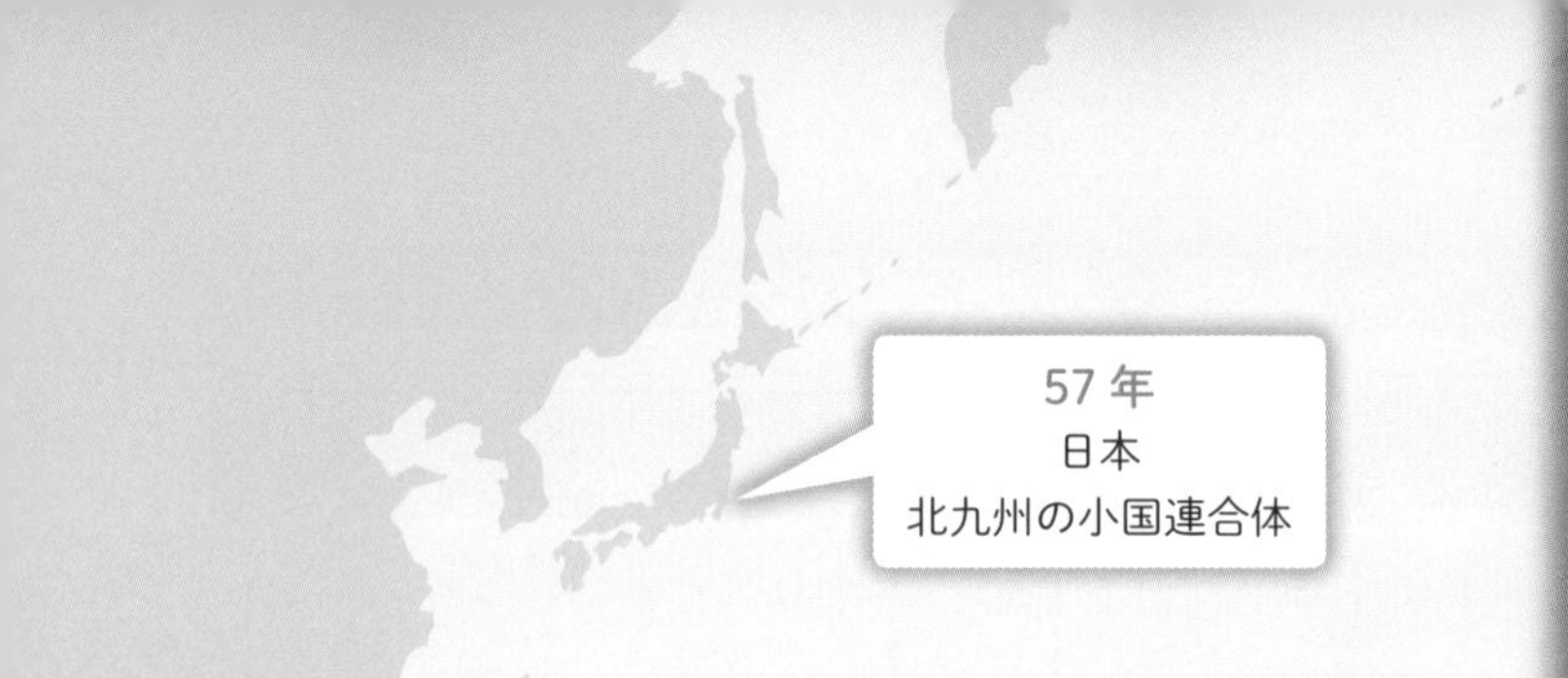

江戸期の天明四年（一七八四）、九州博多の志賀島で「漢委奴国王」と陰刻された金印が発見された。読み方は「かんのわのなのこくおう」であるとされ、「漢（後漢）に従属する倭の奴国」に与えられた金印であると説明されてきた。

しかし、中国歴代王朝の皇帝が冊封国の王に与えた金印の中に「漢の●の●の国王」に与えるという事例は見当たらない。すなわち、陪臣に与えられることはないということだ。博多湾周辺の小国が授かることはないのである。

従って、長年の紆余曲折を離れ、素直に「かんのいとこくおう」と読むのが順当であろう。『後漢書』「東夷伝」にも「建武中元二年、倭奴国、貢を奉じて朝賀す。使人自ら大夫と称す、倭国の極南の界なり、光武、印綬を以て賜う」と記述されているが、**「大夫」と称する朝賀使が「委奴国王」に与えられた金印を預かった**と解しておこう。

では、奴国がどこにあったのか、どれくらいの規模であったのか、不明のままである。国家形成途上にある集団だったと想定される。後世の『魏志』「倭人伝」に記された卑弥呼の邪馬台国でさえ、複数の小国が連合体として集合する原始的国家であったと伝えられる。

そういう**不安定な形成途上の原始的国家だからこそ、連合体を形成する諸小国を監視するため、〝伊都国〟には魏の派遣官「一大卒」が置かれていた。**この伊都国に発展する母胎こそ、この金印に記された「委奴国」だったのではあるまいか。

神武天皇の即位紀元同様、具体的な確定的情報に乏しい。北九州各地で出土する銅鏡、青銅器類の他、甕棺《かめかん》、箱式石棺、支石墓の解明はまだ終わっていない。答はまだ出ていない。

後漢とローマ帝国、そして倭など

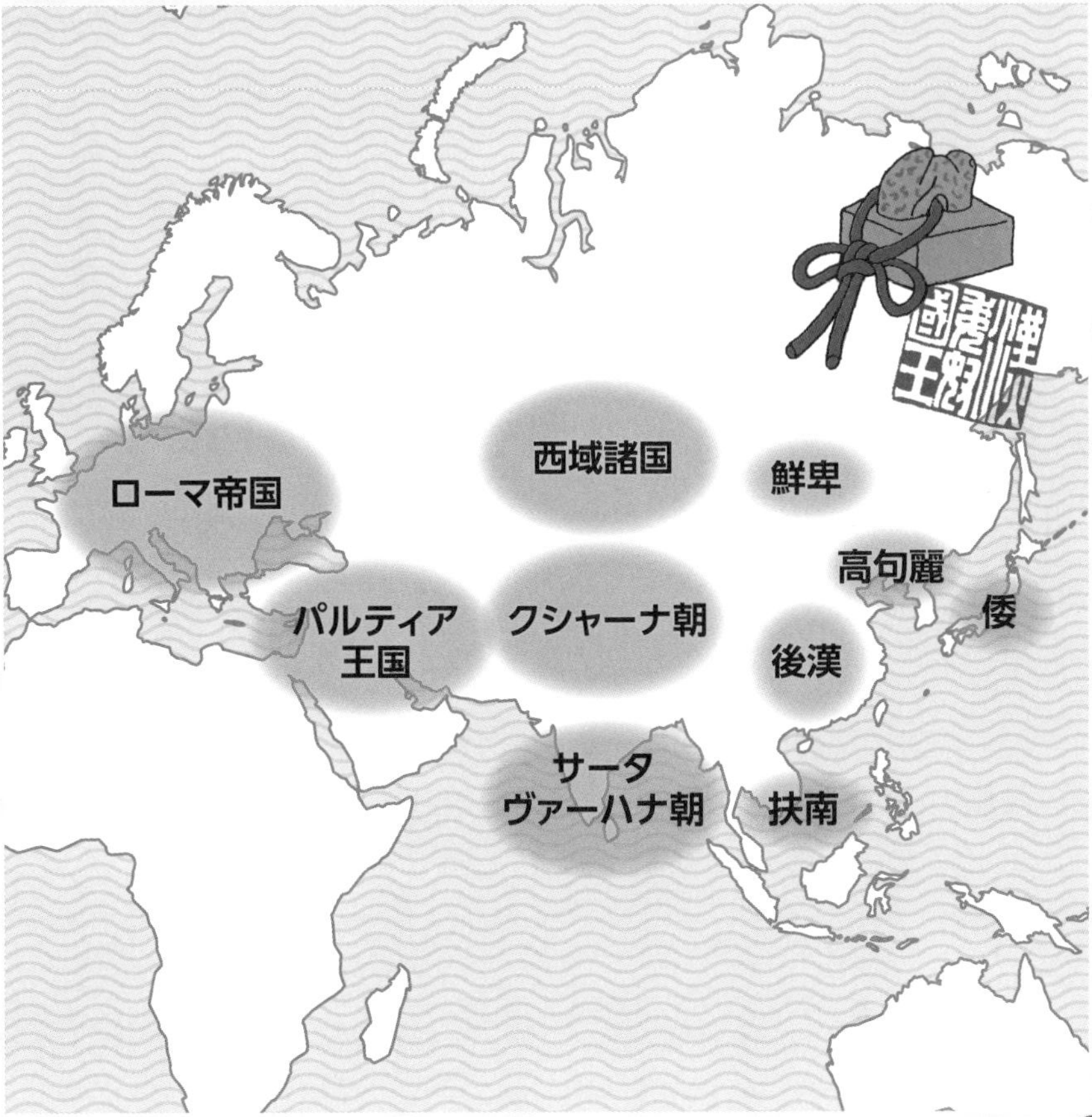

Column

『前漢書』に記載された「倭人」のクニ

古代中国官選の史書『前漢書』を見ると、弥生中期の日本列島の様子が数少ない文字で簡潔に要約されている。

「夫れ楽浪《らくろう》海中に倭人あり。分かたれて百余国となり、歳時を以て来たり、献じ見ゆ」

「楽浪」とは漢の武帝が前一〇八年、朝鮮半島を領土とし、四つの郡に分けて支配したとき、設置した郡役所。今の平壌辺りにあった。そこへわれわれの祖先が定期的に挨拶に伺ったという。

その頃の日本列島が百余国に分かたれていたという。そして、それから二百年後、「漢委奴国王」が出現するわけである。

外野席 **百余の国に分かれていた漢代の日本** 後漢の時代になって、初めて日本に関する記述が中国の史料に登場する。『後漢書』(地理誌)にある(上記「コラム」参照)。その倭人の国は百余に分かれ、前漢王朝が設置した朝鮮の楽浪郡役所に定期的に貢物を持って挨拶に来たという。

24

ローマ軍、クレオパトラのエジプトを征服する

絶世の美女に溺れ、祖国を裏切ったアントニウスをオクタヴィアヌスが討つ。

共和制ローマに終止符を打ち、帝政ローマに移行するきっかけになったのは、二度にわたるローマ軍のエジプト遠征だった。最初は前四四年、**カエサル（シーザー）が「終身独裁官」としてエジプト遠征を行った**ときである。事実上の元首としてローマ軍を率いて遠征している。

しかし帰国後、カエサルは暗殺されてしまったので、新たにカエサルの養子オクタヴィアヌスとカエサル腹心のアントニウス、そして、レピドゥスから成る「国家再建三人委員会」が組織されたのであるが、それぞれ統治する属州の富と軍団を奪い合うだけであった。

勇猛な武将であったアントニウスは、エジプトの富と女王クレオパトラの魅力の虜となったのが命取りとなった。エジプトの動きに不信感を抱いていたローマ元老院は一致してオクタヴィアヌスを支持。支持を受けて、オクタヴィアヌスはクレオパトラに宣戦布告する。

前三一年、アクティウムの海戦でアントニウス連合艦隊を撃破するが、深追いをせず、一旦ローマに引き上げた後、足場固めをして陣形を整え、再びエジプト攻略に向かう。アントニウスとクレオパトラは自殺。**名門プトレマイオス朝エジプトは滅亡し、ローマの属領となった。**

前二七年、勝利の凱旋する**オクタヴィアヌスに対し、ローマ元老院は最大限の敬意を払い、「アウグストゥス（尊厳者）」の尊称を授ける。**これによって、彼は国家の「第一人者（プリンケプス）」、すなわち、元首となり、ローマを帝政国家へ導くことになるのである。

以後、ローマ帝国の長い歴史が始まる。それはヨーロッパの歴史そのものとなる。

三頭政治の登場人物を相関関係

第二回三頭政治

前63年〜14年
オクタヴィアヌス
- カエサルの養子
- アクティウムの海戦でアントニウスを撃破し、地中海を平定
- 初代ローマ皇帝

前82年〜前30年
アントニウス
- カエサルの元部下
- クレオパトラと手を組んだが敗退

?〜前13年頃
レピドゥス
- ローマの武将
- 前三六年頃失脚

（独裁政）

前69年〜前30年
クレオパトラ
- プトレマイオス朝エジプトの最後の女王
- カエサル、アントニウスを魅了

第一回三頭政治

前100年頃〜前44年
カエサル
- 平民派政治家
- 元老院と手を組んだポンペイウスを打倒し、のち終身独裁官
- ブルートゥスに暗殺される

前106年頃〜前48年
ポンペイウス
- 開放派の政治家・軍人
- はじめ元老院と対立、のちに手を組む

前114年頃〜前53年
クラックス
- ローマの大富豪
- パルティアで戦死

Column

クレオパトラの秘密 楽な死に方の研究

クレオパトラが、いざという時に備えて蛇の毒の効き目を実験し、研究していたとプルタルコス『英雄伝下／アントニウス伝』（秀村欣二訳）に書いてある。

彼女は致命的な効果のある毒薬を集め、一つひとつ死刑囚に服用させた。すぐに死ぬ毒薬は苦痛で激しい死に方をする。穏やかな毒薬は時間が掛かる。毒を持つ動物が噛み合うところも実験した。

その結果、アスピスという蛇が咬んだ場合、痙攣や苦悶がなく、睡眠と軽い発汗だけで眠るように死んでいくのを発見した。

アスピスとはマムシとか、コブラとか、言われているが、真偽の程は定かではない。

外野席 **髭剃りの習慣は古代ローマから始まった** 古代ローマ時代、自由市民の地位を獲得した市民は奴隷と区別するために髭を剃ることになっていた。髭があると白兵戦で髭を掴まれたりして不利なので、軽石にヒゲを挟んでこすり合わせて断毛した。当時の哲学者セネカは、公衆浴場を利用するとその際のうめき声でうるさいと言っている。

25 ローマ帝国の曲がり角。キリスト教を公認する

「神の前に平等」は多民族国家ローマ帝国にはピッタリの宗教。

4世紀〜
ミラノの勅令

神話の神々を奉《たてまつ》って国家宗教とするローマ帝国は、元々、異教には寛容であり、ミトラ教など東方の神秘的な宗教も流行したことがあった。

しかし、キリスト教は一神教であり、偶像崇拝や皇帝崇拝も拒否する宗教だったので、**皇帝ネロ以来、度々迫害を受けた**。特に皇帝を神とする専制君主制を始めたディオクレティアヌス帝の迫害は一層強化されたが、最後の迫害となった。

三一三年、コンスタンティヌス帝が、いかなる宗教の信仰も認めるという「宗教寛容令」（ミラノの勅令《ちょくれい》）を発し、キリスト教もその一つとして公認されたのである。迫害は終わり、教会は表立って活動できるようになる。

だが、イエスの刑死以来、すでに三百年を経過し、教義の理解や儀式の在り方でも解釈が分かれ、信者内部でも対立が生じていた。そこでコンスタンティヌス帝自ら「ニケーア公会議」を主催し、教義の統一を図った。

結果、イエス＝キリストは神の子であり、神性を有するという考えが正当であり、人の子とする考えは異端であると断じられることになった。その後も教義を巡る争いは際限なく繰り返されるのであるが、いずれにしろ、**ローマ帝国の国教とされ、国家宗教となる**のである。

これは宗教問題に限らず、領土拡大が進み、多くの民族を抱え込むようになったローマ帝国が、いかにして帝国全体の安定的支配を実現するか、経営上の根本命題になっていた。ラテン系のローマ人だけではない。ギリシア人、ヘブライ人等、多民族の集合体になっていたのである。

「神の前では誰も皆平等」という信仰は格好の思想となったのであった。

五賢帝時代の最大版図と東西分裂

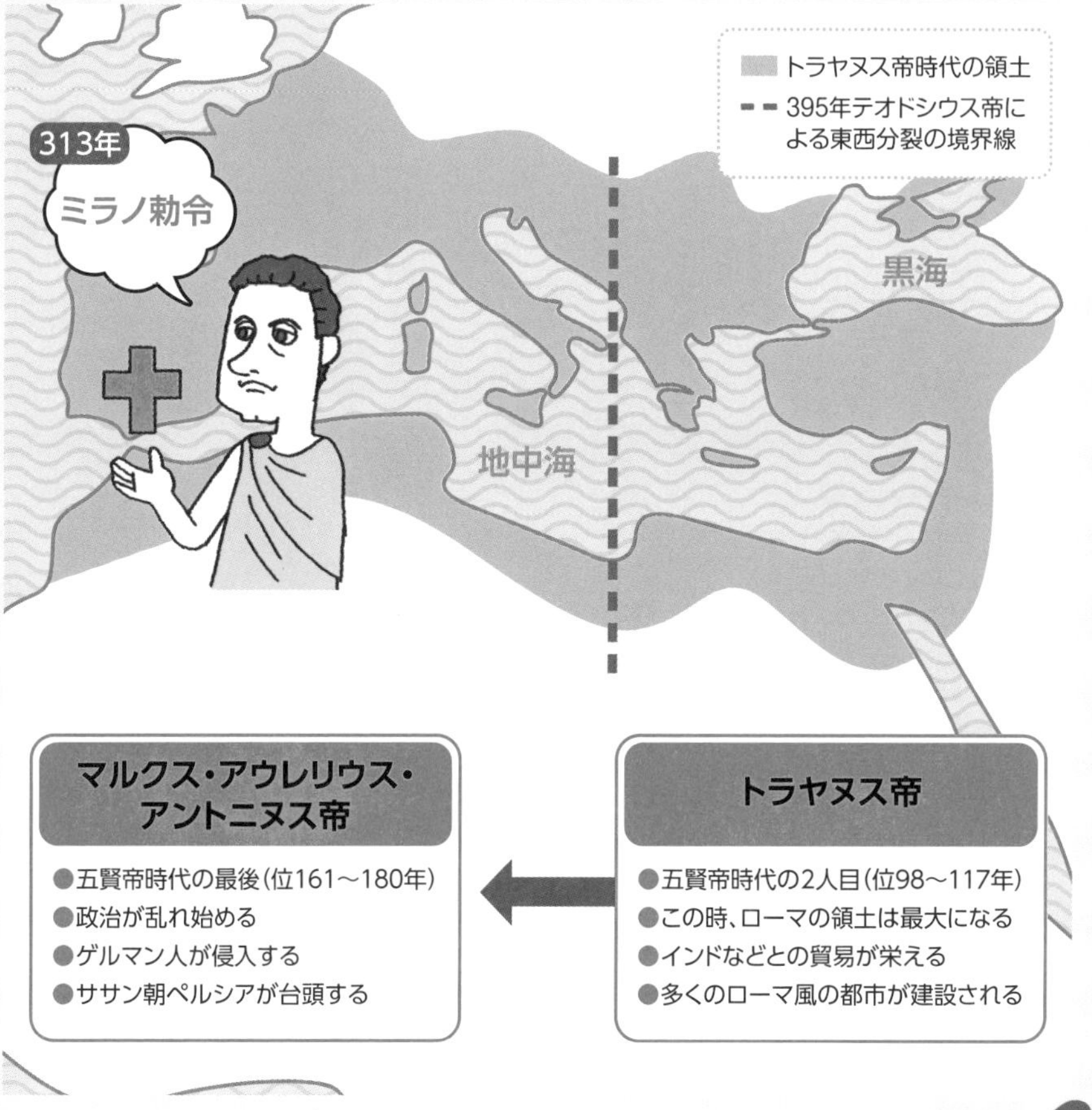

トラヤヌス帝

- 五賢帝時代の2人目(位98～117年)
- この時、ローマの領土は最大になる
- インドなどとの貿易が栄える
- 多くのローマ風の都市が建設される

マルクス・アウレリウス・アントニヌス帝

- 五賢帝時代の最後(位161～180年)
- 政治が乱れ始める
- ゲルマン人が侵入する
- ササン朝ペルシアが台頭する

Column

ローマ帝国の絶頂期「パクス・ロマーナ」

カエサル（シーザー）は共和制ローマを象徴する英雄であったが、帝政時代に移り、領土は最大版図まで拡大。最盛期を迎える。その最盛期を象徴するのが、いわゆる「五賢帝時代」（九六～一八〇年）であった。

ネルウァ、トラヤヌス、ハドリアヌス、アントニヌス・ピウス、マルクス・アウレリウス・アントニヌスの五人の時代だが、ベスト5というわけではない。比較的穏健な政治に終始したが、「ローマの平和」を象徴する時代であったということだ。

以後、ローマ帝国は拡大発展から現状維持、縮小、分裂の時代に移る。その動因になっているのはゲルマン諸部族の民族大移動、帝国内への侵入であった。

外野席 **暴君ネロのキリスト教迫害**　ローマ帝国の皇帝ネロ（1世紀半ば）。最初は師セネカの補佐を得て善政を敷いたが、次第に乱行が目立ち狂気を発する。大火があり、ネロが新しい都市計画を思い付いて放火したという噂が出回ると、キリスト教徒を放火犯にして無差別逮捕し、残虐な処刑、迫害を行なった。最後は自決して果てている。

26

西ヨーロッパに侵入するゲルマン諸部族の働き

ローマ帝国内にゲルマン人が定着し、キリスト教に改宗する。

ゲルマン民族の大移動は、中央アジアに定着していた騎馬民族フン族が西方に移動したのが事の始まりで、東西両ゴート族が押し出されて、様々な部族集団が玉突き現象で移動させられたと説明されてきたが、真相は定かではない。

元々ゲルマン人の農耕は肥料を使わず、また、「三圃《さんぽ》農法」のように農地を休ませながら使うことも知らなかったので、毎年耕作地を変えなければいけなかった。牧畜民が牧草地を求めて移動するのと同じである。徐々に増えてくる人口を養うためには新しい耕作地を開拓し、補充することが絶対的必要条件だったのである。

その結果、西ゴート人はイベリア半島、東ゴート人はイタリア、ブルグンド人は南西フランス、フランク人は北西フランス、アングロサクソン人はブリテン島でそれぞれ建国する。最も移動距離が長く、時間を要したヴァンダル人は、イベリア半島から北アフリカに渡り、かつてのカルタゴに到達し、独自の国造りを進めた。

これらのゲルマン系国家によって西ローマ帝国は滅亡。将来のヨーロッパ世界を予見させるフランク王国が登場するのであるが、奇しくも東アジア世界でも「五胡《ごこ》」という牧畜民集団が出現し、盛んに中国内部に侵入。「五胡十六国」時代という乱世の時代に移る。東西呼応して似たような動きがあったことに注目しておきたい。

結局、**ローマ帝国内にゲルマン諸民族が侵入・定着し、キリスト教に改宗して新しい国家と社会の仕組みを作り始めた**わけである。従って、ゲルマン諸族の大移動は、ヨーロッパの歴史を古代から中世に切り替えるエポック・メーキング的な事件になったと言ってよい。

フン族とゴート族

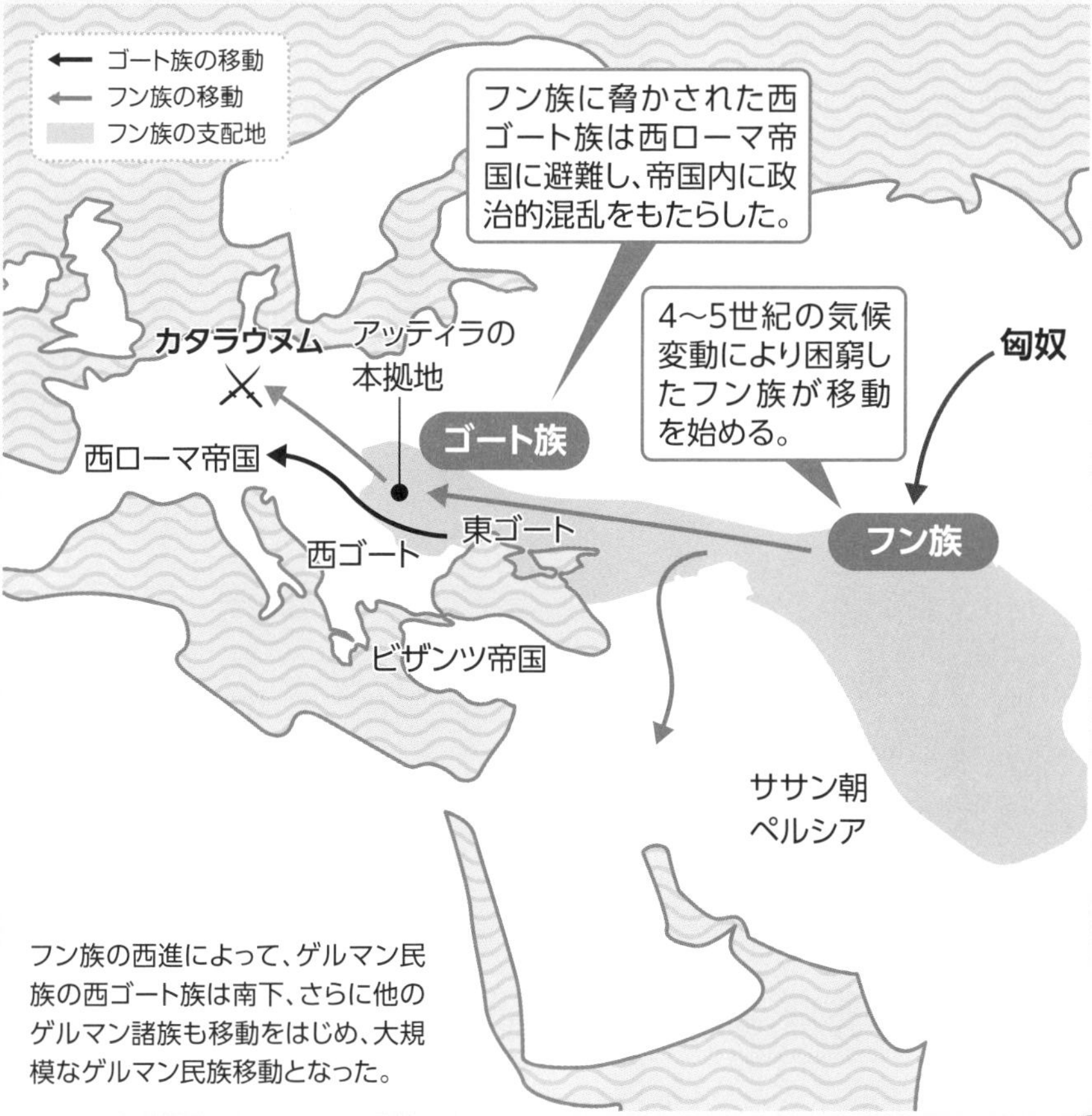

フン族の西進によって、ゲルマン民族の西ゴート族は南下、さらに他のゲルマン諸族も移動をはじめ、大規模なゲルマン民族移動となった。

Column

『ゲルマニア』が描くゲルマン民族の風俗

ゲルマン民族の風俗と社会については、ローマでは早くから知られていた。カエサル（シーザー）自身が書き残した『ガリア戦記』と一世紀前後、タキトゥスが書いた『ゲルマニア』である。

ゲルマン民族は空色の目とブロンドの髪、長大で屈強な肉体を備え、王や司祭を部族から選び、女性の地位が高い、重要問題は首長中心の民会で決める、と。

狩猟と牧畜、農耕で生活していた彼らは、辺境の属州で小作農や傭兵に雇われることが多く、後には軍司令官や帝位簒奪《さんだつ》者になる者も現れたように、ローマ文化に慣れ、親しむ中で変わって行った。

中世の担い手になるのである。

外野席 **騎馬民族＝遊牧民のエネルギーの根源①** 騎馬の技術に優れた特性を持つ遊牧民。特にユーラシア大陸内部で活躍した彼らは、農耕民と交易を行なうだけでなく、しばしば襲撃もした。匈奴、突厥、モンゴルなどの大帝国を作り、世界史上、変革期において重要な役割を果たしたのだ。

27

国際文化国家となる唐の土台を作った隋王朝

短命に終わった隋王朝が長期政権となった唐王朝の土台を築いた。

589～618年
隋の建国

北周王朝の大将軍揚堅《ようけん》は、黄巾《こうきん》の乱以来、四百年余も続いた中国世界の分裂と混乱を制し、隋《ずい》王となり、五八九年、幼帝の静《せい》帝から禅譲《ぜんじょう》されて隋王朝を開く。名乗りは文《ぶん》帝。そして、直ちに北の突厥《とっけつ》を抑え、南の後梁《こうりょう》を併合し、陳《ちん》を倒して中国統一を成し遂げる。

内政面でも改革を進め、まず、開皇律令を制定する。残酷な刑罰を廃し、律を解りやすくした。後に唐《とう》王朝はこの開皇律令を踏襲して律令制度を制定している。官制も尚書、門下、内吏各省を設け、尚書省に人事の吏部、財政の度支部、儀礼の礼部、軍政の兵部、法務の都官部、土木の工部を置いた。他に九寺、御史台があった。

さらに**科挙《かきょ》を実行**したこと。長い間、官吏の任免権は貴族勢力、地方豪族の世襲に任されていたが、実力試験の結果で決まることになった。開明的な点が好評だったため、容易に皇帝の手に任免権を取り戻すことができた。

こうして見ると、**隋の文帝によって短期間に整備された諸制度は、二百七十四年に及ぶ長期政権となった唐王朝にそのまま引き継がれ、実行されていること**に気付く。なのでいま、これらは「開皇の治」として再評価されつつある。

それにも関わらず、隋の評価が低いのは、初代文帝の死後、二代皇帝となった煬帝《ようだい》が建設途上の王朝の実体を理解せず。大規模な首都、宮城建設の他、河北から江南に至る運河工事に百万余の男女を徴発する等、法外な無理を重ねた他、百百十三万余の大軍勢を徴兵する高句麗《こうくり》遠征を事もあろうに三度も繰り返した。

結果、無理がたたり、隋王朝は自滅するのである。その果実を拾ったのが唐王朝であった。

隋から唐へ❶

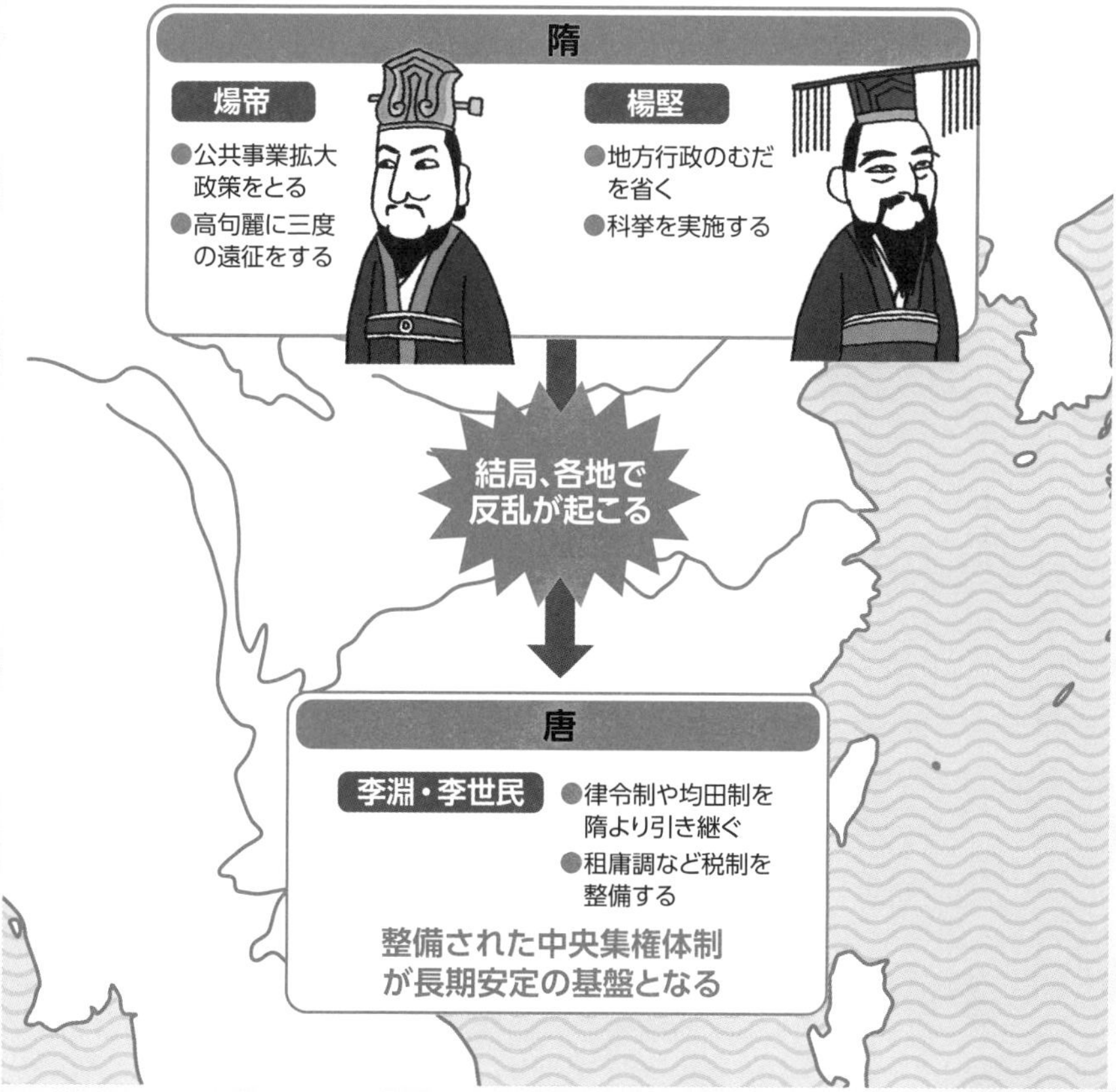
隋
煬帝
●公共事業拡大政策をとる
●高句麗に三度の遠征をする
楊堅
●地方行政のむだを省く
●科挙を実施する
結局、各地で反乱が起こる
唐
李淵・李世民
●律令制や均田制を隋より引き継ぐ
●租庸調など税制を整備する
整備された中央集権体制が長期安定の基盤となる

Column

煬帝の怒りを招いた聖徳太子の手紙

六〇四年、二代目皇帝に即位した煬帝に対し、聖徳太子が祝いの手紙を国書として送った。

「日出づる処の天子、書を日没する処の天子に致す。恙《つつが》無《な》きや」

一読して煬帝は怒った。

「蛮夷の書、無礼なる物有り。復《ま》たもって聞すること勿《なか》れ」

いきなり、太陽が昇る国の天子が太陽の沈む国の天子に送る、と言われてはプライドが傷つくのは当然のこと。しかし、煬帝も大した人物である。翌年、答礼の使者を日本に遣わしている。

煬帝は高句麗遠征の準備に忙しく、それどころではなかったのかもしれないが、それにしても聖徳太子。剛毅である。ご立派！

外野席 **騎馬民族＝遊牧民のエネルギーの根源②** 彼らはユーラシア大陸の東西を結ぶ草原の道（ステップロード）で活動し、時にはオアシスの道に侵攻して農耕民や商業に従事する民族を支配して国家を形成する。匈奴、五胡、イラン系、トルコ系、そして、モンゴル系などである。しかし、近代社会になって急速にとり残されてしまう。

28 空前の世界帝国として君臨する大唐国の出現

中国の皇帝であると同時に北方民族の天可汗になった太宗李世民。

李世民《りせいみん》（太宗《たいそう》）は、隋末の混乱期、父李淵《りえん》（高祖）と共に太原で挙兵し、長安を都と定めて唐王朝を創建。各地を転戦して割拠する群雄を平定した後、六二六年、最終的なライバル、兄の李建成《りけんせい》を倒し、二代皇帝に即位する。

注目されるのは、その際、倒した兄建成の幕下から登用した者に衆人環視の前で諫言《かんげん》を行わせ、常に自らを律するようにした点。そして、賦役、刑罰を軽減し、三省六部制の厳格な実施を行ない、軍事面でも兵の訓練を視察し、表彰制度を実施したため、唐の国勢は急速に高まった。

六二九年には念願の突厥討伐を実施。突厥の首長頡利可汗《いりかがん》を捕虜とし、支配下に治めたとき、族長たちは長安に集結し、太宗に北方民族の首長である可汗よりも上位の君主を意味する天可汗《てんかかん》を奏上する。中国皇帝であると同時に北方民族の首長としての地位も兼ねることになったのである。

さらに西域交易のターミナルである高昌国《こうしょうこく》を倒し直轄国としたため、国際的な交通ルートが開けた他、六四五年、インドから大量の佛典を持ち帰った玄奘法師を厚遇し、漢訳を行なわせるなど、国際的な文化交流、経済活動にも力を注いだ。

これらを総じて「貞観《じょうがん》の治」と称し、後世でも「理想の政治が行なわれた時代」として語り伝えられるようになった。**隋末唐初の国土荒廃、混乱から国土を回復させたばかりか、続く唐王朝発展の土台を築いたこと、北方異民族の脅威を取り除き、長期にわたって友好関係を保ったことなど、中国史上、有数の名君として讃えられる。**

唐王朝の皇帝はすべての諸国諸民族の長であり、唐王朝は空前の規模を誇る世界帝国となって行くのである。大唐帝国の誕生である。

隋から唐へ❷

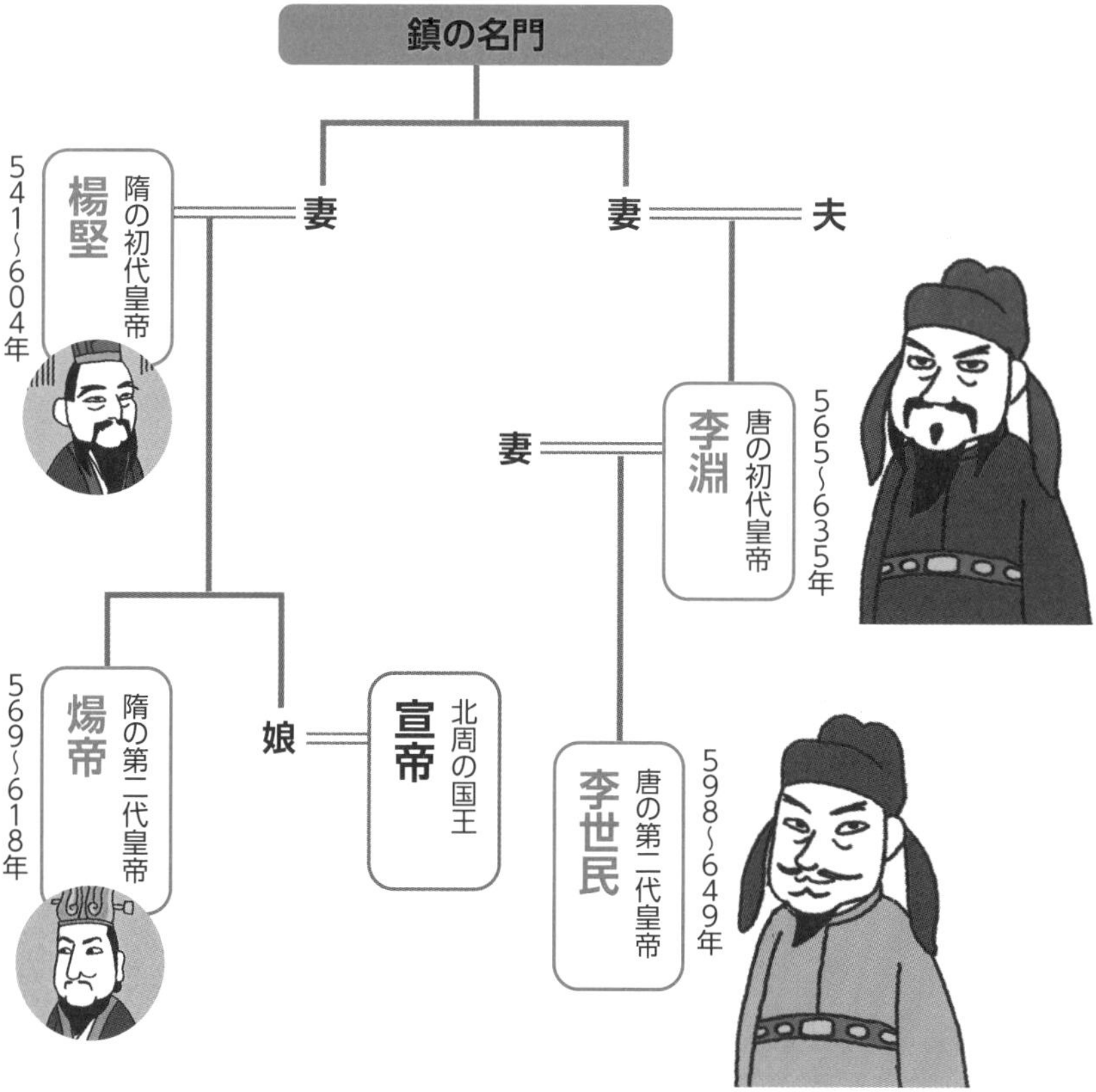

Column

勝宝年度の遣唐副使、大伴古麻呂は頑張った！

勝宝年度の遣唐使は年内に長安に到着し、元旦の朝賀をはじめ、七日の諸蕃の朝賀にも参列した。九代皇帝玄宗が臨席し、百官が居並ぶ中に唐と交渉のあるすべての国々の使人たちも参列する。

そのとき、副使大伴古麻呂は会場係に対し、猛烈な勢いで抗議したと伝えられている。

「昔から新羅は日本国に朝貢している国である。然るに日本国より上席に据えるとは、道義に背くではないか」

会場係は新羅《しらぎ》の使人に因果を含めたらしく、席を交代してもらった。古麻呂だけでなく、わが国の先人たちは己に課せられた役割、任務については、決して軽んずることはなかったということだ。

外野席 **双璧をなす唐詩人、李白と杜甫** 六朝時代から盛んになった漢詩は唐代に「七言律詩」の定型が出来上がる。その代表的な作風を編み出したのは「李杜」と称する李白と杜甫である。そして「白楽天」白居易。李白は老荘思想に共鳴、自由奔放に酒や隠棲生活を好んだ。杜甫は「国破れて山河あり」と安吏の乱で荒れた長安を詠み有名。

29

大唐国に相対し日本国と称す。天子に対抗し天皇と称す

白村江の戦いで唐に敗れたことで日本流律令国家を建設す。

673年
天武天皇の世紀

天武天皇は大唐国と対決の姿勢を示し、国名を「倭国」「邪馬台国」から「日本国」に変更し、中国皇帝に対し、天皇と称するようになった最初の天皇であることを明確にしておきたい。

一般に知られている天武天皇の業績とは次のようなことではないだろうか。

天武天皇の朝廷には、太政大臣は無論、左右大臣もいなかった。皇后と皇子で最高首脳部を構成した。**土地と農民に対する直接支配**を強化するためだ、と。そして、**伊勢神宮を東国経営の拠点**としつつ、天皇家の祖先神を祭る社とした。伊勢神宮の特別扱いは、このときに始まった、と。

さらに、国家行政の根本である**国史編纂《へんさん》事業**に着手し、高まる国家意識の高揚を『古事記』『日本書紀』の編纂事業に注ぎ込んだ、と。そして、**『飛鳥浄御原令』制定によって、いよいよ律令国家の神髄が示された**、と。

従来の天武天皇論は、これだけの記述で終わっていた。しかし、なぜ、そうしたのか。肝心のことが語られて来なかった。

中国の史書『新・旧唐書』によれば、咸亨元年＝天智九年（六七〇）、我が国の遣唐使が唐を訪れた際、使者が「倭国」とか、「邪馬台国」と呼ばれていた国名を忌み嫌い、「日本」に変更したと唐の朝廷で広言したと記録されている。

天智二年（六六三）の白村江《はくすきのえ》の戦いで、唐＝新羅連合軍に敗れ、九州で水城や大野城などの防衛を固め、天智六年（六六七）には近江遷都をしたばかり。後を引き継いだ天武天皇が、その基本路線を堅持していることは言うまでもない。ギリギリの緊張関係の中で対抗したのである。

襟《えり》を正して讃えておきたい。

天武天皇の国造り

壬申の乱に勝利

↓

第40代天皇として即位

天武天皇

↓

天皇独裁の律令国家

1 土地・農民に対する支配の強化

部曲《かきべ》の廃止、八色《やくさ》の姓《かばね》を定めて身分秩序を編成する。

2 伊勢神宮を天皇家の祖先神に

伊勢神宮を東国経営の拠点とし、天皇家の祖先神を祀る社とした。

3 国史の編纂

「帝紀」「旧辞」などの古い資料を整理し、『古事記』『日本書紀』の編纂に着手。

4 飛鳥浄御原令の制定

律令国家の思想を全面開示する。施行は持統天皇の代(689年)。

Column

祝詞の詞 大倭・日高見国

日本国のルーツを解く鍵は意外にも身近にある。祝詞《のりと》の「大祓の詞」である。

「かく依さしまつりし四方の国中に大倭日高見の国を安国と定めまつりて」という一節がある。

「遷却祟神詞」にも似たような文言の一節がある

「かく天降し寄さしまつりし四方の国中と、大倭日高見の国を安国と定めまつりて」

まったく同じ趣旨の言い方で、ほとんど定型と言って良い。

すると、大倭と日高見国は別々の国であり、二つの国を合わせて一つの国にしよう、平和で豊かな国造りをしよう、というのが、双方の祝詞だったのでは?

外野席 **伊勢神宮の歴史は天武天皇に始まる** 天照大御神をお祀りする伊勢神宮はいつから天皇家のルーツとなったか。天武天皇が大海人皇子の時代、壬申の乱で伊勢神宮を決起部隊の集結基地とし、勝利したことで地位を固めたと言ってよい。推古天皇以来、絶えていた斎王を任命したのを始め、天皇家の氏神の社としての地位を確定した。

30

アラブ人以外に一気に拡散するイスラム教

東で唐と接し、西で東ローマ帝国と接し、両翼で覆う大帝国となる。

ウマイヤ王朝のルーツは、唯一神アッラーの啓示を受け、イスラム教を開教した預言者ムハンマド（マホメット）まで遡《さかのぼ》る。

ところが、ムハンマドは後継者を指名することなく死んだため、ムスリム（イスラム教徒）は動揺し、ムハンマドの友人で義父でもあるアブー・バクルを初代カリフ（神の使徒の代理）に選んだ。事実上、イスラム共同体の指導者である。

イスラム共同体は、カリフ制度の下で四代継続する。その間、ジハード（聖戦）を繰り返し、教えの布教拡大に励んだのであるが、第四代カリフのアリーが、ライバルのシリア総督ムアーウイヤに暗殺されたため、終焉。時代はムアーウイヤが開いたウマイヤ朝時代に移る。

ウマイヤ朝の時代になると、七世紀後半から東西に進撃開始。イスラム世界は一気に拡大する。

東は唐と接するソグド人の地やフエルガーナ地方まで征服。中央アジアのイスラム化へ道を開いた。西では北アフリカを押さえて、ジブラルタル海峡からイベリア半島に進出。七一一年、西ゴート王国を滅ぼした。

さらにピレネー山脈を越えてフランスに侵入したが、フランク王国軍に撃退される。これから七百年以上、ピレネー山脈を境に南のイベリア半島はイスラム世界となる。

東西に翼を広げたウマイヤ朝は、コーランの文句を刻んだアラブ貨幣を鋳造し、公用語をアラビア語に統一する。これで**イスラム世界の経済と流通、行政機構は円滑に回り始める。**

だが、アラブ人の支配的地位が明白になってくると、被征服地の異民族たちは地租と人頭税の両方を納める不平等に不満を表すようになる。

イスラム教の拡大と聖戦

ムハンマドからウマイヤ朝まで

- **570年頃** ムハンマド生まれる
- **610年頃** ムハンマド、神の啓示を受ける
- **630年** ムハンマド、アラビア半島を統一
- **632年** ムハンマド死去 アブー・バクルが初代カリフになる（シリア、エジプト、そしてササン朝ペルシア領土へ版図を広げる）
- **661年** ムアーウィヤが第4代アリーと戦い、新カリフを宣言する（シーア派とスンナ派に分裂する）

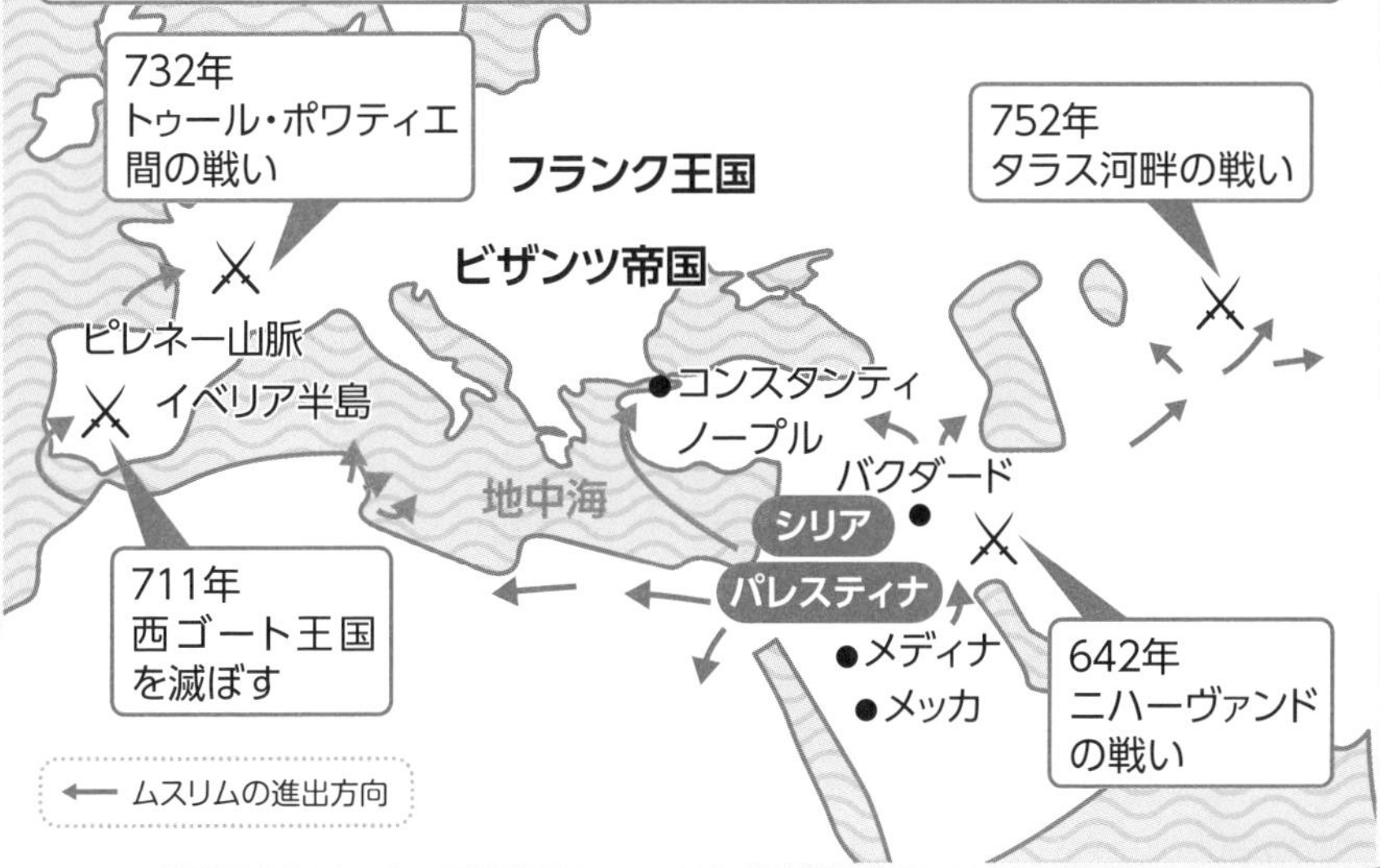

Column

イスラムの掟、聖戦ジハード

イスラム世界にとって、異教徒との戦いは「聖戦」であり、たとえ、死んでも「殉教」となるため、士気は高かった。アラブ軍の強さの秘密と言ってよい。

それと、もう一つ。

アラブの移動手段と言えば、言うまでもなくラクダである。砂漠の嵐にも何日も続く渇きと飢えにも強い。移動手段には不可欠である。しかし、戦闘行為は別。

アラブ人はいざ、戦闘が始まれば馬に乗り換えた。馬でなければ、スピードを要求される戦闘には勝てない。敵に先を越されては後手の不利を強いられる。

移動にはラクダ、戦闘には馬と巧みに使い分けたのである。

外野席 **いまも続くシーア派とスンニ派の争い** 分裂は7世紀、開祖ムハンマドの死後の後継者争いから始まった。イスラム社会の指導者は、ムハンマドと血の繋がりのあるアリーとその子孫から選ぶべきというシーア派。対するスンニ派は、血の繋がりは関係なくスンナ（慣行）を重視すべきという。スンニ派がイスラム社会の9割を占める。

31

東の長安と並ぶ西の国際都市バグダードの発展

急伸長したイスラム世界はアッバース朝と後ウマイヤ朝に分裂。

750年〜9世紀初め
アッバース朝

非アラブ人の世界にイスラム改宗者（マワーリー）が生まれ、広がるにつれて諸民族間の風習や生活上のルールの違いから対立したり、不満を爆発させるようになる。そして、ウマイヤ朝そのものを打倒しようとする動きまで表れる。

　預言者ムハンマドの叔父の家系に当たるアブー・アルアッバースは「イスラム共同体の指導者にはムハンマド家の出身者が相応《ふさわ》しい」という思想を利用し、マワーリーやシーア派の反ウマイア勢力の後押しを得て東部イランで蜂起。**七五〇年、アッバース朝を樹立した後、翌年、ウマイヤ朝を滅ぼしてイスラム世界の覇者となる。**

　しかし、ウマイヤ朝のカリフ一族もしぶとく、イベリア半島に脱出し、**コルルドバを首都とする後ウマイア朝を設立する。**勢力範囲はわずかにイベリア半島に限られているが、**イスラム共同体は東西に分裂した**ことになる。

　新興アッバース朝はシーア派を抑えて第二代カリフにマンスールを選出。その時、バグダードに壮大な円形の新首都を築いて、唐帝国の首都長安と並ぶ、世界最大の都として知られるようになり、空前の繁栄を享受するようになる。

　この時代にイスラム法が整備され、非アラブ人への差別は解消。むしろ、アッバース朝誕生に貢献したイラン人が軍隊や官僚機構で重視され、首都もバグダードになったので**アラブ人単一支配を脱し、真のイスラム共同体が実現された**と言ってよいのかもしれない。

　しかし、イラン、シリア、エジプトは総督のもとで独自の軍隊を持ち、独自の判断で動くようになる。当然、カリフの主権から離反し、内部から変質して行くようになる。

後ウマイヤ朝とアッバース朝

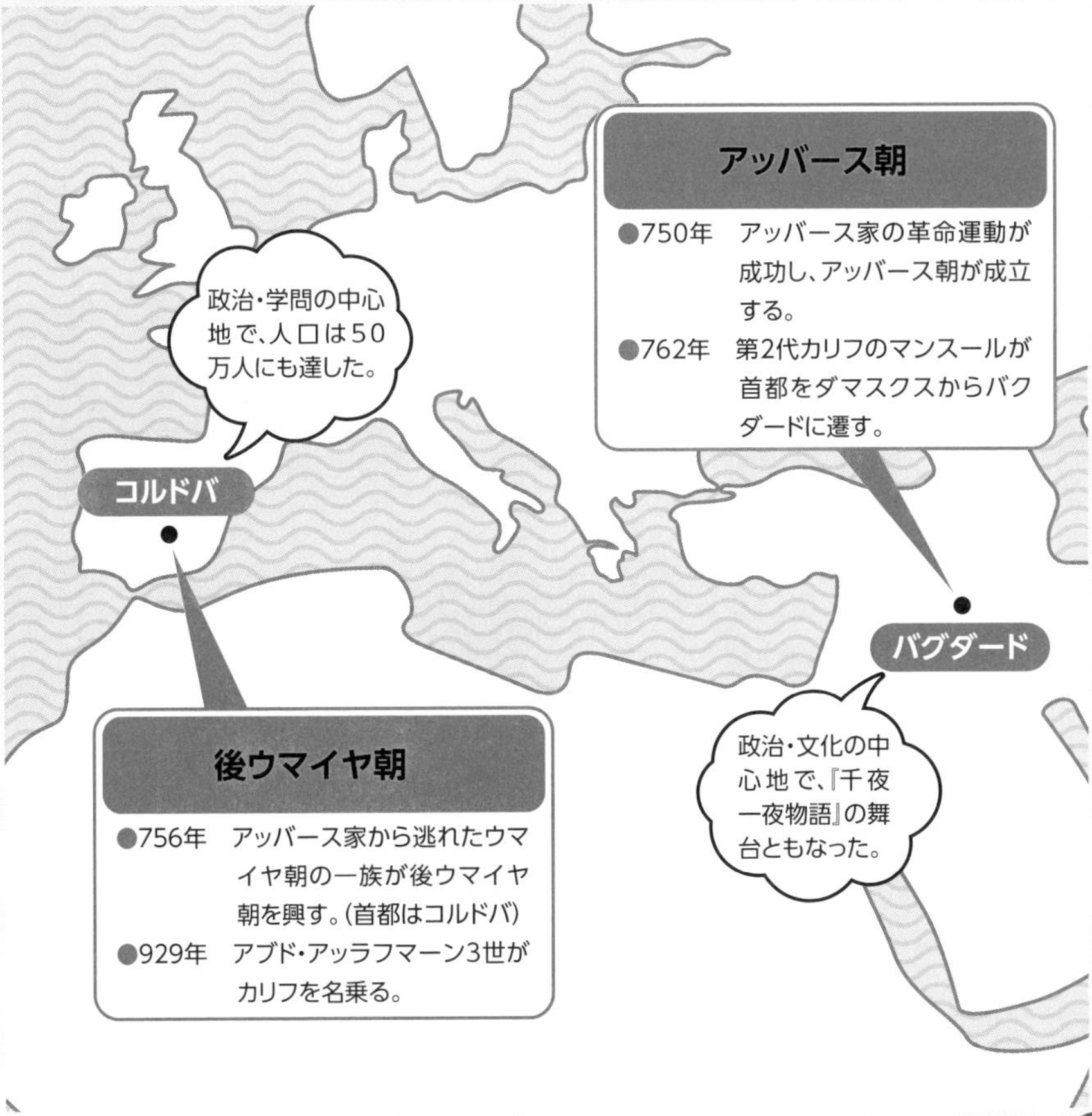
アッバース朝
●750年 アッバース家の革命運動が成功し、アッバース朝が成立する。
●762年 第2代カリフのマンスールが首都をダマスクスからバグダードに遷す。
政治・学問の中心地で、人口は50万人にも達した。
コルドバ
バグダード
政治・文化の中心地で、『千夜一夜物語』の舞台ともなった。
後ウマイヤ朝
●756年 アッバース家から逃れたウマイヤ朝の一族が後ウマイヤ朝を興す。（首都はコルドバ）
●929年 アブド・アッラフマーン3世がカリフを名乗る。

Column

非アラブ人の社会と共存 活発な商業経済と文化

イスラム共同体は貨幣と交通路、市場を整え、貿易活動と流通ネットワークを一気に拡大した。地方分散型の農業社会であった西洋のキリスト教世界に比較するとイスラム世界の活発な商業都市型性格は際立っていた。

同時に多くの異民族社会を包摂《ほうせつ》し、ギリシア＝ローマ文明を引き継いでおり、イスラム文化との融合による文化の高度化も達成されていた。アッバース朝が衰退しても商業流通の発展と文化的発展には何の支障もなかった。

カリフの権威を無視し、イラン、エジプトなどでアッバース朝解体、独立の動きが進むほど、イスラム共同体は発展したのである。

外野席 **空爆された「平安の都」＝バグダード** 湾岸戦争で米軍の空爆に晒されたイラクの首都バグダード。歴史は古く、ハンムラビ王まで遡る。アッバース朝の首都に選ばれたのはチグリス河畔にあり交易に便利だから。三重城壁に囲まれた円形都市の最内の城門内には黄金宮殿とモスクが聳え立ち、カリフの身内と親衛隊しか入れなかった。

32 ローマ教会と結託するカール大帝の遠望

西ローマ皇帝の伝統とローマ・カトリック教会の二つの権威が合体。

481～800年
フランク王国

フランク王国は西ヨーロッパの中枢部を構成するフランス、ドイツ、イタリアの近代国家が誕生する母体となっている。その意味で、フランク王国の歴史は現代人の身近な話題となる。

そもそもフランク族はライン川下流、河口一帯が発祥の地となっている。そして早くからローマ帝国と誼《よしみ》を通じ、勢力を養った。その中で**四八一年、メロヴィング家のクローヴィスが他の支族を圧倒し、フランク王国を建てる。**

そして、ライン川から大西洋、ガロンヌ川まで支配区域を拡大すると東ローマ皇帝はクローヴィスを西ローマ帝国の継承者と見做すようになる。そこでカトリックに改宗するや、ローマ教会も喜び、フランク王国と連携するようになる。

しかし、クローヴィスの死後、フランク王国は四つの国に分裂。その一つ、アウストラシア王家の宮宰を務めるカロリング家が台頭する。そして、ピピン三世（短身王）の代、ローマ教皇の「適格者こそ王に相応しい」とのお墨付きを得て、メロヴィング朝の王を退位させ、自ら王に即位する。カロリング朝が開かれる。

カロリング朝のフランク王国は、ピピンの子、カール大帝が全フランク王国の支配者となって王権を確立。全盛期を迎える。東はアジア系アヴァール族を撃退し、バイエルン大公を従え、北は強力なザクセン人を制圧。南は北イタリアのランゴバルト王国を征服して奪った領地をローマ教皇に寄進。ますますローマ教会と親密になった。

八〇〇年のクリスマスの日、サン・ピエトロ寺院で教皇レオ三世から**ローマ皇帝の冠を授かったカール大帝は、聖権（教皇）と俗権（君主）を併せ持つ、西ヨーロッパ世界の権威を確立する。**

フランク王国の発展

451年 アッティラの率いるフン族をガリアで撃退する

481年 メロヴィング家クローヴィスが支族を統合しフランク王国建国

496年 クローヴィスらカトリックに改宗する

507年 西ゴート王国を南ガリアで破る

511年 クローヴィス死去にともない四カ国分裂

再統合・分割を繰り返す

732年 カール・マルテル(カロリング家宮宰)率いるフランク軍がイスラム軍を破る

751年 フランク王国のピピンがカロリング朝を興す

756年 ピピン、ランゴバルドを討ち、ラヴァンナ地方を教皇に寄進

800年 カール大帝、教皇レオ三世よりローマ皇帝の戴冠

クローヴィス

カール大帝

Column

カロリング・ルネサンスの主人公シャルルマーニュ

多民族と部族を平定し、西ヨーロッパに一大帝国を蘇らせたカール大帝ことシャルルマーニュは、キリスト教（ローマ教会）を広めるためにラテン語教育を普及させ、学芸文化の発展に力を入れた。

そのために「カロリング・ルネサンス」と言われている。シャルルマーニュは『ロランの歌』とか、無数の武勲詩や中世の伝説的英雄伝に詠われた。彼はまた、フランスとドイツの双方で民族の王、元祖と称賛されたのであった。

後世の人々、ナポレオンやヒットラーまでも名声を讃え、利用したが、欧州会議もヨーロッパ統合運動の貢献に対する賞を献上するのにその名前を利用している。

外野席 **ヨーロッパ各地に影響を与えたゲルマン法典** 『サリカ法典』は、現在のベルギーに建国したフランク族の慣習法を成文化したものだが、ゲルマン諸部族中、最古の代表的法典。度々改定されているが、ゲルマン固有法の要素を残している。各種贖罪金や有名な「サリカ法典の王位継承法」などがある。後世にも大きな影響を与えた。

33

王国の分裂で仏・独・伊三国の基礎が作られる

フランク王国の分裂と同時に西欧の中世封建社会が形成される。

843年〜
フランク王国の分裂

ローマ皇帝の帝冠を頂くカール大帝の死後、たちまち相続を巡る争いが始まり、孫の代になり、八四三年、フランク王国を三分割する「ヴェルダン条約」が締結される。

これによって、「中」「西」「東」の三つの国に分割されたものの、八七〇年、「メルセン条約」で北イタリアを除く中部フランクが再分割されて、東西フランクに併合された結果、**現代のフランス、イタリア、ドイツの骨格が形作られた。**

一時期、皇帝カール三世（肥満王）が三国王を兼ねる動きもあったが、北の脅威、ヴァイキングがパリを襲撃したとき、あろうことか、他の土地の略奪をそそのかす有様を見て諸侯はあきれ果て、廃位させる事件（八八七年）もあった。

こうしてフランク王国は消滅し、新たに台頭する勢力もなく、ヴァイキングという、北の海賊的集団の乱暴に怖れおののき、東から侵入するアジア系マジャール人の動きに警戒しつつも反撃する力はどこにも出て来なかった。しかも、その間、いつ、動き出すかわからない、イベリア半島の後ウマイア朝の不気味な沈黙が続いていた。

こうして静まり返った**西ヨーロッパにおいて、ゆっくり、ゆっくり進行しつつあったのが「封建社会」の組織化**であった。すなわち、カール大帝の時代、地方長官に任命された者や封土を与えられた諸侯、騎士の間で、それぞれ上下関係を確認しつつ、主従関係を契約してそれぞれの安全と利益を守るようになったのである。

上位の者（君主）が下位の者（領主）に土地を与え、それを保護する代わりに、下位の者は上位の者に**一定の税を納め、軍務を勤める義務を背負った。双務契約のシステムであった。**

フランク王国の分裂

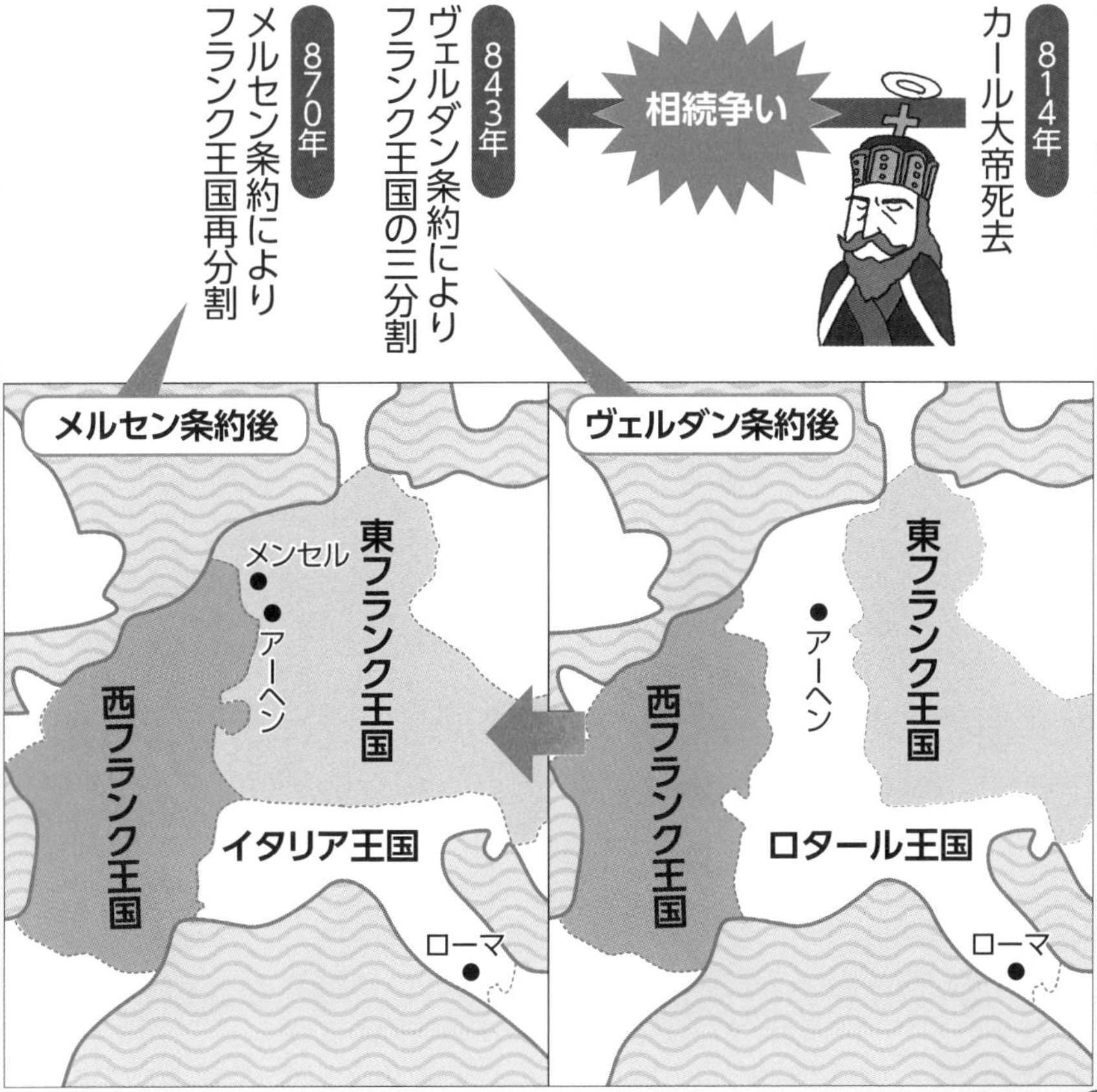

Column

略奪と遠征を繰り返す海賊集団＝ヴァイキング

ヴァイキングはノルマン人（北の人）とも呼ばれるが、北欧語で「入江の人」「（海賊に）出掛ける」という意味もある。

その正体を突き詰めれば、ノルウェー人、スウェーデン人、デーン人の首長が、一族郎党を率いて略奪目的で軍船に乗り、遠征を繰り返した海賊集団であった。

北海やバルト海からロシアを襲ったと思えば、ブリテン諸島やアイルランド、フランス、イタリア各方面まで遠征を繰り返した。

そして、イングランドにデーン王朝を建て、西フランクのセーヌ河口にノルマンディ公国を建て、ロシアにノヴゴロド王国を建て、各地に足跡を残している。

外野席 **ギリシア正教の始まり** キリスト教の歴史を紐解くと理由がわからないことが多い。カトリック教会とプロテスタント教会は理解できるが、中世に本山が5カ所に分かれ、ローマ教会（西方教会）とコンスタンティノープル教会（東方教会9）が併存した。いま、前者はカトリックの本山、後者はギリシア正教の本山となっている。

34

イスラム世界に台頭するトルコ系部族集団

中央アジアのトルコ化=トルキスタンがイスラム世界を変えた。

1055年〜13世紀
中央アジア　トルキスタン

六世紀以来、中央アジアにはトルコ系の突厥《とっけつ》族の支配が始まり、九世紀後半には同じトルコ系のウイグル族が定住し、中央アジアのトルコ化が進んだ。同時にトルコのイスラム化も進展し、十世紀になって、中央アジア初のトルコ系イスラム朝のカラ・ハン朝が出現する。

こうした**中央アジアの一連のトルコ化とイスラム化を総称して「トルキスタン」という。**

さらに**十一世紀半ば、トウグリル・ベクがセルジューク朝を開設。バグダードに入城する。**そして、ブワイフ朝の支配下にあったカリフを救出した功によりスルタン(領主権)の称号を得たことで、次の三つの改革を断行する。

第一はブワイフ朝のイクター制を採用。軍人に現金で俸給を払うのではなく、分与地を与え、土地の徴税権を与えたこと。第二は神学、法学を学ぶザーミア学院を開設してスンニ派を支援したこと。勢いに乗り、ひと時はエルサレムを占領し、ビザンツ帝国に侵入している。

第三は騎馬戦士としての武芸と忠誠心を評価された奴隷兵マムルークを重視したこと。マムルーク軍団を数千人も抱えたカリフがいるほど、イスラム帝国には欠かせない存在となる。しかも、奴隷から解放され、重用されてカリフの存廃まで口を挟むようになる。

その結果、サラディンがエジプトに建てたアイユーブ朝を滅ぼし、一二五〇年、マムルーク朝が開かれたほどである。マムルーク朝はモンゴル軍の侵入さえも許さず、見事に撃退し、開設後、二百五十年も続いている。

トルコ系部族が中央アジアにおいて、イスラム世界のチャンピオンになったのである。

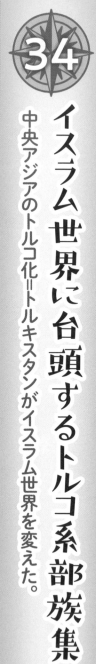

セルジューク朝の政治

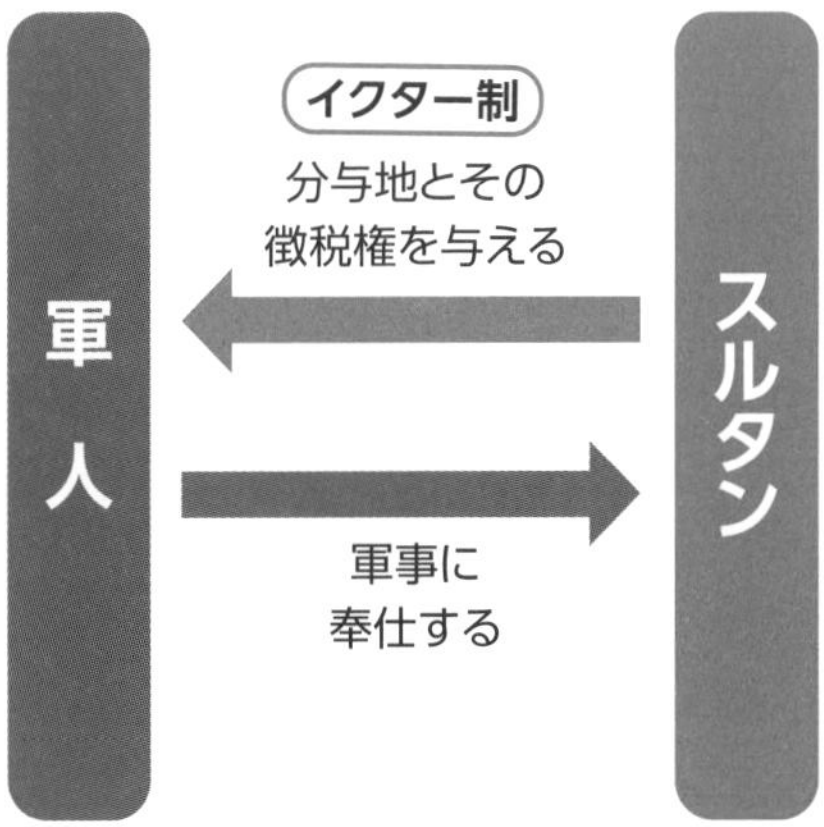

1 イクター制の採用

軍人には俸給の代わりに分与地（徴税権）を与える

2 学院の設立

スンニ派振興のため、教学研究の場（ザーミア学院）を設ける

3 マムルークの重用

もともと武芸と忠誠心のある被征服民などを兵士とする

Column 世界最大のイスラム国、インドネシア

いまの世の中、インドネシアが世界最大のイスラム国だと言われて驚いてしまう。ムスリム（イスラム教徒）で編成される軍隊遠征の痕跡もないインドネシアがなぜ、世界最大のイスラム教国なのか。その謎を解いてみよう。

軍人の代わりにムスリム商人がインド洋を自由往来。十三世紀にはデリー・スルタン王朝の成立でイスラム化したインド商人の活躍の他、スマトラやジャワの居留地が、イスラムの都市文化を丸ごと現地に伝え、住民を魅了した。

本格的なイスラム時代が始まったのはヒンドゥー教のマジャパヒト王国が滅び、マタラム王国ができた十六世紀辺りであった。

外野席 **マムルークのイスラム国家建設** 最初にイスラム化したのはイラン住民。ゾロアスター教、マニ教、仏教、ネストリウス派キリスト教などを捨てイスラム教に飛び込んだ。そして建国されたイスラム国家のもとでマムルーク（奴隷兵士）となったのがトルコ人だった。次第に力を付けて、ついに実現したのがカラ＝ハン朝（10世紀）である。

35

度重なる十字軍大遠征の功と罪

西欧のキリスト教世界を一丸にした聖地エルサレム奪還の大遠征。

1096～1270年
十字軍の時代

世にいう十字軍とは、一〇九五年、北イタリアで開催された公会議に派遣されたビザンツ帝国の使節が、イスラム教徒のセルジューク朝トルコ軍に聖地エルサレムが占領され、聖地巡礼が迫害されたと大袈裟に報告したことから始まった。

早速、同年十一月、**南フランスのクレルモン公会議でローマ教皇ウルバヌス二世は「忌まわしい民族（トルコ人）を根絶やしにせよ」「参加者は世俗の罪が許される」とすべてのキリスト教徒に呼び掛けた。**教皇の呼び掛けは熱狂的な反応を全ヨーロッパに引き起こした。

翌年八月、**南フランスに集結した遠征軍は総勢六万人。フランス、イタリアの騎士団、諸侯が中心**であり、教皇から破門されているドイツの参加はなかった。彼らは一団（十字軍）となって軍を進め、エルサレムに到着するとイスラム教徒は歓迎してくれた。十字軍を聖地巡礼団だと思って食料を与え、道案内をしてくれたのである。

ビザンツ帝国の使者の報告と違って異教徒同士、平和共存していたのであった。しかし、十字軍はエルサレムに乱入。数万のイスラム教徒やユダヤ教徒を殺害した。そして**聖地解放を宣言し、エルサレム王国を建国**したのである。

その後、前後百三十年間、六回も繰り返された十字軍の大遠征は所期の目的を達成した、成果を収めたと言えるのであろうか。結局、十字軍の「聖地解放」は果たせなかったのである。

では、まったく無意味な行動だったのか。

そうではない。十字軍に同行した商人団や多くの民衆は東方世界のイスラム文明に触発され、進んだ科学技術を学び取り、封建農村中心の停滞状況を打ち破り、近代への扉を開くのである。

十字軍の第１回遠征とその結果

1071年
セルジューク朝トルコがエルサレムを占領

←

1095年
ビザンツ帝国皇帝アレクシオス一世が、首都コンスタンティノープル陥落を避けるため、ローマ教皇に救援を要請

←

ローマ教皇ウルバヌス二世が、クレルモン公会議で十字軍の遠征を提案

1096年
十字軍第一回遠征

1098年
十字軍、聖地エルサレム奪還

1099年
エルサレム王国建設

↑ それぞれの思惑と信仰から聖地回復を目指した。

国王・諸侯・騎士
領土の拡大や戦利品の獲得、没落の回避。

商人
交易範囲の拡大。

農奴
負債の帳消し、身分の解放を願う。

ウルバヌス2世
教皇権の絶対化と、ローマ・カトリック教会とギリシア正教会の統一を目指した。

Column

熱に浮かされた十字軍。史上最大の愚挙だった？

十字軍の行動を「愚挙」と喝破した人物は当時、すでに何人もいたという。野心家の教皇に煽《あお》られ、十字架をシンボルにして大義と正義を叫びながらイスラム教徒の善意を踏みにじり、ユダヤ教徒を殺害。略奪の限りを尽くした。

少年十字軍は遠征途中で奴隷として売り飛ばされ、味方の都市コンスタンティノープルを占領。ラテン系の帝国を立てている。味方はライバル、競争相手と認識する商人が一人、微笑んだのである。

何度も大量の人馬が往来したため、交通ルートが開かれ、物流が盛んになり、地中海交易が活発になった。濡れ手に粟の商人団が主役となる近代史が始まる。

外野席 **イスラエルのエルサレムは平和共存の象徴？** イスラエルは日本の四国ほどの小さな国であるが、大きな潜在力を持つ。キリスト教、ユダヤ教、イスラム教の世界三大宗教の聖地であるエルサレムの旧市街地には、キリスト教の聖地の聖墳墓教会、イスラム教の聖地の「岩のドーム」、ユダヤ教の「嘆きの壁」が、いまも共存している。

13世紀〜16世紀
ドイツ　ハンザ同盟

36

エルベ川以東の中世都市連合体＝ハンザ同盟

地方荘園の時代から都市中心、商業ネットワーク中心の時代へ。

十一世紀から十三世紀、中世を迎えた西ヨーロッパでは大きな社会的変動が始まった。

封建領主の支配下にある農村において、鉄製の重量有輪犂《すき》が使われるようになり、深い森を切り拓き、固い土の大地を開墾することができるようになったため、耕地面積が一挙に拡大。土地の利用法も春作地・秋作地・休閑地と区分し、順番に利用する三圃農法に変わった。

その結果、農業生産力が飛躍的に高まり、余剰生産物が出るようになったため、生産物は商品化されて販売されるようになった。**農村に商品経済が定着し、貨幣経済が浸透すると次第に封建的束縛から解放された独立自営農民が出現。**中には都市に移り住む者も現れる。

その受け皿になったのがローマ時代の古代都市や植民市であり、エルベ川東部では手工業者組合や商人団を中心として建設された新しい都市であった。しかも、十三世紀には、封建領主や国王から自治権を獲得して自由都市となり、都市自体、自立した力を示すようになる。

北ドイツのリューベックやハンブルグ、ブレーメンなどの諸都市によるハンザ同盟は、その代表的事例であろう。

初めは文字通りのハンザ＝仲間組織であったが、次第にロンドン（イギリス）、ブリュッヘ（ベルギー）、ノブゴロド（ロシア）、ベルゲン（ノルウェイ）等に外地ハンザを結成。本国のハンザと繋がる国際貿易を展開する。全盛期には七十都市の他、百三十都市も参加していた。

しかし、オランダやイギリスの国家的な重商主義政策を採用する絶対主義国家の出現によって衰退し、十七世紀には自然消滅してしまう。

都市同盟と貿易路

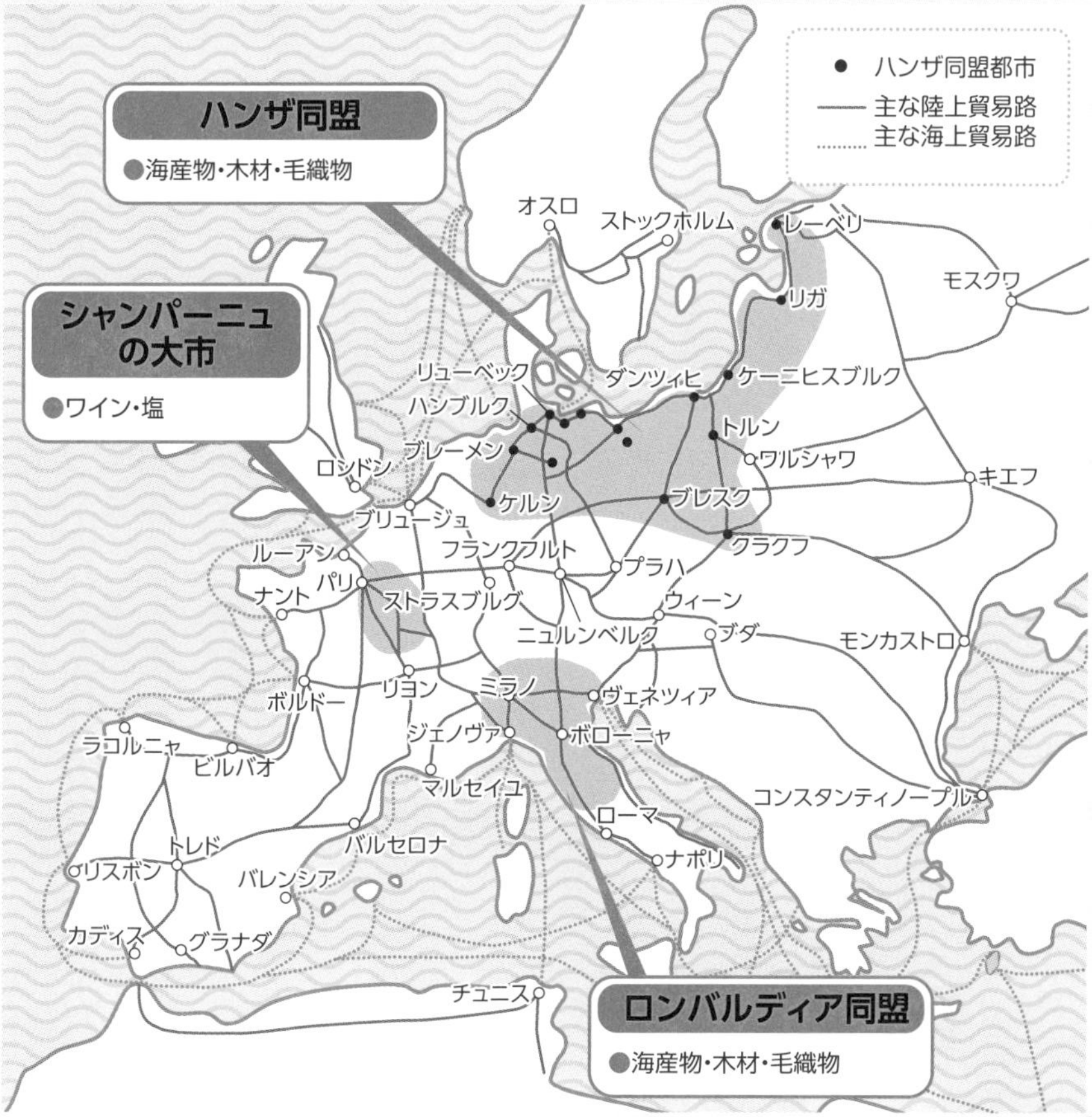

Column

ハンザ同盟の盟主、リューベック

バルト海を中心とする貿易を独占し、繁栄を極めたハンザ同盟の盟主、自由都市リューベック。トラヴェ川とその運河に囲まれた旧市街全域が世界遺産に登録され、いまも「ハンザの女王」と呼ばれた往時の面影を残す。

ホルステン門を潜り、旧市街に足を踏み入れるとハンザ同盟の会議が行なわれたマルクト広場に建つ市庁舎、ドイツ初の福祉施設聖霊病院、バッハが訪れた聖マリエン教会などが建ち並ぶ。

また、リューベックは、ノーベル賞文学賞を受賞した作家トーマス・マンの出生地。代表作『ブッデンブローグ家の人々』の舞台となった家が博物館として公開中。

外野席

自由都市はいかにして成るか？ 都市は自由の培養器だが、自由は自動的に生まれない。封建領主の勅許状、ライバル王や国王の特許状を得て自治権を獲得しても、ほとんどが条件付きで、納税や軍役が付帯する。しかし、商品＝貨幣経済に巻き込まれる領主層は経済力を背景にした商人層と勢力が拮抗、次第に力関係が変わるのである。

37

皇帝と教皇、諸侯間の抗争の渦中で台頭する都市国家

海外領土まで持つイタリア北部の自由都市の発展。

12世紀〜14世紀
イタリア　都市国家

九世紀末にカロリング家のフランク王国が途絶えた後、イタリアはローマ教皇や封建諸侯が分立し、ドングリの背比べで抗争を繰り返す国になってしまった。加えて、神聖ローマ帝国（ドイツ）の歴代皇帝がイタリア支配を企て、遠征を繰り返したため、混乱するばかりであった。

こうした中、**南部では一一三〇年、ローマ教皇に忠誠を尽くすノルマン人騎士団が、イスラム勢力を駆逐し、南イタリアとシチリア島を併合する両シチリア王国を築いた。**これに対し、**中部、北部では、封建諸侯の抗争やドイツ皇帝の進出、ドイツ皇帝とローマ教皇の衝突が続く中、有力都市が自治権獲得、自立の道を選択する。**

たとえば、ベネチアは元々、南ドイツ方面からライン川を通じて北ヨーロッパと通じていたが、さらにビザンツ帝国に対抗し、新たに小アジア方面に進出。レバント交易（東方貿易）を推進する。

フイレンツェは羊毛業で繋がった。

十二世紀後半、ドイツ皇帝が介入してくるが、ベネチアを盟主としてミラノ、ジェノバ、ボローニャなど二十二都市がポンティーダ修道院に集結。有名なロンバルディア都市同盟をドイツ皇帝に対する好守同盟として結成し、対抗する。

三十年後、ドイツ皇帝は和約に応じて撤退。以後、**ベネチア、ジェノバ、フィレンツェなど有力な自由都市は独自貨幣を発行するなど自治共和国、すなわち、自由都市国家として発展する**段階へ進む。そして、周辺都市を支配し、海外領土までも占有するようになる。市政も富も有力家門によって独占され、寡頭支配が定着するのである。

さながら**旧ローマ帝国の再来**のようだった。

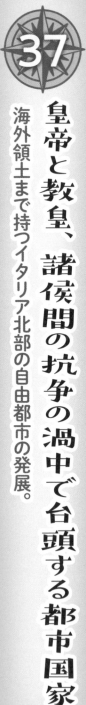

自由都市と自治都市

自由都市

皇帝や国王に直属する都市で封建領主からは自立している。

14世紀以降のドイツに多く現われた（アウグスブルクなど）

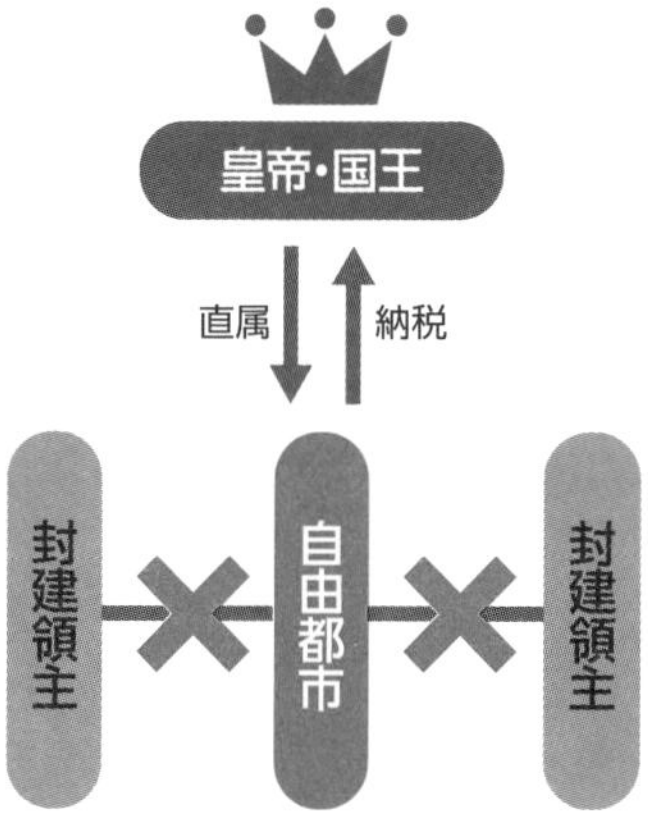

自治都市

市民自身が市政を行なう都市で、封建領主などからは完全に自立している。

12世紀以降のイタリアに多く現われた（ヴェネツィアなど）

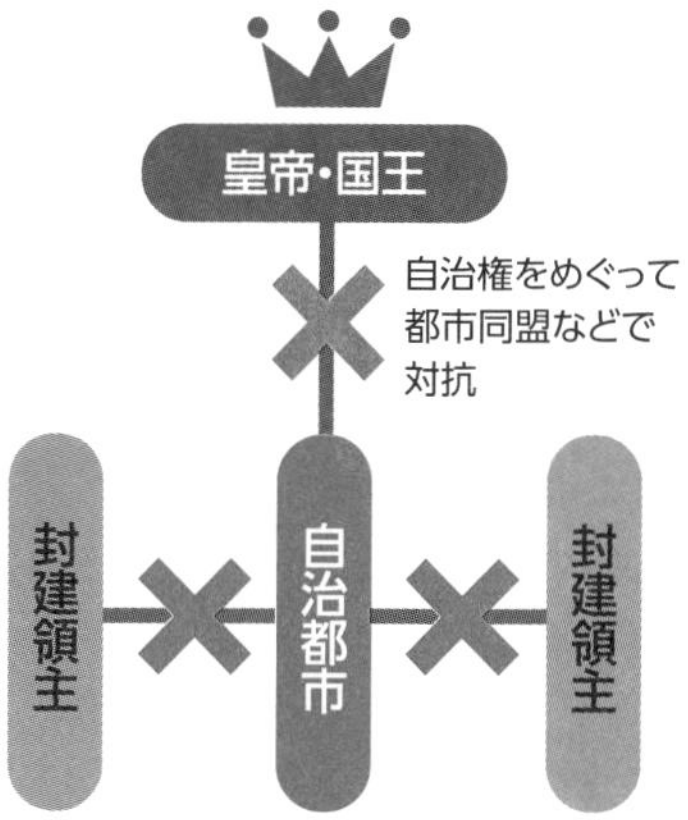

Column

自由都市とは何か？自治権とは何か？

日本では正面切って主張されない学説であるが、日本にもなかったわけではない。ポルトガルのバテレン（修道士）が泉州堺や九州博多を訪れたとき、「ベネチアに似たり」と言って驚いたという。

なので驚くほどのことではないが、制限付きの自由都市ではなく、完全な自治権を封建領主や国王から付与された都市であったという点で、日本の自由都市とは区別されるのではないだろうか。

国王や領主に支配される都市でありながら自治権を買い取ったり、特許状などで公認されたりして自由になった都市を自由都市という。

だから、自治の意味も意義もよくわかるのである。

外野席 **ベネチアの「おっぱい橋」** 昔々、ベネチアのサン・ポーロ地区に「おっぱい橋」と呼ばれるところがあった。その橋のたもとや近くのテラスには美しいドレスを身にまとった美女たちが男たちを誘った。彼女たちは高級売春婦であるだけではない。宮廷やサロンに出入りして政治の話をしたり、詩を口ずさみ、音楽を楽しんだ。

1206～1242年
モンゴル帝国

38 途方もない世界帝国を築いたモンゴルの騎馬軍団

チンギス・ハンからフビライ・ハンに至る大草原のエネルギー。

十三世紀初頭、ユーラシア大陸の東端、モンゴル高原に遊牧民族を束ねる不世出の大王と称すべき「ハン（可汗）」が現れた。いわゆる**チンギス・ハンこと、テムジン**である。

始まりも終わりもない大草原を駆け巡る遊牧民族を掌握するのは蟻《あり》の数を数えるよりも難しい。それを千戸制にまとめ上げた。十進法で十戸隊、百戸隊と分けられた単位集団を千戸単位に組織したのである。全部で九十を超える千戸集団が編成されたと伝えられる。

ところで、これは単純な戦闘集団ではない。千人隊が九十以上ではない。千戸隊が九十以上、編成されたということだ。戸、つまり、一家族ごとに組織された社会組織なのである。チンギス・ハンは、その内、**二十余の千戸隊を一族に与え、残り七十余の千戸隊を直属とした。さらに一万余の親衛隊があった。**

これが西方では黒海方面まで攻めまくり、イランに至る大版図《はんと》を広げ、キリスト教諸国を震え上がらせた。一二二七年、西夏《せいか》に攻め入り、これを滅ぼした後、チンギス・ハンは亡くなるが、勃興期のモンゴル帝国は東方世界、女真族《じょしんぞく》が立てた金王朝を滅ぼし、早くも中国大陸に攻め入る突破口を開いている。

偉大なる大王、**チンギス・ハンの後継者として二代目ハンになったのは三男オゴタイ**で、移動に継ぐ移動を重ねたため、国家基盤が定まらなかったので、首都をカラコルムに定め、国家体制の整備に力を注ぐ。しかし、遊牧民族の本性は変わらず、戦闘と略奪以外に興味はない。

オゴタイ・ハンの願いも虚しく、広大な帝国は兄弟間の分捕り合戦場となって行く。

チンギス・ハンと一族

チンギス・ハン

生年は不明だが、チンギス・ハン（幼名テムジン）は、1206年、モンゴルを統一し、初代皇帝となった。チンギスの子孫はその後、四ハン国を建てることになる。

チンギス・ハンの死

1227年、西夏を再征して滅ぼした帰途、チンギス・ハンは病死した。その後は、三男のオゴタイ・ハンが2代目となったが、帝国はやがて分裂した。

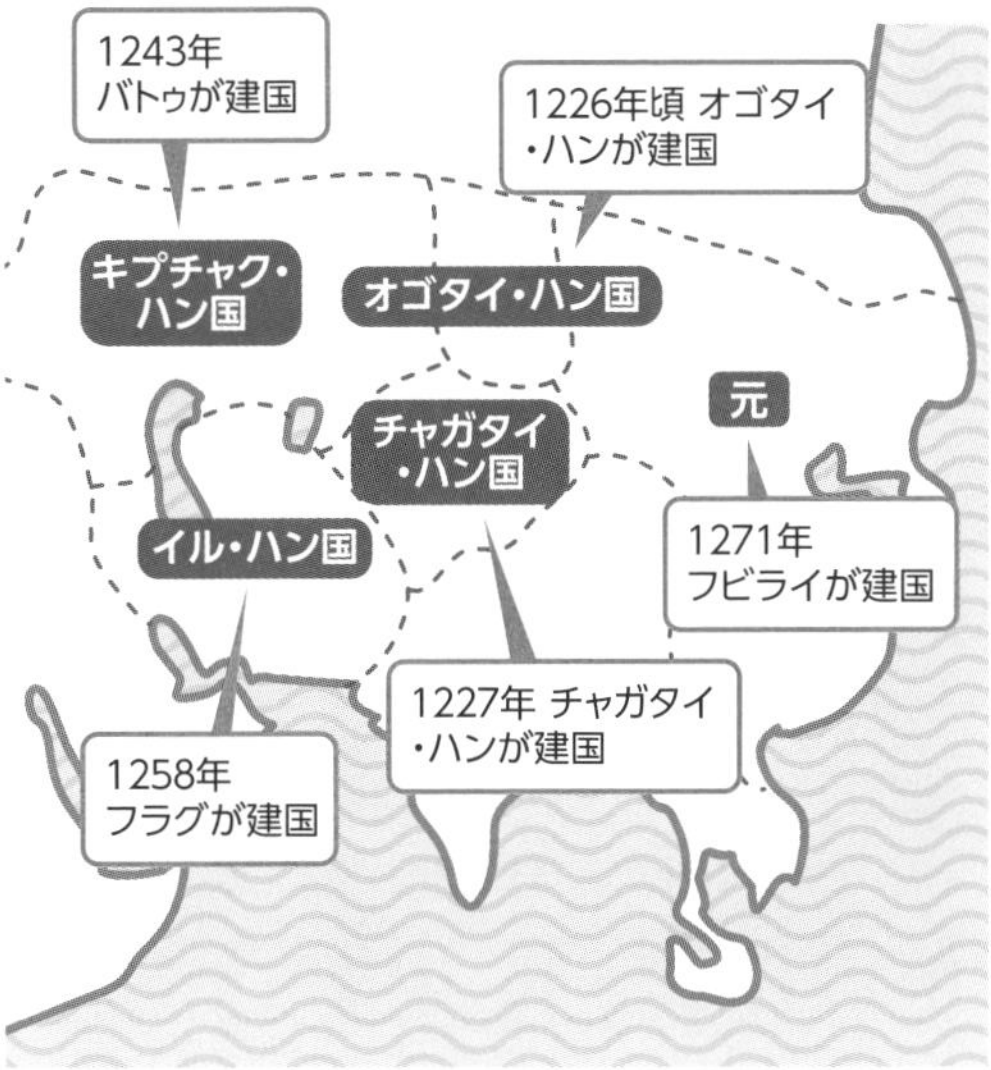

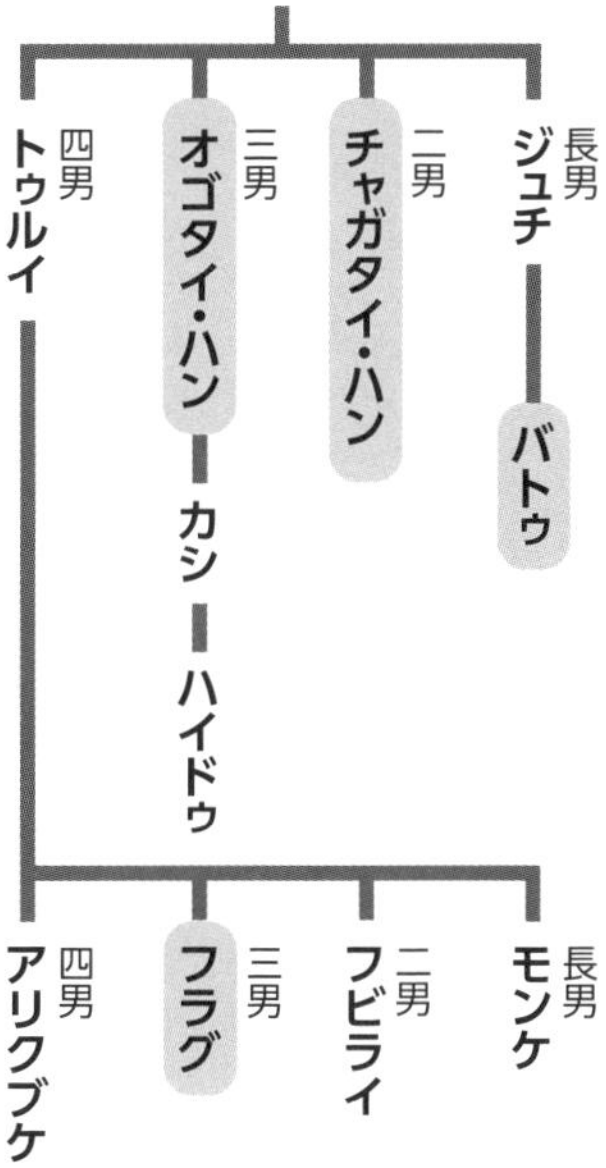

Column

中華文明に毒されなかったモンゴル帝国の先進性

モンゴルが中国大陸に攻め入ったとき、中華文明の影響を受けなかったのはなぜか？

モンゴルは軍事的に強かっただけではない。早くに服属を申し出たトルコ系のウイグル族を身内扱いし、文字を持たないモンゴル族の表記にウイグル文字やチベットのパスパ文字を借りて、文書管理や商業取引に当たらせたからだ。

つまり、モンゴル族は中華文明に接する前に高度なイスラム文明の遺産に浴し、日々の生活と国家経営、商業取引に役立てていただけではない。中華の地にはない、天文学、暦学、数学、そして、イスラム教やキリスト教さえも伝えたのである。

外野席 **チンギス・ハーンは源義経だった？** 幕末の日本を訪れたドイツ人医師シーボルトは面白いことを言っている。源義経がチンギス・ハーンになったのだ、と。モンゴルに突如として有能な武将が出現したのはおかしい、モンゴルには長弓はなかった、ハーンは「守＝カン」のこと、即位式に掲げた白旗は源氏の旗だとか。こじつけか？

1251〜14世紀半ば
元帝国

39 中興の祖、第五代フビライ・ハンが中国に元王朝を開く

中華文明に同化せず、ムスリム商人を重用して商業・貿易を奨める。

十三世紀半ば、**第四代ハンとなったチンギスの孫モンケの時代、モンゴル帝国は膨張に膨張を重ねる。**すでに東ヨーロッパに到達し、ポーランドでキリスト教徒の軍勢を撃破し、ヨーロッパを恐怖のどん底に突き落とした。その帰途、南ロシアにキプチャク・ハン国を樹立した。

モンケは次弟フビライに中国の南宗王朝征服を命じ、三番目の弟フラグにはイラン以西のイスラム世界の制圧を命じた後、亡くなってしまう。止むなく次弟フビライがハン位を継承すると弟たちが叛意を明らかにして争いを繰り返したが、反乱を制圧するとフビライは思い切った挙に出る。

大きくなり過ぎたモンゴル帝国を分割。**南ロシアのキプチャク・ハン国、イランのイル・ハン国、西北モンゴルのオゴタイ・ハン国、中央アジアのチャガタイ・ハン国に分割**し、それぞれ自立する道を歩むことにする。そして、**フビライ・ハン自身は、一二七一年、大都（北京）を首都とする元王朝の世祖となった**のである。

フビライ・ハンは、キプチャク、チャガタイ、イルの三ハン国がイスラム社会に埋没してしまった轍《てつ》を踏まず、中華文明に同化せず、ムスリム商人を重視して商業重視、貿易振興を基本路線として貫き通したのであった。

しかし、いずれの国においても、分裂下にあったとしても、遊牧民族の国、モンゴル帝国の末裔《まつえい》として東西交易と人的交流を絶やすことなく、活発化する様、働き続けたのであった。これは遊牧民族の本能であったのかもしれない。

途方もない世界帝国を築き上げたモンゴル民族でも、最後は落ち着ける土地を発見している。

元の交易と交流

ユーラシア大陸の中心地
駅伝制の整備などで、元はユーラシア大陸の交易の中心地となった。とくに元の遊牧民支配層は、積極的にムスリム商人を重用した。
ヨーロッパ
イスラム
元
東南アジア
羅針盤・火薬・印刷術
陶磁器
コバルト（陶磁器の原料）
砂糖
胡椒
胡椒
『東方見聞録』で知られるマルコ・ポーロも一時期フビライ・ハンに仕えていた。

Column

元寇＝蒙古襲来の真相は如何に？

猛威を振るった蒙古の嵐は日本列島にも吹き寄せた。

だが、日本に吹き寄せた蒙古の嵐は「神風」に助けられただけではなかった。朝鮮半島では高麗が度重なる蒙古の侵攻を何度も遷都しながら数十年も耐え忍び、遂に降参して日本侵攻の軍船に乗ったとしてもイヤイヤだった。

攻め寄せる攻撃側の意欲を削いでいることは言うまでもない。南方のベトナムも抵抗し、元軍を撃退しており、攻撃力を分散させてくれたことは否めない。二度にわたる蒙古襲来は、そうした東アジアの国々の抵抗戦によって、極東の国日本は随分、助けられたと言ってよいのではないだろうか。

外野席 **元帝国の国書を５度も無視した鎌倉幕府** 元帝国から届いた国書には「乞い願わくは今後両国が友好関係を結び互いに親睦を深めたい」と記されていた。元帝国（モンゴル帝国）はこのとき世界の30％は確実に支配していた。しかし陸の帝国であり海は知らなかった。鎌倉幕府は５度の国書を無視。２度にわたる元寇襲来を実力で退けた。

40 ローマ教皇に代わる国王の成長を制限するイギリス

教皇の風下で、諸侯や都市の特権に揺さぶられてきた王権の行方。

1215年
イギリス大憲章

半世紀にわたる神聖ローマ皇帝との叙任権論争に勝利し、十字軍を提唱して**絶頂期にあったローマ教皇も十字軍が成果を上げることができず、立ち消えになるとその権威も揺らぎ始める。**

すると教皇の権威に圧され、諸侯や都市の特権に制約されていた国王の権威と権力が成長。急速に頭をもたげるのである。しかし、例外があった。イギリスだ。一〇六六年、**ノルマンディ公ウィリアムが、アングロ＝サクソンの貴族連合軍を撃破して創建したノルマン朝**は最初から王権が強く、他のヨーロッパ諸国とは違っていた。

しかし、ノルマンディ公ウィリアムは元々フランスの貴族であり、フランスに広大な領地を保持したまま、イギリス国王になったため、ややこしいことになる。さらに一一五四年、**フランスのアンジュー伯がイギリスに渡り、プランタジネット朝を開いた**ことで、フランス国内のイギリス領土はさらに拡大する。

王権強化に着手し始めたフランス国王フイリップ二世は当然、イギリス領の奪還闘争に着手。イギリス国王ジョンからノルマンディ公領他、相当の領地回復に成功する。その結果、ジョン王の権威は失墜《しっつい》し、イギリス貴族の信頼を失う。そこで登場するのが**カンタベリー大司教**である。

大司教は諸侯や上層市民を集め、国王による権利の乱用を禁止する条項を成文化した**マグナ・カルタ（大憲章）**を定め、ジョン王に認めさせたのである。恣意《しい》的な専制政治を繰り返し、強大化しつつある国王権を制約する画期的な試みだったが、長い戦いの始まりを示す事件であった。

次のヘンリ三世は平気でマグナ・カルタを無視し、新たな課税をしている。

ジョン国王の失政と大憲章

フランス領とイギリス領

1066年 フランス王の封建的家臣のノルマンディ公がイングランドを征服

1154年 フランス王の封建的家臣のアンジュ伯アンリがイギリス王として即位（ヘンリ2世となる）

↓

二人がもともと保有していたフランス国内の領土がイギリス領に

↓

フランス国王フィリップ2世が喪失したフランス領を奪還

↓

1209年、イギリス王ジョン、ローマ教皇に破門にされる

↓

イギリス王領の喪失と信用失墜でジョン王の権力が低下

↓

カンタベリー大司教や封建諸候らがジョン王に国王の権利を制限する 大憲章 を認めさせる

Column

議会の始まり、エドワード一世と模範議会

イギリスでは王権を法によって規制しようとする動きはマグナ・カルタの制定以後も続く。

シモン・ド・モンフォーレの指導のもと、従来の聖職者・貴族で構成される集会に州選出の騎士と都市選出の市民を加えた議会を招集した（一二六五年）。

エドワード一世も前例にならい、有力貴族や高位聖職者、各州騎士、各都市代表市民による「模範議会」を一二九五年に招集した。国王は徴税や新たな法律の制定には国民の構成を反映した議会の承認を必要とするようになり、国民は議会の決定を受け入れ、遵守する義務を負うことになる。

これがその後のイギリス議会の基本を形作ることになる。

外野席 **マグナ・カルタのその後は？** 大憲章（マグナ・カルタ）は封建社会の諸侯の権利を認めたもので、他に教会の自由、市民の自由、不当逮捕の禁止も含んでいた。そして国王が軍役金を課す場合、諸侯の承認を得る必要があった。しかし次のヘンリ３世は平気で無視して新たな課税を行なうし、チューダー王朝では完全に忘却されてしまう。

1339年〜
フランス
ジャンヌ・ダルク

41 ジャンヌ・ダルク、イギリスから領土奪還に成功

国王の悲願＝イギリス領奪還を実現し「フランス王国」を実現。

フランスが王権を拡大し、統一された中央集権国家を目指して動き出したとき、その障害になっているのはイギリスがフランス国内に領有している広大な領地やブルゴーニュ公など王家に匹敵する領地を所有する有力諸侯の存在だった。

一三二八年、イギリス王エドワード三世は、母后がフランスのカペー朝出身であることを理由にフランス王位の継承を主張した。フランス王フィリップ六世はイギリスと対立するスコットランドと手を結び、ボルドーワインの産地、イギリス領のギュイエンヌを没収した。

するとエドワード三世は一三三九年、北フランスに侵攻。これがきっかけで、いわゆる**百年戦争が勃発**する。戦争は終始、イギリス優位で進行した。フランス側は親イギリス派のブルゴーニュ公国がフランス王と対立したとき、**イギリスでもフランス侵攻を積極的に推進するランカスター朝が成立**する。フランスは絶対ピンチに陥る。

そのときだった。**農民の娘、ジャンヌ・ダルクが「救国の声を聴いた」と言い、自ら騎士となってフランス皇太子シャルルと軍勢を励まし、最期の拠点オルレアンの包囲網を突破。救国のヒロインとなる。**シャルルはランスで戴冠し、シャルル七世となるが、二年後、ジャンヌ・ダルクはイギリス軍に捕縛され、火刑に処せられる。

だが、この悲劇は逆にフランス全州の諸侯、騎士、諸都市の国民感情に火を灯すことになり、全フランス軍は攻勢に転じる。一四五三年、カレーを残して全フランスからイギリス軍追放をやり遂げる。百年戦争は終わったのである。

フランスはフランスのものとなる。ここからフランスの躍進が始まる。

イギリスとフランスの関係と赤白の“バラ”

バラ戦争

イギリスでは1455年、ランカスター家とヨーク家が王位をめぐって争い、「バラ戦争」は30年後の1485年まで続いた。

ヘンリ7世とエリザベスの婚姻によって、ようやくバラ戦争は結末を迎えた。ヘンリ7世が開いたテューダー朝は、赤バラと白バラを組み合わせた紋章となった。

百年戦争

1339年に、フランドルの内乱をきっかけに始まったイギリスとフランスの戦争は約百年間続き、1453年にイギリスの敗北で幕を閉じた。

ジャンヌ・ダルク

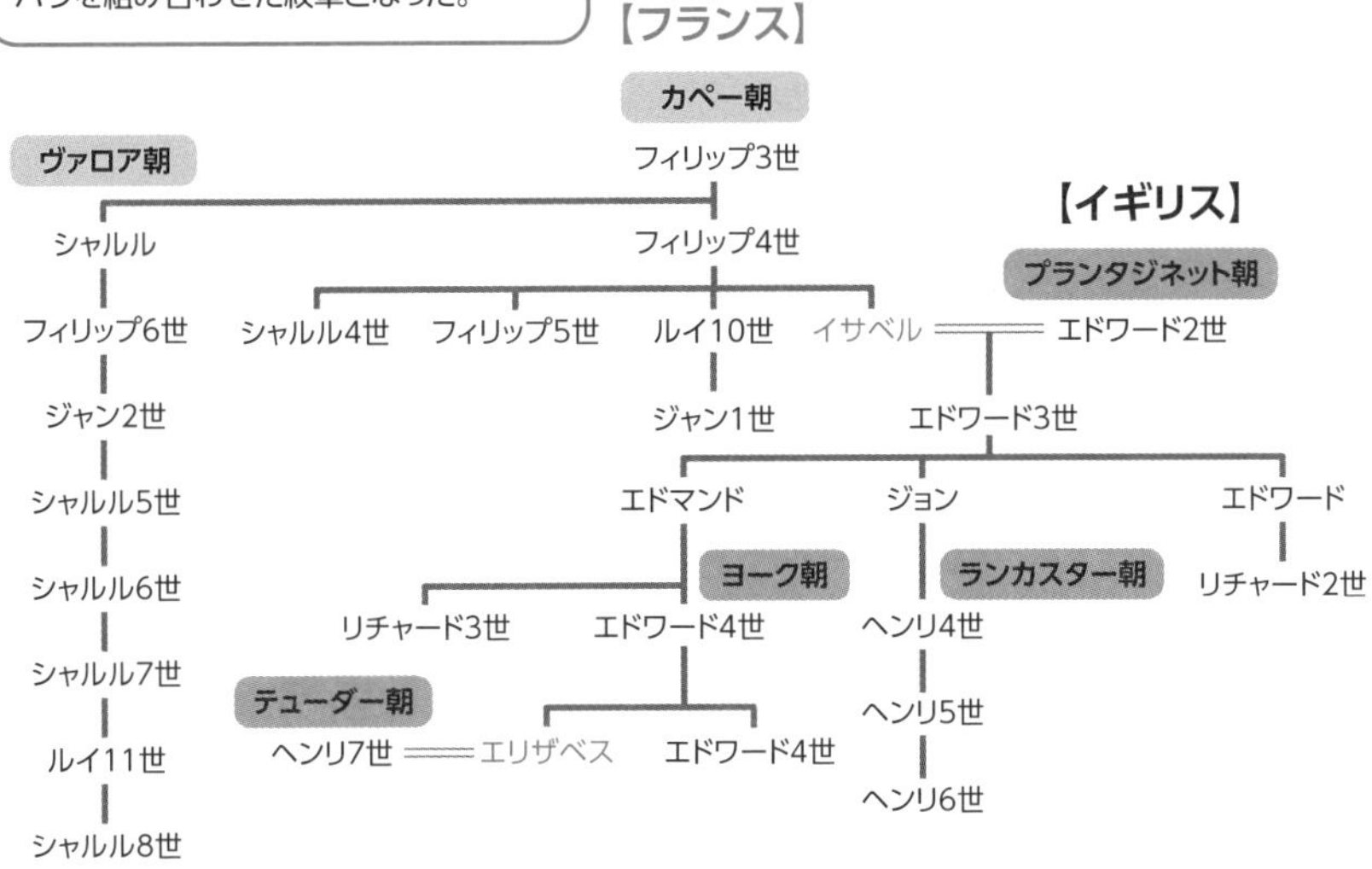

Column

実在したのか？ ジャンヌ・ダルク！

弱冠十七歳の少女が「救国の神託を受けた」と言うだけで皇太子シャルルに面会を求め、オルレアン包囲網の突破を図る戦いの指揮を執り、ランスでの戴冠式を求めたというが、どこまで本当のことなのか。

富裕な農家の娘に生まれたジャンヌは、健康で信仰心の篤い少女であったという。そんな彼女が救国の英雄になったのは、多くを語らず、ただ一つ、主敵イギリス軍を放逐し、全フランスを回復することに的を絞ったためだ。

分裂するフランスの内部対立状況を克服させ、勝利への道を開いたのであり、皇太子シャルルとの謁見も可能になったのだ。やはり、彼女は救国の英雄だった。

外野席 **複雑怪奇なバラ戦争の行方** ランカスター家（紅バラ）とヨーク家（家白バラ）の王位継承を巡る私闘は、貴族らが真二つに割れて争った。複雑なプロセスを辿り、ランカスター家のチューダー家のヘンリがヨーク家のリチャード３世を倒し、チューダー王朝ヘンリ７世として即位。ヨーク家のエリザベスと結婚して和解の儀式を整える。

42

海外領土まで所有するイタリア都市国家の富と文化

ルネサンスとは下等政治と高等芸術のごった煮である。

14世紀～16世紀
イタリア　ルネサンス

十字軍遠征は数度にわたって繰り返されたが、大した成果もなく終わった。

しかし、無駄な試みであったということではない。**先進的なイスラム文明の科学技術とビザンツ文化に触れたことで、地中海文明を中心とするヨーロッパの古典文化を見直し、再評価する機運が高まった**からである。いわゆるルネサンス、文字通り、ヨーロッパの再生運動であった。

東西交流が始まり、交易ルートが開拓されたため、否応なしに商品経済が活発になると中継拠点たる都市は往来する人々で賑わった。領主が支配する封建農村においても、封建的な領主＝農奴の支配＝被支配関係が解消され、農民は自立した商品経済の担い手として生まれ変わっていた。

このように封建社会が崩壊しつつある中で、中世ヨーロッパの精神世界を支配してきたローマ教皇と教会の権威も急速に低下する。代わって、**新しい精神的高揚を生み出す芸術と文化創造運動を推奨するパトロン（富裕市民層）が新時代の精神的リーダーとして登場**する。

ところが、イタリアの都市国家に対する後世の下馬評は「下級政治と高等芸術が両立」する独特な文化的体質を備えた時代であったという評価がある通り、実に興味深い時代であった。ローマ教皇庁もミラノ公国もベネチアもフィレンツェも支配権をめぐって暗闘を重ねた。

その中で、**ダンテの『神曲』**を始め、**ボッカチオの『デカメロン』**などで幕を開けたルネサンスは、文学に留まらず、絵画・彫刻・建築等、あらゆる分野に広がり、**レオナルド・ダ・ビンチ、ミケランジェロ**などの天才を輩出する。

十字軍遠征の成果であったと言えなくもない。

都市が舞台のルネサンス

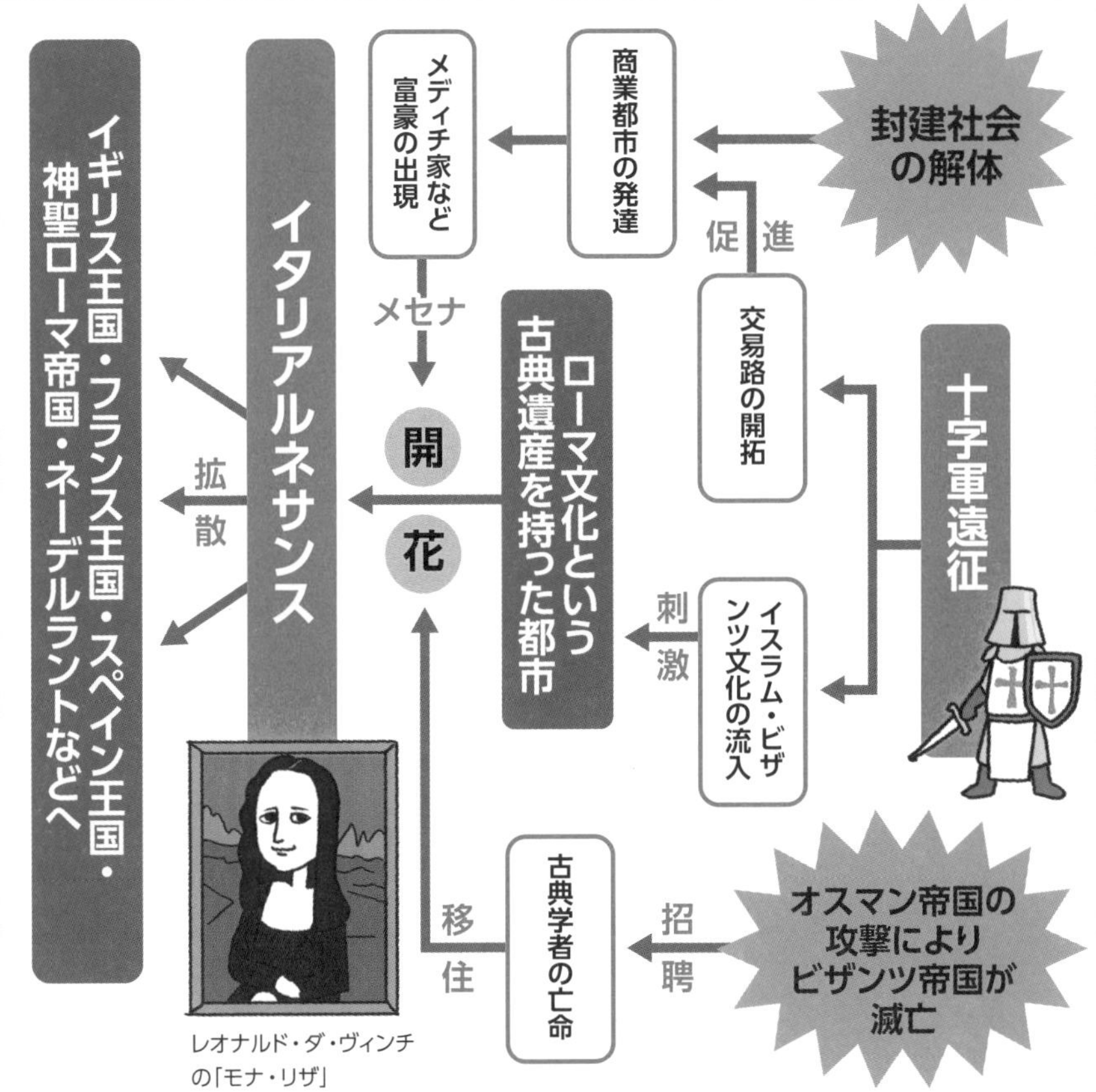

レオナルド・ダ・ヴィンチの「モナ・リザ」

Column

ルネサンスの発明品、グーテンベルクの活版印刷

よく知られている「ルネサンスの三大発明」と言えば、火薬と羅針盤、そして、活版印刷であるが、ヨーロッパのオリジナルな発明品はどれか、と言うと口ごもる。

答えは活版印刷である。火薬も羅針盤もイスラム文明が生み出したもので、ヨーロッパの創造物ではない。活版印刷はドイツはマインツの職人であったグーテンベルクが葡萄《ぶどう》の圧搾機をヒントにして発明したものらしい。

最初は高価な印刷本だったが、写本に比べて大量に部数を印刷できるため、古典の復刻本や人文主義の書籍を普及するのに大きな役割を果たした。ルネサンス、陰の功労者と言ってもよい。

外野席

いまも輝く「芸術の都」＝フィレンツエ イタリアはトスカーナ州のフィレンツエ。ミケランジェロやレオナルド・ダ・ヴィンチが活躍した「芸術の都」「花の都」である。大富豪メディチ家が多くの芸術家を支援し、街の発展の後ろ盾となった。いまでもフィレンツエは「屋根のない美術館」と言われるほど、街中に芸術が溢れている。

43

大航海時代は都市国家間の利権争いから始まった

東方交易を断念したジェノバが西を向いたとき、発見した新航路。

歴史はひょんなことから生まれ出る。

世に言う大航海時代が始まったのはどこからか、なぜ、始まったのか、を見ると笑ってしまう。**東方交易を巡るベネチアとジェノバの競争から始まったらしい。** 一四世紀後半、ベネチアがジェノバに勝ち、地中海東部から黒海沿岸の交易権を独占したため、ジェノバは行き先を失った。

ひょいと後ろ、西側を見たとき、ジブラルタル海峡があった。そこを出て、大西洋沿岸部を見れば毛織物工業で盛んなフランドル地方、その対岸にはイギリスがある。この国々を結ぶ交易ルートを開拓できるのではないか？　これが大航海時代のきっかけを成す事件になる。

ジェノバ商船は新興国ポルトガルに度々寄港し、さまざまな特権を与えられ、帆船建造を依頼されるが、**一五世紀後半になるとポルトガル自身が西アフリカの沿岸航海に乗り出す。「航海王」の異名を持つエンリケ王子の登場である。**

外洋航海に堪え得る堅固な竜骨船が作られ、甲板も張られた。また風力利用に効果的な三本マストが立てられ、三角帆が利用されるようになった。これにイスラム経由の羅針盤がセットされ、天文学の応用、海図の作成も新時代の航海技術として採用されるようになった。

その結果、**一四八八年、バルトロメウ・ディアスが喜望峰に到達。その十年後には、ヴァスコ・ダ・ガマが喜望峰回りでインド西岸カリカットに到達。インド洋横断航海を達成する。** これが大航海時代の開幕をなす快挙となっただけではない。イベリア半島のレコンキスタ（国土回復運動）も達成し、さらに、新しい布教先を探す教会の期待にも応える動きとなる。

広がる世界

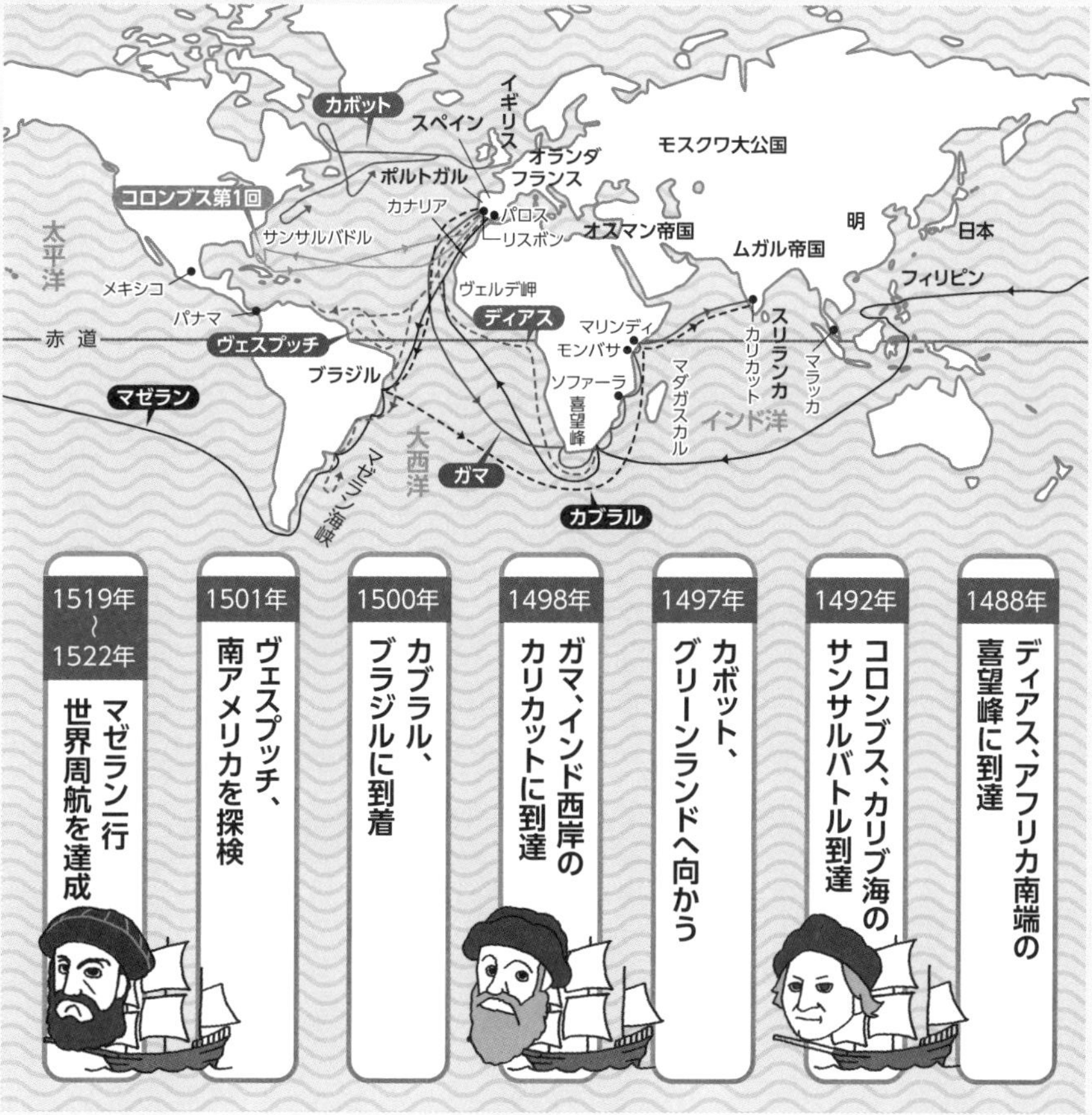

カボット
イギリス
スペイン
オランダ
フランス
モスクワ大公国
ポルトガル
コロンブス第1回
カナリア
パロス
リスボン
オスマン帝国
明
日本
太平洋
サンサルバドル
ムガル帝国
メキシコ
ヴェルデ岬
フィリピン
パナマ
ディアス
マリンディ
スリランカ
赤道
ヴェスプッチ
モンバサ
カリカット
マラッカ
ブラジル
ソファーラ
マダガスカル
マゼラン
喜望峰
インド洋
大西洋
マゼラン海峡
ガマ
カブラル
1488年 ディアス、アフリカ南端の喜望峰に到達
1492年 コロンブス、カリブ海のサンサルバトル到達
1497年 カボット、グリーンランドへ向かう
1498年 ガマ、インド西岸のカリカットに到達
1500年 カブラル、ブラジルに到着
1501年 ヴェスプッチ、南アメリカを探検
1519年〜1522年 マゼラン一行世界周航を達成

Column オランダの正式名称 ネーデルランド（低地）

オランダは国土の三〇％は海面より低い。また国土の二〇％以上は一三世紀以降の干拓事業によって造成された土地である。以来、七百年間に五千平方キロ近くの土地が造成された。

だから、オランダ人は「世界は神が造りたもうたが、オランダはオランダ人が造った」と胸を張る。国の名前も正式には「ネーデルランド」というが、意味は「低地」であり、謂《いわ》れを隠さない（皆越尚子『オランダ雑学』彩流社）。

一三世紀以来、オランダは農地拡大の必要に迫られ、干拓という手法で新たな土地を造ってきた。これも中世ヨーロッパ変容の一形態であったと言えよう。

外野席 **インド人に馬鹿にされたヴァスコ・ダ・ガマ** ポルトガルのヴァスコダ・ダ・ガマが南アフリカの喜望峰周りでインド西岸カリカットに辿り着き、インド洋横断航海ルートを開拓。このときヒンドゥー教徒領主に表敬訪問し国王からの贈り物をしたが、あまりの貧弱さに受取りを拒否された。アジアは豊かだったのである。

44

大航海時代の覇者スペイン＝「太陽の沈まない国」

新大陸の発見は世界的規模の征服と収奪の始まりだった。

16世紀
スペイン
フェリペ二世

ポルトガルに先を越されたスペインは、一気に遅れを取り戻すべく、コロンブスの「大西洋を横断し〝インディアス〟という黄金輝く東アジアを目指す」という提案に飛び付く。

コロンブスは一四九二年、目的地に到着したつもりであったが、勘違い。後にフィレンツェ人が航海探査したところ、**コロンブスがインディアスと信じた土地は未発見の新大陸であった。早速、新大陸は「アメリカ」と命名された。**

スペインは勢い付き、ポルトガルと交渉（トリデシリャス条約）。アフリカの東方海上、ヴェルデ諸島より西で発見した非キリスト教徒の土地はスペイン、東はポルトガルとなった。実際はご都合主義で、ブラジルがポルトガル領になれば、フィリピンはスペイン領となっている。

こうして新大陸発見を競い合う大航海時代に突入する。だが、それは異民族の征服と支配、苛烈な収奪の始まりを告げただけであった。**本格的な植民地支配の始まりである。それを徹底的に追及したのがスペイン王国である。**

フェリペ二世の父、カルロス一世が即位したとき、その支配領域はオーストリアからオランダ、ナポリ＝シチリア王国、そして、アメリカ大陸まで広がった。弟フェルナンドに一部を割譲したが、スペイン王位と広大な領土は、そっくり息子のフェリペ二世に相続している。

フェリペ二世は一五七一年、オスマン帝国海軍をレバントの海戦で破り、一五八〇年、ポルトガル王位も継承したので、**大航海時代を競い合った二つの王国の植民地を統括し「太陽の沈まない国の王」となった**のである。世界中の富を集め、空前の繁栄を誇る。

滅ぶ古アメリカ文明

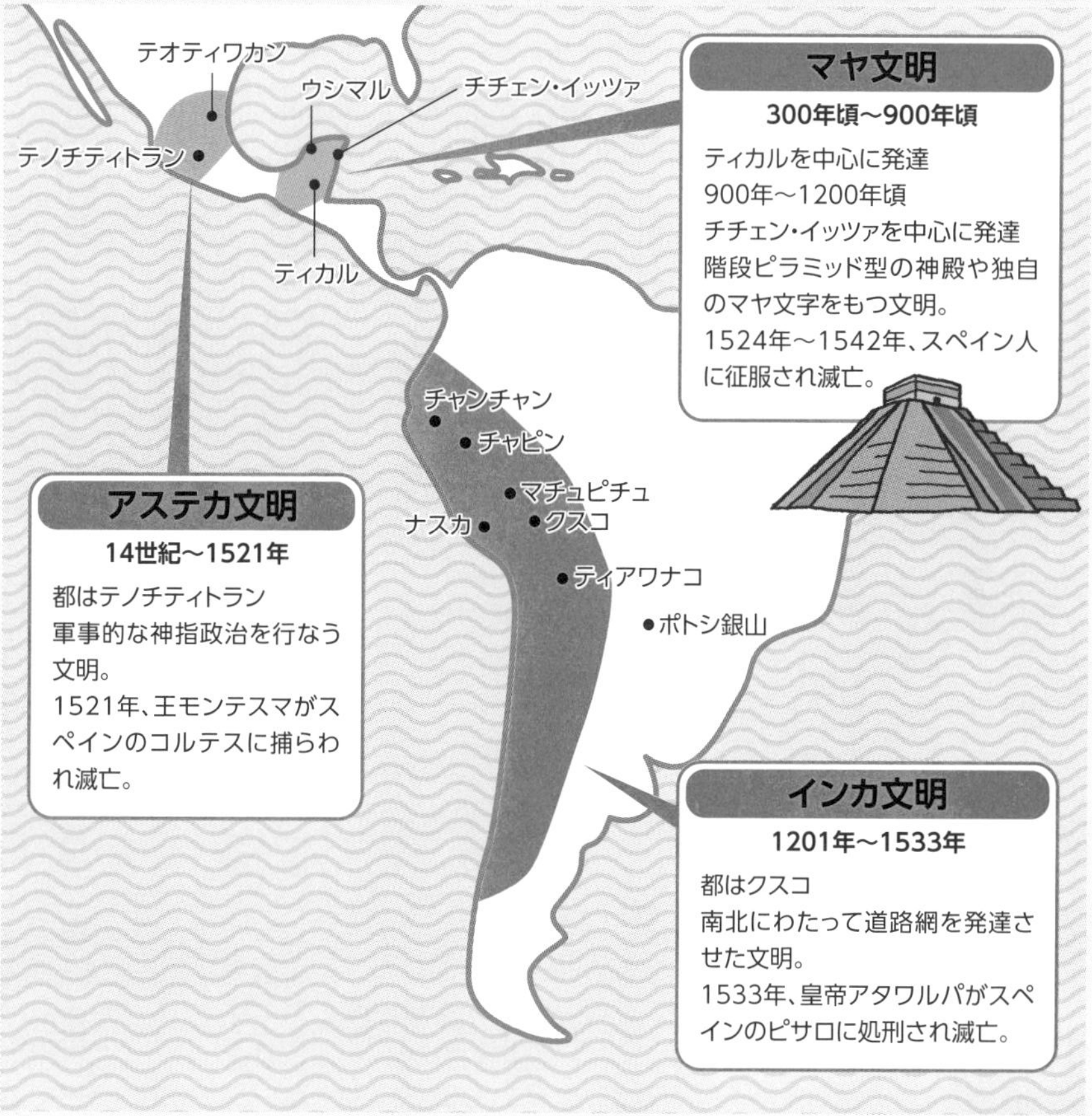

マヤ文明

300年頃～900年頃

ティカルを中心に発達
900年～1200年頃
チチェン・イッツァを中心に発達
階段ピラミッド型の神殿や独自のマヤ文字をもつ文明。
1524年～1542年、スペイン人に征服され滅亡。

アステカ文明

14世紀～1521年

都はテノチティトラン
軍事的な神指政治を行なう文明。
1521年、王モンテスマがスペインのコルテスに捕らわれ滅亡。

インカ文明

1201年～1533年

都はクスコ
南北にわたって道路網を発達させた文明。
1533年、皇帝アタワルパがスペインのピサロに処刑され滅亡。

Column

植民政策を批判したドミニコ会修道士

新大陸におけるスペインの現地人虐殺や奴隷売買、強制労働は悲惨な過去を伝える出来事である。それをキリスト教の世界が「彼らは野蛮で文明的ではない。奴隷になっても仕方がない」と容認していた。

しかし、ドミニコ会修道士ラス・カラスは現地の実情をつぶさに観察し書を著し「インディオは整ってよく統治された社会を構成し、勤勉で健全で文明的な人々だ」と述べ、自国スペインの植民政策を徹底的に批判した。

この植民政策批判はスペイン王室の心を揺さぶり、後に「インディオ保護法」を成立させることになった。宗教家としての良心に恥じず、勇気ある言動を貫いたことをしっかりと伝えてきたい。

外野席 **現代街づくりのモデルはスペインの町？** ゼネコン会社の街づくりのプランナーが、いまスペインの街が一番面白いと言い視察研修旅行を企画。リスボンやトレド、マドリード、セゴビア、セビリア、グラナダ、バルセロナなどを視察して、大通りと小道、広場と中庭、街角など至るところに「異教徒との融合文化」を見たと報告した。

45 スペイン無敵艦隊を撃破し世界の制海権を掌握する

落日のスペインに代わり民間会社主導で海外進出を図る。

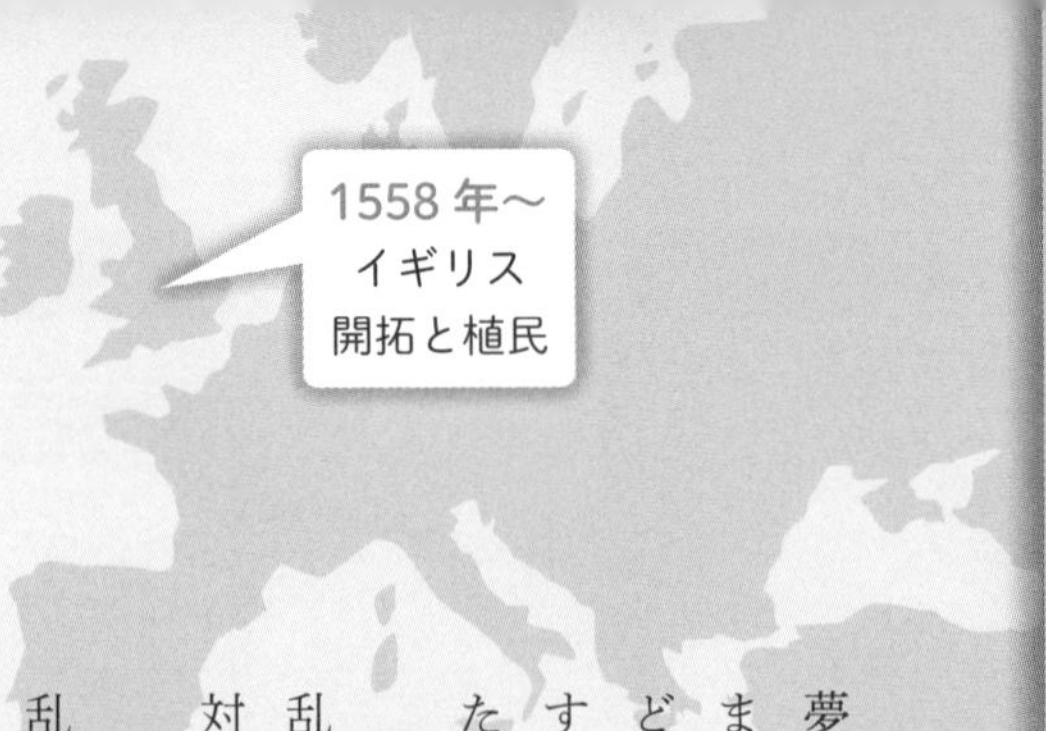

ポルトガルとスペインが大航海時代に突入し、夢中になっているとき、他のヨーロッパ諸国はまったく無関心であった。ベネチアやジェノバなどのイタリアの都市国家はレバノン交易で栄え、すぐに実利の伴なわない遠征に出る必要はなかった。他は国内事情に振り回されていた。

イギリスの十五世紀は、バラ戦争で長い間、混乱し、ヘンリー七世がチューダー王朝を開いて絶対王政の基礎固めに着手する。

ヘンリー八世からメアリー一世の治政下でも混乱を繰り返したが、**エリザベス一世になって安定し、ようやく外向けの活動に取り掛かる。**

ちょうどロンドン商人たちの出資で輸出拡大のために航海ルート開拓が始まろうとしているとき、タイミング良く、新大陸から金銀を運ぶスペイン船を攻撃し、略奪するイギリスの海賊船が活躍する。黄金欲と香料独占欲に刺激され、イギリス中の航海熱が一気に高まる。

再三再四、繰り返される略奪行為がイギリスに富と航海技術と制海権の確保をもたらし、ついに**一五八八年、アルマダ海戦でスペインの無敵艦隊を撃破。**イギリスの優位は確定する。勢い着いたイギリスは**北アメリカに植民を開始する一方、アジア方面でも東インド会社を設立**する。

王室が無闇に富を浪費したスペインと違って、イギリスは民間の商人主導型ビジネスで、貿易拡大で得た富を国内産業の育成のために投資するという近代資本主義の発展を促す行為であった。ここで確立された商行為が近代産業社会の原型を形作って行くのである。イギリスは「世界の工場」として隆々たる発展を遂げて行く。

イギリスが近代世界の頂点に立つのである。

エリザベス1世の政治

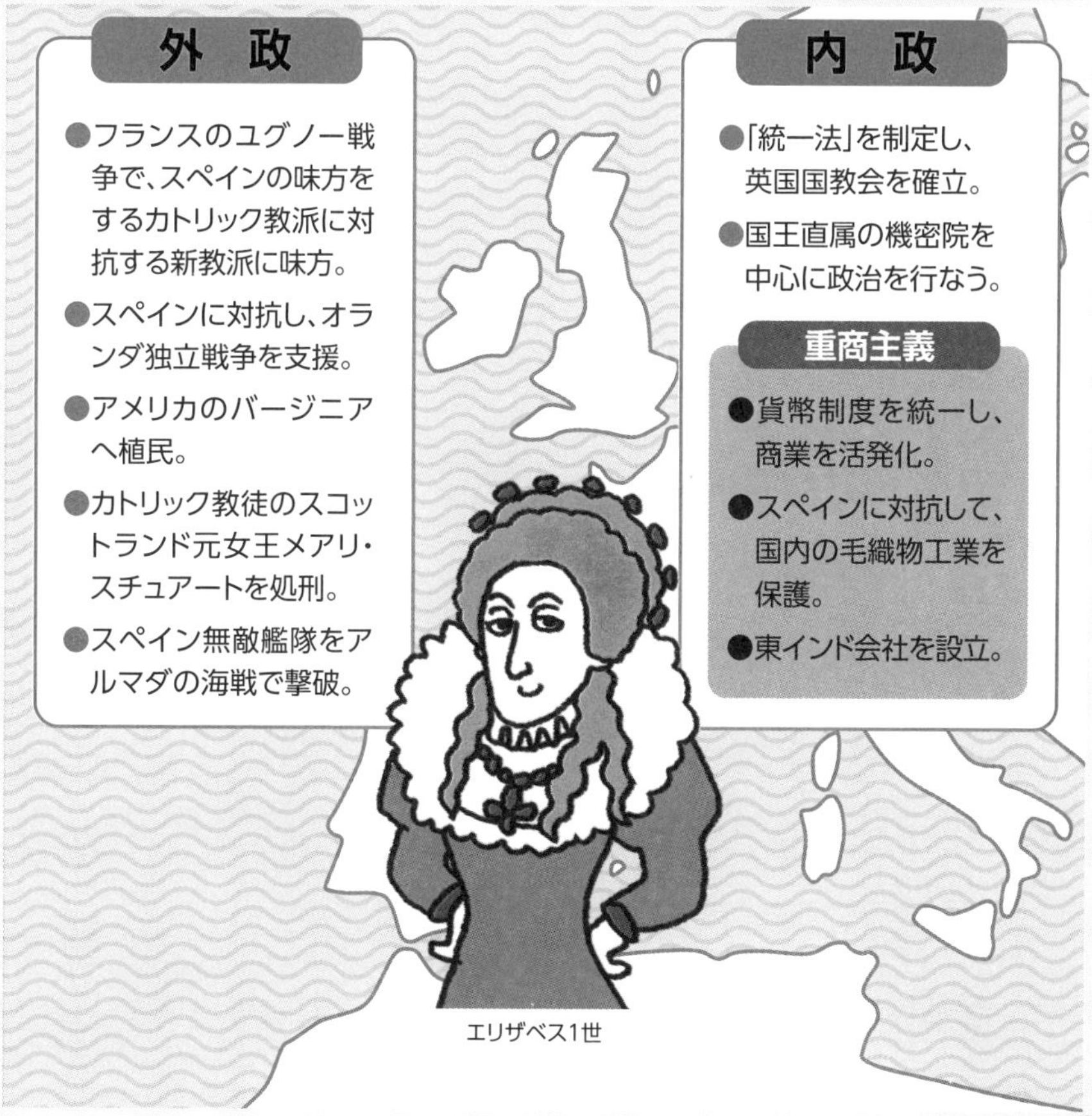
外　政
●フランスのユグノー戦争で、スペインの味方をするカトリック教派に対抗する新教派に味方。
●スペインに対抗し、オランダ独立戦争を支援。
●アメリカのバージニアへ植民。
●カトリック教徒のスコットランド元女王メアリ・スチュアートを処刑。
●スペイン無敵艦隊をアルマダの海戦で撃破。
内　政
●「統一法」を制定し、英国国教会を確立。
●国王直属の機密院を中心に政治を行なう。
重商主義
●貨幣制度を統一し、商業を活発化。
●スペインに対抗して、国内の毛織物工業を保護。
●東インド会社を設立。
エリザベス1世

Column

キャプテン・ドレイク 海賊船長の活躍

ドレイク船長は、史上名高いアルマダの海戦で活躍した海賊の親分であるが、正式名称は「サー・フランシス・ドレイク」となっており、いつの間にか、れっきとした貴族になっていたのである。

しかし、炎上する船を停泊中のスペイン無敵艦隊に向かって突っ込ませるとか、海賊でなければ到底、思い付かない戦法で撹乱し、大活躍したものでエリザベス一世から勲章授与、貴族称号までいただいていたのである。

イギリスが世界の海を制圧する決定的な海戦の勝利者として記録されるが、この後、スペインは回復し、イギリスと競り合っている。イギリスが世界の海を制覇するまでにはもう少し時間を要する。

外野席 **エリザベス1世は海賊の親分だった** イギリス、エリザベス1世のとき、「私拿捕船」という名の免許状を受け海賊行為を働く船があった。特に新大陸と交易するスペイン船を襲撃、略奪した。有名なドレイク船長が略奪した富は60万ポンド。女王は4700％の配当金を受け取っている。ドレイク船長はそれで貴族になってしまった。

46

ゴイセンと呼ばれたカルヴァン主義者の国が誕生

経済力をバネに旧教徒の国スペインから独立する。

イタリア・ルネサンスと共に花開いた**ネーデルランド（低湿地方）は中世以来、毛織物工業と中継貿易で発展**した。天職に励むことが神の意思だと説く神学者カルヴァンの教えは、「ゴイセン（乞食《こじき》の意味）」と呼ばれた工業者が多い北部の地域でごく自然に受け入れられた。

ところが、この土地は元々ハプスブルグ家の領地であったが、一五五六年、スペイン王フェリペ二世が継承する。すると、**フェリペ二世はカトリックへの改宗を強要しただけでなく、重税を課し、自治権や特権の数々を剥奪する挙に出たため、ゴイセンは一五六八年、独立戦争に決起**する。

間もなく南部十州（現在のベルギー）も独立戦争に加わるが、カトリックが多いため、途中で腰砕けになり、妥協。ネーデルランドの北部七州がユトレヒト同盟を結成し、八一年、ネーデルランド連邦共和国として独立する。中心がホラント州なのでオランダとも呼ばれるようになる。

オランダはフランスやイギリスの支援を受けてアジア貿易とインドネシアのジャワ島などの植民地経営を担う東インド会社を設立する。そして、遅ればせながら艦隊を増強し、本格的な貿易や植民地経営に乗り出すのである。

間もなくスペインは無敵艦隊と言われた一大海軍を率いてイギリスとの決戦（アルマダ海戦）に挑むが完敗。以後、衰退の一途を辿る。そして、和平の機運が生まれたところで、オランダはスペインと休戦協定を締結。事実上の独立国となる。国際的にもウェストファリア条約で独立が承認されており、新興国オランダが誕生する。

一六四八年のことである。

オランダの誕生

オランダ独立戦争
1568〜1609年

フェリペ2世

原因　スペイン国王フェリペ2世が
ネーデルラントにカトリックを強制。

スペイン ⇔ 抗争 ⇔ カトリックを強制された新教派の商工業民（ゴイセン） ― 援助 ― イギリス

結果

1581年　新教派諸侯のオラニエ公ウィレムによる
オランダ独立宣言

1609年　事実上の独立

**宗教戦争であるといえるが、絶大な勢力を誇った
スペイン=ハプスブルク家対イギリスという、
政治的側面もあわせもっている。**

Column

独立戦争の主役、ゴイセンの意味

　翻訳すれば、ゴイセンは乞食の意味だ、と説かれて頷いているようではいけない。確かにゴイセンとは、スペインの宗教政策を批判した下級貴族が結成した「乞食党」に由来するが、簡単ではない。

　原語Geusenは、うっかりするとゴイセンと読んでしまうが、正しく読めばヘーゼンであり、ドイツ語読みのゴイゼンが訛った読み方だと心得て発音しなければならない。この辺は多言語国家、宗教も民族もモザイクのように入り組んだ地域なので雑炊状態になる。

　しかし、自由な市民の素顔の輝きはレンブラントに代表される画家たちの絵画でも確認できる。

外野席　**言語・宗教・民族がモザイク状**　旧ネーデルランドで独立戦争に与しなかったのは現ベルギーとルクセンブルク。ベルギーはケルト系のワロン語（仏語）を話し、カトリックが多数派の南部地区とゲルマン系のフラマン語（オランダ語）を話す北部に線引きされた。オランダとして独立した北部七州は南部から移住の新教徒で賑わった。

47

アジアで唯一の絶対主義国家の可能性

東アジア市場を制圧する日本商人団の活躍。

日本の近代史は明治維新ではなく、織豊《しょくほう》政権時代から始まったと言えば、多くの日本人は驚くだろう。しかし、世界史的観点から見れば、**織豊政権は西ヨーロッパの絶対王（国王）と同じであり、重商主義を基本政策とする絶対主義国家であった**と言ってよいのである。

トップバッターの織田信長は、少年時代から「うつけ者」と呼ばれた暴れ者だったが、尾張有数の内陸港、伊勢湾交易の要衝として栄えた商人都市津島を遊び場として育ったため、生まれながらの商人大名、絶対王となった。

長ずるに及んで本領を発揮し、「楽市楽座」に始まる重商主義政策は、泉州堺や筑前博多などの自由都市を重視し、商品生産と流通を促進することになった。**天下統一を図ることは封建的割拠に終止符を打ち、統一政権を樹立するだけでなく、全国市場の形成を図ること**だった。

本能寺の変に倒れたとき、信長の支配領国は近畿・東海・北陸・中部・中国各方面に二十五カ国、およそ一千五百万石相当はあった。戦《いくさ》上手の武田信玄や上杉謙信が生涯の間、せいぜい四、五カ国だったのに比べるならば圧倒的である。そこで驚くのは、それらの領国支配が現代の軍事組織＝「方面軍体制」に編成されていたということ！

柴田勝家、羽柴秀吉、明智光秀、徳川家康らの武将に領国を与えるのではなく、信長の領国を納める代官に指名されるというだけであった。羽柴秀吉は信長の後継者としてのし上がってくるが、その政策にはさしたる目新しさはない。信長亜流に留まっており、信長以後の政治的安定、収拾を図ったに過ぎない。**信長、秀吉共、封建大名の支配を土地から流通に置き換えた絶対王だった。**

織田信長の天下統一と主な政策

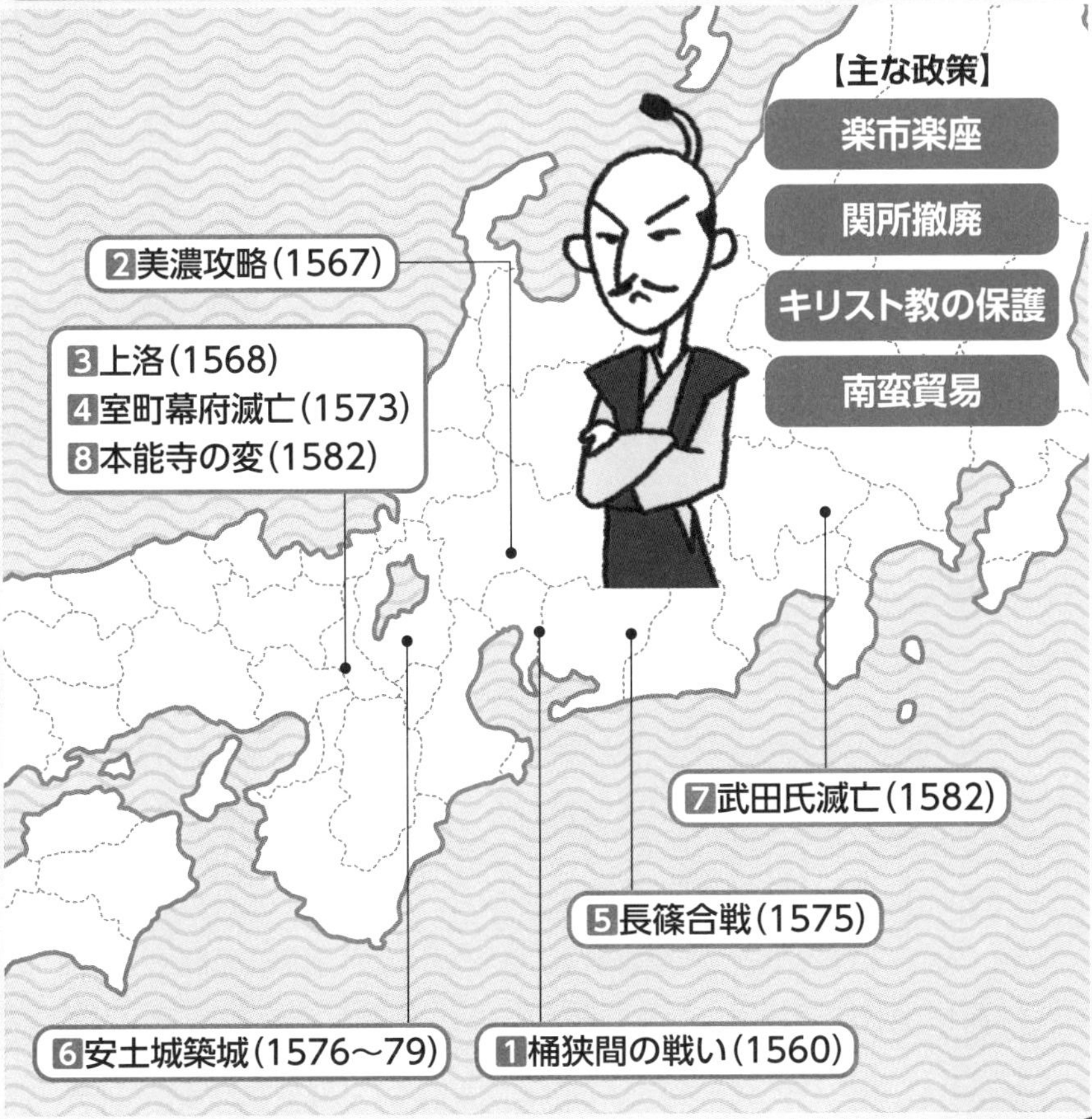

Column

商人独自の文化、町衆＝都市の文化

信長の時代、商品経済の飛躍的な発展で都市や農村の市場、神社や寺の門前町が急激に賑やかになる。外国貿易のターミナルとなった泉州堺や筑前博多の他、摂津平野や伊勢桑名、大湊、羽後酒田などの自由都市が有名。

その中で商人独自の文化が創造される。千利休《せんのりきゅう》が完成させる茶道は堺商人独自のアイディアで練り上げられたもので、茶室の構造から庭園、茶器・茶道具一式、生け花、書画、お香、そして、作法に至るまでトータルにまとめられた。

大名は商人の後ろから追随して学ぶ関係にあったが、信長以後、逆転。茶道は天下統一の手段とされ、商人は大名の下になる。

外野席 **朝貢交易を利用した琉球王朝の活躍** 中華思想に基づく朝貢交易は鎖国政策を前提とする国家管理の貿易と言える。足利義満が日本国王と称し、明国と勘合貿易を展開したのはいい例。それ以上の成功例と言えるのが琉球王朝の中継貿易。種子島に来る前からポルトガル人はマラッカで琉球商人と交易していたのは公然たる秘密だった。

48

外国貿易と国内市場育成を抑圧した幕府

戦国時代を終わらせた家康の哲学＝商業抑止策であったが。

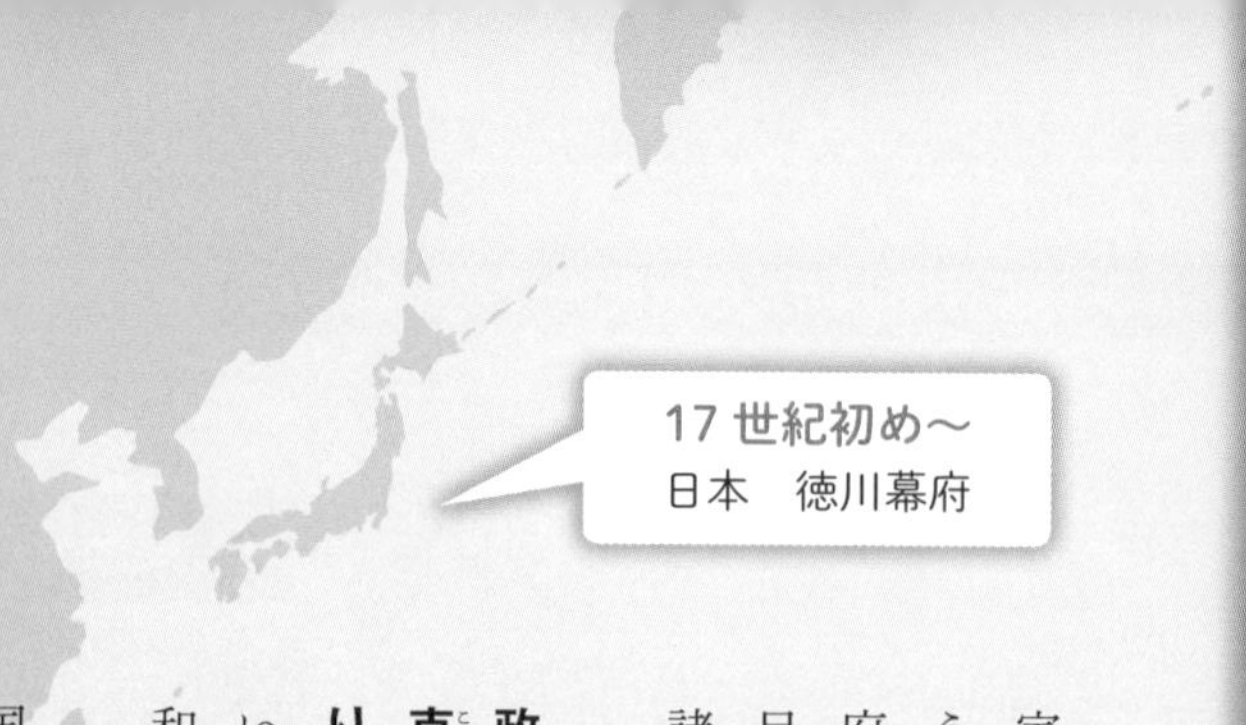

慶長五年（一六〇〇）の関ヶ原合戦以後、徳川家康は、事実上の天下人として政事を執行するようになり、間もなく征夷大将軍として江戸に「幕府」を開設する。しかし、この政権は織豊政権が目指す絶対主義国家の完成に向かって全国の大名諸侯を統治する権力ではなかった。

絶対主義国家は商業重視、商人重視の重商主義政策を基本とするのだが、家康は商業を混乱と下《げ》克上《こくじょう》、動乱の原因とみて抑制し、農業本位の国造りを基本に据えた。生を受けてから生涯を荒々しい戦国の世で揉まれてきた家康としては「絶対平和」を根本是にしたかったのだろう。

わざわざ東国に身を引いて幕府を開いたのも東国武士団の子孫として源頼朝と武田信玄を信奉する表われであり、信長、秀吉とは「和して同ぜず」の形を示す必要があったためだ。商業蔑視、農業賛美の気風が感じられる。

その結果、**幕府の経営破綻＝財政破綻は慢性化**して、累代の将軍支配下、財政改革が繰り返されるのであるが、田沼意次の積極的な重商主義的改革以外は見るべきものがない。いずれも家康以来の祖法＝農本主義を超えられず、ほとんど小手先細工の始末に終わるのである。

その間、**ヨーロッパは大航海時代を経て、イギリス、オランダ、フランス諸国が絶対主義国家への変貌を遂げ、アフリカからアメリカ、アジアへ飛び出し、貿易と植民に精を出して急激に発展。**国力を増強し、日本を追い越してしまう。その落差は広がり、幕末を迎えるのである。

幕府の鎖国体制下、日本は世界の激動的発展を知らず、井の中の蛙《かわず》になってしまうが、再び世界に伍する先進国として再生する。

江戸幕府と経済政策

慶応	万延	嘉永		天保	文政	文化		寛政	安永	明和	宝暦	寛延	元文		享保
1867	1860	1850	1840	1830	1820	1810	1800	1790	1780	1770	1760	1750	1740	1730	1720

1732 享保の大飢饉

享保の改革（徳川吉宗）

●倹約令 ●上米の制 ●公事方御定書 ●新田開発 ●足高の制 ●定免法

田沼（意次）時代

●株仲間の公認 ●「座」による幕府の専売 ●干拓工事・新田開発 ●定位貨幣制の制定

1782～87 天明の大飢饉

寛政の改革（松平定信）

●囲米の制 ●七分積金 ●人足寄場 ●風俗・思想の統制 ●旧里帰農令 ●棄損令 ●異学の禁

1833～39 天保の大飢饉

1837 大塩の乱

天保の改革（水野忠邦）

●人返しの法 ●倹約令 ●株仲間の解散 ●上知令

Column

どっちがエライ？ 吉宗と意次

幕府中興の祖として讃えられる八代将軍吉宗。テレビ番組でも英雄視され、人気抜群。大岡越前や火消しの「め組」など脇役も多い。それに対し、田沼意次はどうか。賄賂《わいろ》の田沼とか、悪評ばかり。

本当のところはどうだったのか。吉宗は紀州徳川家の部屋住みの身だった男が殿さまになったと思ったら将軍になってしまった男。何か。胡散《うさん》臭い。そうすると田沼は真面目一方で、自宅に帰るのは、いつも深夜遅くだったとか。

要領のいい出世男は世間付き合いも抜け目がないが、真面目な男は世間の妬《ねた》み、嫉《そね》みを買う。どちらが本当だったか、本当のところは？？？ 誰もわからない。

外野席

朱印船貿易で活躍する日本商人団 徳川家康は征夷大将軍就任時に周辺諸国に親善の手紙を送った。秀吉と違い威張ることはせず、我が国の朱印船が渡航したときはよろしくという趣旨の手紙だ。これで30余年間に4百回近い朱印船の渡航があった。お陰で東南アジア諸国の港には日本人町が作られ、活発な商取引が繰り広げられた。

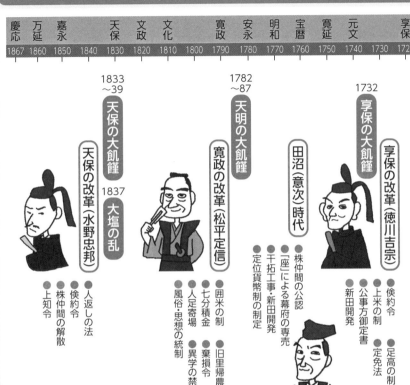

49

太陽王のフランス絶対主義国家建設の展望

徹底した権力集中＝ヴェルサイユ宮殿造営と重商主義施策。

1643年〜
フランス　ルイ14世

フランスの絶対王政は、アンリ四世が基礎固めをして、ルイ一三世が確立。そしてルイ一四世のときに最盛期を迎えたと言われている。そこで見逃せないのが三人の人物である。

一人はアンリ四世に仕えた宰相**リシュリュー**。ユグノー戦争以来、非和解的対立関係にあったカトリックとプロテスタントの融和を図り、スペインとの和解を達成。引き続き、ルイ一三世下では身分制議会である三部会の招集を停止。絶対王政の強化に貢献した。

そのリシュリューに見出だされ、リシュリュー死後、ルイ一三世の宰相となり、ルイ一四世時でも主席顧問官として活躍したのが**マザラン**。彼はローマ教皇庁の外交官でイタリア人であったが、フランスに帰化。三十年戦争を決着させ、国内貴族のフロンドの乱も鎮圧して秩序を整えた。

さらに面白いもので、このマザランに見出だされてルイ一四世の財務長官となり、典型的な重商主義的政策を推進したコルベール。国内産業の保護、輸出奨励に努め、「太陽王」と言われたルイ一四世の全盛期を支えた。従来の絨毯《じゅうたん》、ゴブランに加え、兵器、ガラス、陶器などの産業を興した。

その結果、重商主義を称してコルベール主義という造語さえもなされたほどであった。そのコルベール最大の成果はヴェルサイユ宮殿を造営したことだろう。絶対王政の強化に伴い国家機能を集中し、国家の中心施設、象徴としての機能をフルに発揮することになる。

神聖ローマ帝国は解体され、スペイン帝国も夕闇の彼方《かなた》に沈み、国際環境も変わった。**遅れて植民地支配に船出するフランスにとって、オランダとイギリスが新たなライバルとなる。**

フランス絶対王政の主人公たち

フランス国王 ルイ14世
1638～1715年
国権神援説による親政を開始し、またヴェルサイユ宮殿を建造するなど、絶対王政の最盛期を現出した。

財務長官 コルベール
1619～83年
国内産業の保護・育成、東インド会社再建など重商主義政策で絶対王政を補佐した。

フランス国王 ルイ13世
1601～43年
三部会の招集を停止するなど、絶対王政を確立した。

宰相 マザラン
1602～61年
フロンドの乱を鎮圧し、反国王勢力を一掃した。

フランス国王 アンリ4世
1553～1610年
ナントの勅令で戦乱を終わらせ、絶対王政の基礎を築いた。

宰相 リシュリュー
1585～1642年
ユグノーの政治力を抑え込み、王権の絶対化を助けた。

Column

ヴェルサイユ宮殿造営はルイ一四世、生涯の夢だった

フランスの歴代国王の宮殿にはフォンテーヌブローやルーブルなどがあり、ルイ一四世は即位後、転々と宮殿を移動していた。しかし、なぜか、ヴェルサイユが好きで、大宮殿を造りたかった。

小さな城館が散らばるだけのベルサイユは、十年以上の歳月を費やして壮大かつ贅を尽くした宮殿に変身する。ルイ一四世が入居したのは一六八二年。以後、王宮と国家機関がことごとく集中するヴェルサイユ宮殿はフランスの栄光と共に輝き続ける。

大きく変わったのは貴族たちがルイの狙い通り、宮廷を生活の場とする国王の僕《しもべ》、宮廷貴族になった点だった。

外野席 **典型的な重商主義者コルベール**　太陽王・ルイ 14 世の懐刀として活躍したコルベールは、アンリ 4 世、ルイ 13 世と続くブルボン王朝を発展させた宰相リシュリュー、マザランの弟子と言っていい。国内産業保護育成に励み、工場制手工業を普及せしめ、オランダ、イギリスに後れを取るも挽回してルイ 14 世の基盤を固めた。

50 ドイツの東方植民が生み出した地主貴族の軍事国家

ドイツ騎士団の伝統を継承するユンカー（地主貴族）の国。

1701年～
プロイセン王国

一六四八年、ウェストファリア条約で神聖ローマ帝国の三十年戦争が終結した。長い間、北部ヨーロッパを中心に君臨してきた神聖ローマ帝国は事実上、解体。スイスとオランダが国家として独立することが国際的に承認された。

こうした中で一躍、注目を浴びたのがプロイセン国であった。元々、**十字軍の全盛時代、聖地エルサレムから帰還したドイツ騎士団が東方植民に従軍し、開発した領地であるが、一五二五年、ホーエンツォレルン家から君主を招き、プロイセン公国となった**のであった。

その後、変遷を経て、一七〇一年、スペイン継承戦争の勃発に伴い、元来、カトリック陣営に属するプロイセン公国は、衰えたりとは言え、存続している神聖ローマ皇帝の陣営に属して参戦。**フリードリヒ一世の王号が承認されたため、国号はプロイセン王国となる。**

フリードリヒ一世を支えたのは伝統的な地主貴族ユンカーである。彼らがプロイセン王国の将校団として結束し、王権の柱となった。ぜいたくな宮廷生活を排し、質実剛健を旨《むね》とする気風はプロイセン王国の独特な文化を規定付けている。

また、プロイセン王国は、長い間、カトリックとプロテスタントの間で繰り返された三十年戦争で荒廃したドイツを見てきたためか、**特定の宗教にこだわらず、当時の世界史上、めずらしい非宗教国家として歩み続けた**ことが大国として発展する道を切り開いたのかもしれない。

ドイツはこのプロイセン王国の確かな伝統と気質を民族の遺伝子として引き継いで近代国家ドイツ連邦を作り上げていくのである。ヨーロッパの歴史から見れば、稀有な国家であった。

プロイセン王国の誕生

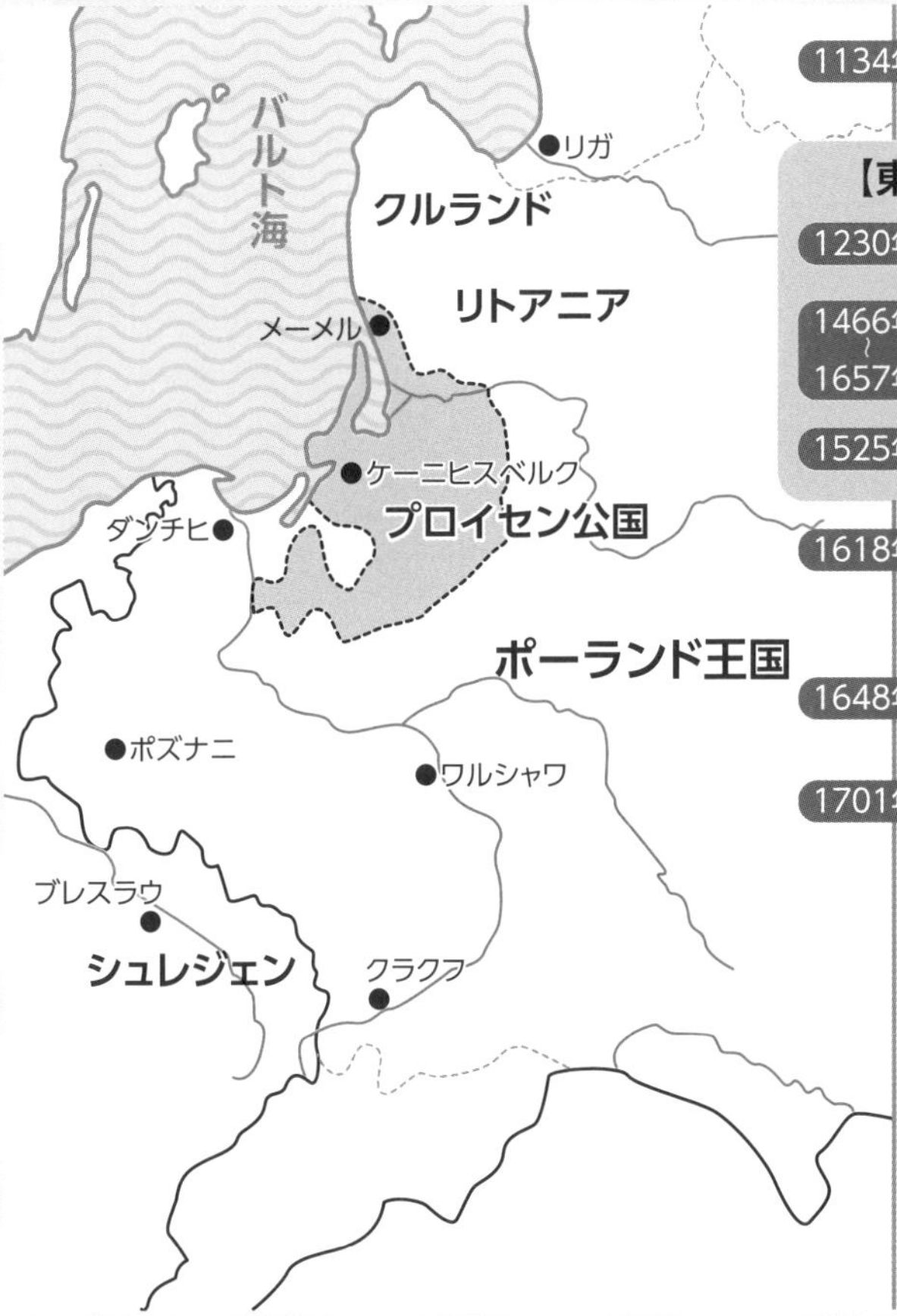

1134年 ブランデンブルク選帝侯国が成立。

【東方植民が活発化】

1230年 ドイツ騎士団領が成立。

1466年〜1657年 ポーランドの宗主下になる。

1525年 プロイセン公国が成立。

1618年 ブランデンブルク＝プロイセン同君連合が成立。

1648年 ウェストファリア条約で東ポンメルンなどを獲得。

1701年 スペイン継承戦争で王号を得て、プロイセン王国となる。

Column

親子二代の啓蒙絶対君主、フリードリヒ一世と大王

プロイセン王国は、軍人王と言われたフリードリヒ一世と大王と呼ばれたフリードリヒ二世によって築かれ、近代ヨーロッパ社会の仲間入りをしている。

特に、宗教的寛容はフランスからユグノー教徒の集団的移民を促がし、農業社会だったプロイセンの遅れた産業を活発にした。

またフリードリヒ大王はフランスの啓蒙思想家ヴォルテールを招いた啓蒙君主として知られるが、反対にハプスブルグ家のマリア＝テレジアに対抗し、ロシアやフランス相手の七年戦争を持ち応えた軍人王として高く評価された。

その結果、父王以上の軍人王として大王と呼ばれたのである。

外野席 **ひ弱な少年が軍人王に変身** 幼少時のフリードリヒ大王は、フルート吹き読書大好きの哲学少年。父王は典型的な体育会系で軟弱な少年にDVを繰り返す。ある日、側近を連れて家出をすると捜索の末、連れ戻され、側近の者は面前で処刑される。少年はショックの余り失神するが、自分の無責任を恥じて生まれ変わったと伝えられる。

51 とり残されたヨーロッパ東端＝アジア西端の帝国

西欧化による上からの改革を進めた「玉座の上の革命家」。

1613年〜
ロシア　ロマノフ王朝

ロシアという名前は一五世紀末の文献に初めて登場する。もはや旧モンゴル帝国支配の影響は完全に払拭され、モスクワ大公国イヴァン三世が、初めて「ツァーリ（皇帝）」という称号を使い始めている。そこから歴史は始まっている。

ところで、その**ロシアの歴史は一六一三年に開設されたロマノフ王朝の第三代ツァーリのピョートル大帝から始まった**と言っても間違いではない。ピョートルは**遅れたロシアを上からの西欧化、富国強兵によって改革を進めたため、「玉座の上の革命家」と呼ばれた**のであった。

元々、身長が二メートル近い大男で、力が有り余っている青年時代、彼は異母姉ソフィヤのクーデタで追放され、野に下っている間、操船術や軍隊遊びに終始していた。遊びと言っても本物の武器と大砲を装備し、本物の将校の下で一兵卒として訓練したと伝えられている。

また、皇帝になった後、一六九七年、西欧の先進的な軍事技術を学ぶ使節団を派遣した際、ピョートルは匿名で参加。アムステルダムの東インド会社の造船所で自らハンマーを振り上げて実習したと言われている。何事も率先垂範《そっせんすいはん》の指導者として先頭に立つ皇帝だった。

その結果、北はバルトから南はアゾフ海、黒海への出口を求めて、相手国のスウェーデンやオスマン＝トルコと戦った。スウェーデンと戦うときはデンマークやポーランドと提携。国内では**徴兵制を実施して国民戦争として戦い、勝利の暁には国家的行事として新都ペテルブルグを建設。国威の発揚を図った**のである。

ピョートルはまた、農奴制強化など近代化に逆行する絶対王的改革も手掛けている。

ロシアの成立

862年	ヴァイキングの首長リューリク兄弟がノヴゴロド王国を建設。
9〜13世紀	ノヴゴロド王が南下し、キエフ公国を建設。
13〜15世紀	キエフ公国は、モンゴルの服属下に置かれる。
1480年	モスクワ大公のイヴァン3世が、他諸侯国を併合統一し、モンゴルからの自立に成功。ツァーリの名称を使用。
1581年	コサックの首長イェルマークがシベリアに遠征。
1613年	ミハエル・ロマノフがロシア皇帝に選出。1917年まで続くロマノフ朝の祖となる。
1689年	ピョートル1世が、ロシアと清との国境を確定するネルチンスク条約を締結。
1700〜1721年	デンマーク、ポーランド、プロイセンを味方につけてスウェーデンと北方戦争。
1727年	キャフタ条約締結。ネルチンスク条約での不利な立場を改善。

ピョートル1世

Column

外ばかり見ているピョートル大帝

ピョートル大帝には変なクセがあった。西欧視察から帰国した大帝は服装を西欧風に変えさせただけでなく、ロシア貴族の伝統である長い顎鬚《あごひげ》を切るよう、命じた。そして、切らない者には「ひげ税」を課したのである。

他方、一七〇二年、モスクワに流れ着いたデンベイと名乗る日本人に会ったとき、大帝は彼らに「ロシア語を覚えたら日本語の教師になりなさい」と命じたという。外から来るものには目がなかったというエピソードである。

だからこそ、遅れたロシアの近代化ができたのであるが、ロシアには輸出する文化は何もなかったのだろうか？

外野席　**優雅なエカテリーナ宮殿**　ピョートル大帝の后でもあった第二代ロシア皇帝エカテリーナに由来する夏の宮殿。愛人たちと過ごした別荘として知られる。女当主の好みか豪華さよりは美的センスの行き届いた優雅さが漂う。特に「琥珀の間」は有名。サンクトペテルブルグからそう遠くないので一度は訪れることをお勧めしたい。

52 機械による大量生産と大量輸送時代の開幕

工場制機械工業による資本主義社会の急激な発展。

一八世紀後半、イギリスで工場制手工業の生産様式を一変させる機械が発明され、同時に機械を動かす動力機関に蒸気が利用される一大変革が起きた。それによって、信じがたいスピードで大量生産ができるようになった。

機械利用は綿工業から始まった。そして、機械工業、鉄工業、石炭業と順次広がり、さらに鉄道や船舶に波及することによって激しい社会変動を引き起こす。この**一連の連鎖反応的な技術革新による社会の変化を産業革命という。**

すでに資本主義社会の形式は定着していたが、産業革命によって確立。**基本的な社会の成立基盤を農業から工業へ転換させた。**それに伴って、生活様式も一変。人口の都市集中を招き、マンチェスター、バーミンガム、リヴァプールなどの工業都市が次々に出現した。

その背後では農村破壊にも等しい「囲い込み運動」が進行した。領主や地主が小作人を耕作地から締め出し、柵で囲い込んで大量の羊を飼育。綿工業の材料となる羊毛を供給した。締め出しを喰らい、追放された小作人らは賃労働の供給者になり、産業革命の担い手となった。

イギリスは石炭、鉄などの資源に恵まれていたこともあり、一躍、「世界の工場」として活躍するようになる。その結果、イギリスは重商主義段階の植民会社による奢侈《しゃし》品中心の輸出入ではなく、**企業の自由競争の下で原材料を安く獲得し、独占的に売りつける市場としての植民地獲得に向かわざるを得なくなってくる。**

その標的となったのがインドと中国（清国）であり、北アメリカ、アフリカであった。これらの諸国諸地域も大きな変動に巻き込まれて行く。

イギリス産業革命の原因と結果

産業革命

豊富な資本
民間の貿易会社が植民と交易で膨大な利益を獲得

豊富な労働力
地主層が暴力的に土地の囲い込み運動を始めたため、小作人は無産者となった

大量の天然資源
もともと石灰・鉄などの鉱物資源に恵まれていた

技術開発競争
蒸気機関の実用化など、数々の発明がなされた

産業資本家・賃金労働者の発生
のちに労働運動や社会主義運動の源泉になる

工場制機械工業の成立 工業都市の発生
都市に労働者が集まり人口過密都市が生まれる

交通機関の発達
蒸気機関車や蒸気船の発明などで、イギリスは“世界の工場”として成長

Column

イギリスから世界へ拡がる産業革命

イギリスは世界の工場となり、世界中の富を独占する。しかし、一八二五年の機械輸出解禁以後、ヨーロッパ各国に産業革命が波及し、競合競争が始まる。

まず、ベルギーが豊富な鉄と石炭を活用して産業革命を推進したが、フランスは高関税政策でイギリスと戦ったことが裏目に出て中途半端に終わる。

こうした中で、政府自ら国家資本を投入し、重化学工業育成に取り組む国もあった。ドイツ、アメリカ、日本などだ。軽工業からスタートするのが順当な政策であるが、元手の掛かる重工業から着手したのであった。

自由競争ではなく国策だった。

外野席 **産業革命の革命機関＝蒸気機関** イギリス産業革命が進展する中で重要な役割を果たしたのは蒸気機関の発明と実用化。産業革命の動力源であり、推進力となった。最初は炭鉱の排水用動力機関として開発されたが、次第に紡績や織機、汽車や汽船の形で交通機関に応用されるようになった。作業革命は社会革命を引き起こすのである。

53

北アメリカ十三州の独立宣言「代表なくして課税なし」

信仰の自由、自由な貿易と開拓を求める人々の叫び。

1776年
アメリカ　独立戦争

一七世紀初めから一八世紀半ばまで百数十年を費やして開拓された北アメリカ東部に成立した十三地区のイギリス植民地は、信仰の自由を求めて移住してきたピューリタン（清教徒）や自由な貿易と開拓による莫大な富の獲得を夢見て海を渡って来た人々のベースキャンプであった。

十三植民地の人々はイギリス本国の議会政治に倣《なら》って植民地議会を開設。自治的な社会制度を作って秩序を保っていたが、イギリス本国はアメリカ植民地における独自の商工業の発展を認めようとせず、本国の利益を優先したため、度々衝突を繰り返していた。

そして、決戦のときを迎える。一七六五年、イギリス本国が一方的に「印紙法」を布告したので、植民地議会は「代表なくして課税なし」（自分たちの代表者ぬきで決められた税制は無効）と反論。一七七三年にはイギリス本国が無税で茶をアメリカに輸出する特権を東インド会社に与えたので反発。アメリカの輸入商人はボストンに入港した東インド会社の船を焼き討ちにした。

以来、対立は決定的に深まり、一七七五年、レキシントンで武力衝突が勃発するや、**植民地側はジョージ・ワシントンを総司令官として独立軍を編成。翌年七月には、トマス・ジェファーソンが起草した『独立宣言』**を発表する。

フランス、スペインなどもイギリスとの対抗上、独立軍を支援する側に回ったので、独立軍は優勢を確保。一七八一年、ヨークタウンの戦いに勝利を収め、**八三年、イギリスとパリ講和条約を締結し、アメリカ合衆国を建国し、独立する**。これによって、ミシシッピー川以東のルイジアナを国土とすることが確定したのである。

イギリスの重商主義政策とアメリカの反抗

1765年
英 イギリスが「印紙法」を布告
↓
米 植民地議会が「代表なくして課税なし」の決議

1773年
英 イギリスが「茶法」を布告
↓
米 植民地の反対分子が「ボストン茶会事件」を起こす

1775年
英 イギリスがボストン港を閉鎖
↓
米 植民地のパトリック・ヘンリが「自由を与えよ。与えられなければイギリスに死を与えよ」と演説

1775年
米 コンコードで武力衝突
↓
レキシントンの戦いで独立戦争開始

1776年
米 トマス・ペインが『コモンセンス』を発刊
トマス・ジェファーソンが『独立宣言』を発表

1783年
パリ条約で独立が承認される

ワシントン

Column

中央政府なき、緩やかな連合体＝アメリカ

独立当初のアメリカは、正式な国名はアメリカ合衆国であるが、名前の通り、緩やかな連合体であり、中央政府を持たなかった。各州選出代表による協議機関によって運営されていた。

しかし、独立から四年後、一七八七年、『合衆国憲法』によって、大統領が率いる政府が行政権を執行。上院と下院が立法権、司法権は最高裁判所が行使する三権分立で牽制する仕組みとなった。

初代大統領には独立戦争の偉大なる指導者ワシントンが満場一致で選出され、近代世界を象徴する新興国家のリーダーとしてヨーロッパ社会に受け入れられる。すぐ、ヨーロッパの一員となる。

外野席 **アメリカ人はなぜコーヒーを好む？** 北アメリカのイギリス植民者たちはイギリス時代の習慣で紅茶を愛用した。だがオランダ、フランスにコーヒー輸入競争で負けたイギリスの会社が紅茶取引を独占。価格をげ重税を掛けた。怒った植民者らはイギリス船を襲い紅茶樽を海に投げ捨てた。以来、植民者はコーヒー党に転向したという。

54 ブルボン王朝を葬ったパリ民衆の革命思想

改革の気分に矛盾する旧制度「第三身分」に充満する不満。

1789年
フランス革命

アメリカの独立戦争に引き続き、フランスでも世界史上、特筆される重大事件が勃発する。

一七八九年、**ルイ十六世が行き詰った国家財政の打開を特権身分層に対する新たな課税によって乗り切ろうとした**ため、貴族の間で一六一四年以来、招集されなかった「三部会」召集を要求する声が上がったのが始まりだった。

第一身分の聖職者と第二身分の貴族が各三百名、第三身分の市民代表六百名がヴェルサイユに集まったが、評決方法を巡って紛糾。**第三身分が「真に国民を代表する者である」と宣言。自ら「国民議会」と名乗りを挙げ、憲法制定まで解散しないと誓う**（テニスコートの誓い）。

これに対し、**ルイ十六世は武力解散を図ったため、パリ市民は決起**。市民軍を編成して抵抗し、圧制の象徴とされたバスチーユ監獄を襲撃して占領した。この実力を背後にして、国民議会は「封建身分の廃止」「人権宣言」を採択する。

直ちに取り組んだのが、**全国の行政区画の整理、教会財産の没収、ギルド（職人組合）の廃止と経済活動の自由、度量衡《どりょうこう》の統一**であった。封建的領土分割に変わる近代国家に生まれ変わるための手続きであったと理解できる。

だが、激しい勢いで革命が進み、過激派が前面に出て、一七九二年一二月、共和制移行が宣言されるや、ルイ十六世が処刑され、王妃マリー＝アントワネットが処刑されると革命が革命を処刑するようになる。ロベスピエールらジャコバン党が独裁権を掌握し、政敵を次々に断頭台に送るようになったのである。

その結果、どうなったのか？ 自らも断頭台にて生命を絶たれてしまうのである。

革命の進展と三部会

5月5日 ルイ16世による不当な課税を審議するため、175年ぶりに三部会が召集される。

6月17日 三部会の第三身分代表が三部会から分離独立と国民会議結成を宣言する。

↓

19日に第一身分会も合流。

6月20日 承認されない国民議会の議員が、憲法制定までは解散しないと球戯場で誓う。

7月14日 国事犯が収監されているバスティーユ牢獄を市民が襲撃する。

8月26日 6月27日に承認された国民議会が、人権宣言を採択。

三部会の構成

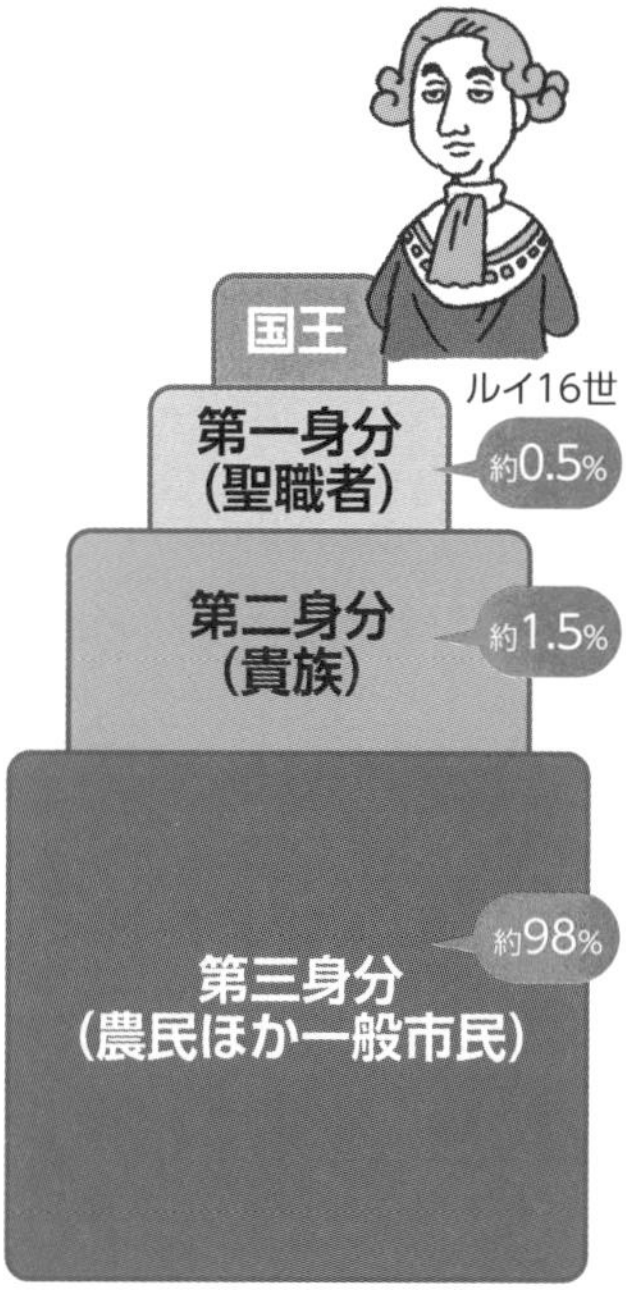

※特権身分は、課税の免除、官職の独占、領民の支配など、王権に寄生して搾取していた。

Column

いまも残る、フランス革命の記念物

フランス革命が後世に与えた影響はすこぶる大きい。フランス国歌『ラ・マルセイエーズ』が公然と「国民よ、武器を取れ」と叫び、パリに向かって進軍したマルセイユ義勇軍の軍歌に基づいていることを知ればわかりやすい。

それはともかく、世界共通の基準となる度量衡「メートル法」はフランス革命の産物であることは強調しておきたい。これは人為を越えた客観的真理、宇宙と自然の大法則に基づいて決められた大自然の法則の標準化の産物である。

メートル（長さ）とか、グラム（重さ）、秒（時間）などの十進法的単位は後に国際条約の場において承認され、国際基準となった。

外野席 **フランス人は皆、革命家？** フランス国歌は聞きようによっては非常に危険な内容を含んでいる。どこということではない。最初から最後まで恐ろしいフレーズで繋がっている。特に激しいのは「武器を取れ、市民よ、隊列を組め。進もう、進もう。汚れた血が我らの畑の畝を満たすまで」という部分。思わず鳥肌が立ってしまう。

55

革命軍＝国民軍を率いる新時代の英雄ナポレオン

革命が恐怖政治に変わった時、『英雄』誕生が期待される。

1799年〜
フランス
ナポレオン戦争

ロベスピエールに代表される過激派ジャコバン党が独裁権を確立し、「反革命容疑者の粛清《しゅくせい》」と称する恐怖政治を始めると政権内部に「政敵」を求めるようになる。エベール、ダントンらを粛清するとロベスピエール自身も市民の反感を買って逮捕され、処刑される。

以後、フランス革命は立法府と行政府を樹立するものの、何も決められない。まるで舵取りを失った船であった。そのとき、颯爽《さっそう》と登場するのが、砲兵隊出身の若き将校**ナポレオン・ボナパルト**であった。革命軍の士官として総裁政府に採用されると連戦連勝、破竹の進撃を続ける。

一七九六年、イタリア派遣軍司令官として参戦し、数に勝るオーストリア＝サルディニア同盟軍を撃破。九八年にはイギリスとインドの連絡線を絶つ目的でエジプトに遠征するが、イギリスの対仏大同盟の結成を見るや、直ちに退却。帰国して**ブリュメール十八日、総裁政府を倒して、統領政府（三人制統領及び立法院）を樹立**する。

ナポレオンの素早い決断と実行に対して、気の短いフランス国民は絶大な信頼を寄せた。そして、**オーストリア、ローマ教皇と和解し、生活秩序を定める『ナポレオン法典』を制定**したところで、ホッと一息を入れた。その空気を読んで、ナポレオンは皇帝に就任する。

外に出てはネルソン提督率いるイギリス海軍に敗れるが、アウステルリッツの三帝会戦《さんていかいせん》ではオーストリア＝ロシア連合軍を破り、さらに西南ドイツ諸国を合わせてライン同盟を結成したので神聖ローマ帝国は消滅した。また、プロイセン＝ドイツを破って広大な領土と賠償金を獲得する。

ナポレオンの栄光は頂点に達する。

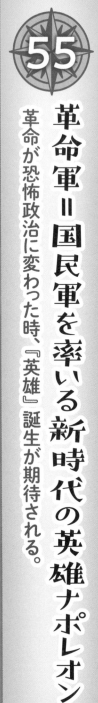

ナポレオンの生涯

- 1769年 コルシカ島で誕生
- 1793年 トゥーロン港の戦闘で勲功をあげる
- 1795年 王党派の反乱を鎮圧
- 1797年 第一回対仏大同盟結成
- 1798年 エジプト遠征を開始
- 1799年 第二回対仏大同盟結成
  ブリュメール十八日のクーデタを成功させ
  統領政府を建てる（第一統領に）
- 1802年 国民投票で終身統領となる
- 1804年 ナポレオン法典制定
  国民投票で皇帝となる
- 1805年 第三回対仏大同盟結成
- 1812年 ロシア遠征開始
- 1813年 第四回対仏大同盟結成
- 1814年 皇帝を退位
- 1815年 ワーテルローの戦いで敗北
- 1821年 セントヘレナ島で死去

Column

遠征の副産物。ロゼッタストーン

ナポレオンのエジプト遠征時、アレクサンドリア近郊の小さな町で堡塁《ほうるい》の築造作業中、不思議な岩盤が地中から掘り上げられた。後になって、それはプトレマイオス朝（紀元前二世紀）の遺物であることが判明した。

上下三段に分けられ、それぞれ違う文字が刻まれていた。後に、シャンポリオンによって解読されたのだが、上段は神聖文字（ヒエログリフ）、中断には民生文字（デモティック）、そして下段にはギリシア文字が刻まれていた。

この岩盤は現在、イギリスの大英博物館に保管されているが、フランス軍がイギリス軍に降伏し、戦利品として没収されたため。

外野席 **余の辞書には不可能という文字はない？** ナポレオンが本当にこう言ったのかいくら調べても出典不明。想像されるのは「Impossible n' est pas fracais」という文言だが、不可能と言う言葉はフランス語にはないとか、あるいは「フランス的ではない」ということだろうか。

1814年〜
ウィーン会議
ヨーロッパの再編

56 会議は踊るされど進まず ナポレオン後の戦後処理

メッテルニヒが主導するポスト・ナポレオンの戦後処理。

ナポレオンが旧式なヨーロッパをフランス革命の燃え上がる炎で焼き尽くし、整地した後に新秩序を立てるのは簡単ではなかった。ナポレオンが火を付けた自由主義、国民主義の焼けぼっくいが至るところに燻《くすぶ》っていたからだ。

しかし、**一八一四年、ヨーロッパを再建するためにウィーン会議が開催された。**議長はオーストリア外相メッテルニヒが務め、討議はフランス外相タレーランが提唱する正統主義（革命前の政体、国境を正当とする）と各国の勢力均衡主義とを基本的な議題として進められた。

参加各国の利害関係が複雑に絡まっていたところへ、ナポレオンの復活（百日天下）などもあり、なかなか合意が得られないまま、いたずらに時間だけが過ぎ去ったため、ワルツの本場、オーストリアに引っ掛けて「会議は踊る、されど進まず」などと皮肉られたのは有名な話。

いずれにしろ、**プロイセンは復活して領土拡大。イギリスは旧オランダのスリランカ、ケープ両植民地の獲得、オランダは旧オーストリア領ネーデルランド（ベルギー）を併合、オーストリアは北イタリアを獲得**したのであった。

他、注目されるのは**スイスが永世中立国として承認された**他、独立国家の連合体として、オーストリア、プロイセン以下、**複数の君主国と自由都市国家から成るドイツ連邦が出現**したことである。これによって、ほぼ現代のヨーロッパ社会がほぼ出来上がったと見てよい。

だが、諸国諸地域それぞれの地域的特性は無理矢理に埋め戻して、秩序再建を最優先課題としたために火種は残されている。

ウィーン会議とは

参加国と進行

オーストリア、フランス、イギリス、ロシア、プロイセンなど、100ヵ国以上（オスマン・トルコは不参加）。各国の利害が対立し、なかなか進展しなかったが、最終的にはウィーン議定書に調印。

開催の目的

フランス皇帝ナポレオンが巻き起こしたヨーロッパ全土にわたる戦争の処理を目的に、オーストリア外相メッテルニヒが主宰。

決定事項

●正統主義の採用

ヨーロッパ社会を、フランス革命以前の絶対主義体制に戻らせる。

反動的で大国主導の国際秩序維持体制

↓

オーストリア …南ネーデルラントをオランダに譲る代わりに北イタリアに領土拡大

フランス …領土復旧とブルボン王朝を復活

イギリス …オランダ領セイロン島とケープ植民地の領有権獲得

など

メッテルニヒ

Column

百カ国以上が参加？大騒ぎの会議

ウィーン会議には主催国オーストリアの他、フランス、イギリス、ロシア、プロイセンなど百カ国以上の参加（オスマン・トルコが不参加）があったという。これでは意見がまとまるわけがない。

しかし、これだけの国々が一つの議定書に調印したと言えば、ほぼ世界の主要国が新しい秩序形成に合意したに等しい。それぞれ分捕り合戦を展開し、それぞれの実態に合わせて秩序が整えられたわけでほぼ合意されたのである。

会議は踊る、されど進まず、と揶揄されたが、事細かなところまで行き届いた戦後処理が実行されていたのである。国際会議の在り方としては万全であったと評価されていい。

外野席

メッテルニヒの人間像 ナポレオンを憎みぬいて歴史上から葬り去ったメッテルニヒとはどんな男だったのか。ナポレオンがロシア遠征に失敗すると対フランス大同盟を結成。追い落としに成功。自由主義、国民主義を嫌い、革命前の正当王朝と旧制度の復活を望んだ。だが、時代の流れに逆らえず失脚。イギリスに亡命して果てている。

57

欧米列強による急速かつ苛烈な植民地支配

武力支配とキリスト教を武器に商品作物栽培を強制する。

十九世紀になると**欧米諸国は急速に植民地獲得競争を開始**する。

まず、**インドネシアのジャワ島の大半がネーデルランド連邦共和国（オランダ）の領地**となり、直接支配の下でコーヒー、サトウキビ、藍《あい》などの商品作物栽培が強制されるようになる。

一方、**フィリピンはスペイン統治下**にあり、島々の町や村にはスペイン人が指名したリーダーが配置され、その支配下でサトウキビやマニラ麻、煙草などの商品作物栽培が強制された。そして、商人や高利貸による土地の集中と集積が進むと、プランテーション（大規模農園）経営が一般化する。

ベトナムは、フランスで集められた義勇兵や私兵を集めて成立した阮《げん》王朝の統治下にあったが、次第にフランスの軍事介入によって南部から中部、北部も直接支配下に入る。そして、十九世紀後半には隣接する**カンボジア**も併合され、フランス領インドシナ連邦が形作られる。

こうした中で、**インド**を拠点にして東南アジアを通過し、清《しん》王朝支配下の中国への貿易拡大を狙っていたのがイギリスであった。そのために**マレー半島**のペナンやマラッカ、シンガポールなどの港町を領有して海峡植民地としたのであるが、やがて北ボルネオを領有し、マレー半島全体を植民地とし、マライ連邦とした。

この他、コンバウン王朝（アランバヤー王朝）が統治する**ビルマ**があり、時代の流れを理解せず、インド侵攻を繰り返したため、イギリスによってインドの植民地に落とされている。最後に注目されるのが**タイ**。どういうわけか、奇跡的に植民地化を免《まぬが》れ、独立を保ち続ける。アジアの奇跡であったと言ってよい。

列強3国の東南アジア植民地化

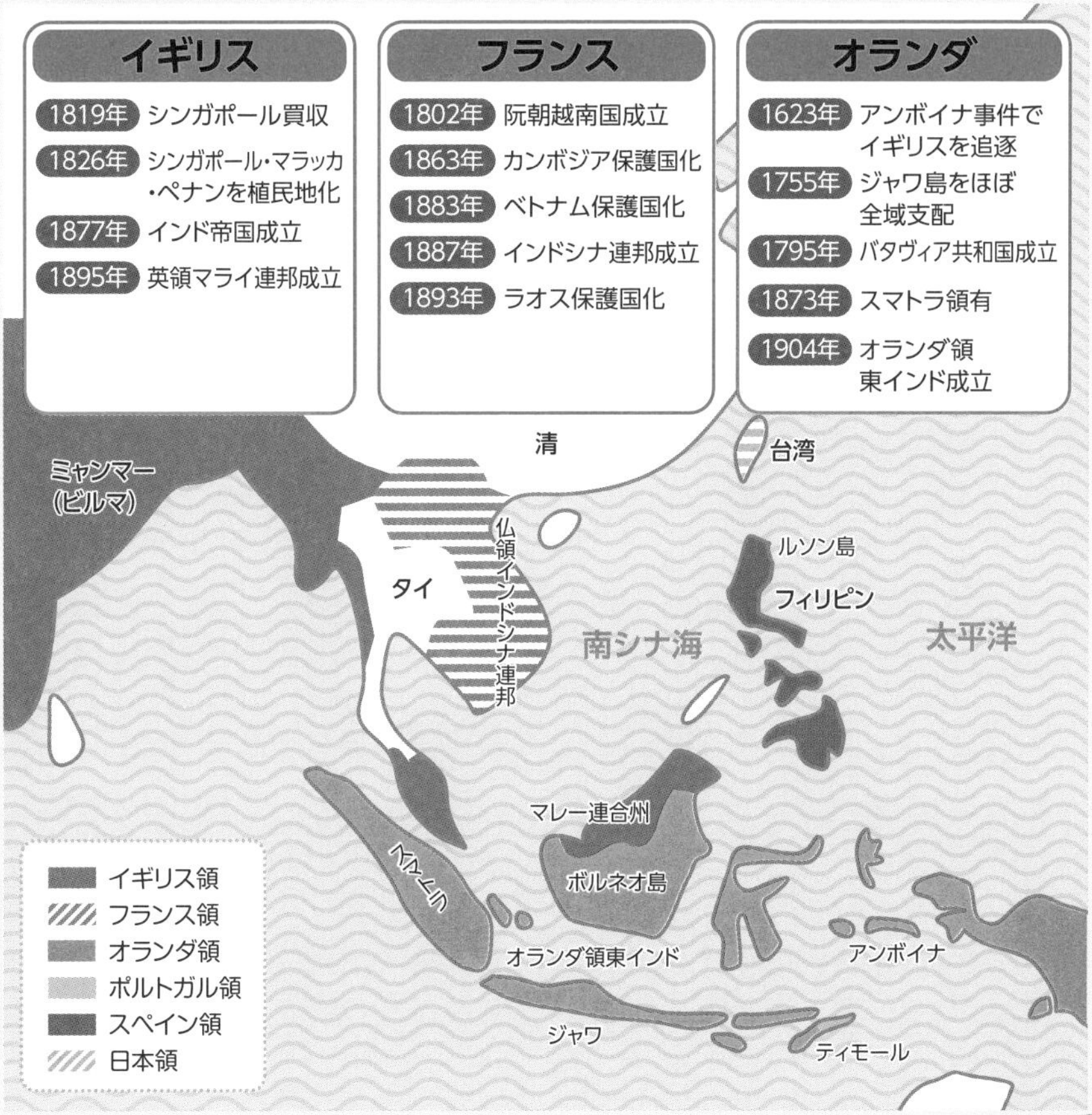

Column

アジアを破壊したプランテーション経営

プランテーションとは、欧米諸国の植民地経営の形であり、広大な農地に大量の資本を投下し、国際的に取引価値の高い単一作物を大量に栽培する経営形態である。

現地人は生活のための農業を破壊され、古くから人々の暮らしを支えてきた産業を破壊されたため、極貧生活に落ちることを余儀なくされた。事実上、奴隷労働と表現しても決して言い過ぎではない状況だったのは疑いない。

従って、戦前の旧日本国が「大東亜共栄圏」と題する新秩序建設を呼号し、一人、欧米諸国連合軍に立ち向かい、彼らを追放し、アジア人を解放した戦果について、正しく評価しなければいけないのではないだろうか。

外野席 **ドゴール将軍の手記に書かれたこと** 旧日本軍の侵攻によってシンガポールが陥落したという報道がヨーロッパに伝えられたとき、ロンドンに亡命中のフランスのドゴール将軍（後の大統領）が日記に書いた。「シンガポールの陥落は、白人植民地主義の長い歴史の終焉を意味する」と。将軍は知っていたのだ、日本軍侵攻の意味を。

58 文明の落差を知らぬ清王朝の無知に付け入るイギリス

イギリスの蒸気船が動けないジャンク船を次々に撃沈。

1840年～
中国　阿片戦争

イギリスは十八世紀末、中国の茶を買い付けて本国へ送り、本国の綿製品をインドへ運び、インド産の阿片《アヘン》を中国へ送るという**「三角貿易」を展開し、莫大な利益を上げていた。**そして、さらなる拡大を期待していた。

ところが、清王朝は取引行為を「公行《こうこう》」という商人組合に独占権を与え、交易地点を広州港に限定していたため、イギリスの輸出は伸びず、輸入ばかり増えた。イギリスの不満は募《つの》り、ますます阿片の密貿易に力を入れるようになった。

その結果、イギリスの収支構造は大幅に改善されるのであるが、中国人の阿片吸引者が急増したため、清王朝は役人を広州に派遣して阿片を没収し、廃棄処分にした。さらにイギリスの一般貿易も禁止してしまった。

しかし、イギリス東インド会社は「チャンス到来」とばかり、**一八四〇年、武力（阿片戦争）に訴えて自由貿易を主張し、密貿易を継続した**のであった。阿片愛好者が廃人になろうが、イギリスの利益が上がれば良いという考えだった。

しかも、二年後に締結された**「南京《なんきん》条約」では、①香港の割譲、②上海・広州・福州・厦門《あもい》・寧波《にんぽー》の五港の開港、③「公行」は廃止**となった。さらに、三年後には領事裁判権、最恵国《さいけいこく》待遇などの不平等条項を含む追加条約が締結された。

イギリスは、これでも満足できなかった。

次の方策を検討中、一八五六年、アロー号の中国人乗組員が清朝の官憲に逮捕されるという事件が勃発。イギリスはフランスと共に出兵し、清国軍を撃退するが、またも反撃されて戦闘再開。英仏連合軍は北京《ぺきん》を占領し、一層諸外国の進出を招くことになる。

中国が交わした不平等条約

北京条約

1860年

原因

天津条約批准の際に起こった阻止行動の結果として

締結相手

英仏露

天津条約に加えて

- イギリスに九龍島南部を割譲する
- 天津を開港する
- ロシアにウスリー島を割譲する
- 天津条約の賠償額を増額して800万両とする

天津条約

1858年

原因

1856年の**アロー号事件**をきっかけに始まった戦争の結果として

締結相手

英仏露米

- 南京・漢口など10港を開く
- 阿片貿易を公認する
- 外交使節の北京常駐権を承認する
- キリスト教を公認し保護する
- 外国人の内地旅行の自由を承認する
- 賠償金600万両

南京条約

1842年

原因

1840年～1842年の**アヘン戦争**の結果として

締結相手

イギリス

- イギリスに香港島を割譲する
- 広州・上海・寧波・福州・厦門の5港を開く
- 公行を廃止する
- 没収阿片の補償費600万両、賠償戦費1200万両

清・道光帝

Column

清朝の思い上がりとアナクロニズム

阿片戦争後、清朝政府はイギリスやフランスなどの欧米諸国に対し、沿岸交易や内河航行、海関行政、領事裁判、租界開設を簡単に認めている。

こうした特権は通常、相手国に与えないものであるが、清朝政府は「野蛮な外国人のことは彼らに任せる」「海関行政は彼らに任せたほうがごまかしがない」と言う。

これはいったい、何のこと？

古代以来の中華思想、外国人蔑視の伝統が思考回路を狂わせているとしか、言いようがない。そうすれば国民生活はどういう影響を受けるか、まったく眼中にない。

その点、現代の中国共産党政府とそっくりだというのは言い過ぎだろうか。

外野席 **紳士の国が聞いて呆れる不善の行為** 旧イギリスのアヘン戦争は人道上、許されることではない。習近平と中国共産党が粋がって正義の味方を取り繕うのは止むを得ない面がある。中国人が廃人になってもイギリスが儲かればそれでいいというのが阿片交易だった。中国も怒る。もちろん、弁護するわけではない。どっちもどっちか。

1857年～
インド　セポイの乱

59 イギリスのインド破壊・植民地支配を拒絶する傭兵隊の反乱

傭兵隊の反乱から旧王侯・旧地主・農民らの総反乱になった。

インドはイギリスに綿織物を輸出していたが、産業革命以後、立場が逆転。イギリスに木綿工業の材料、綿花を輸出し、綿工業の製品半製品を輸入する市場になった。これによって、綿工業は衰退、社会構造は大混乱を来たす。

加えて、英語教育やイギリス式司法＝警察制度、近代的土地制度（地租）が一方的に導入されたため、旧制度下で権力を振るい、財産を維持して来た支配層はもとより、**階層を問わず、農民、都市生活者がイギリスに反感を抱いた**のである。

このとき、**セポイ（シパーヒーともいう）と呼ばれるインド人傭兵《ようへい》隊が反乱**する。彼らは上層カーストに属するヒンドゥー教徒と上流階級のムスリム（イスラム教徒）で編成された東インド会社の傭兵隊であるが、反乱に決起した。

理由を尋ねると新たに採用されたライフル銃の薬包にヒンドゥー教徒が神聖視する牛の脂とムスリムが不浄とみなす豚の脂が使われているということだった。噂は否定されたが、誰も信用せず、メーラト駐留の傭兵隊が反乱。デリー駐留の部隊と合流したところで火がついた。

瞬《また》く間に旧王侯・旧地主・農民・都市住民に広がり、ムガール皇帝バハードゥル・シャー二世を最高指導者にかつぎ上げる。反乱の炎は北インドを中心にして全インドの三分の二近くまで燃え広がるが、まとまりを欠き、ピークに達したところで指導者不在が明らかになり、分散する。

結局、**徐々に形勢を立て直したイギリスが勝利する**が、イギリスも東インド会社によるインド経営は無理と判断。イギリス女王ヴィクトリアがインド皇帝を兼任することになる。

イギリスによるインド支配の変化

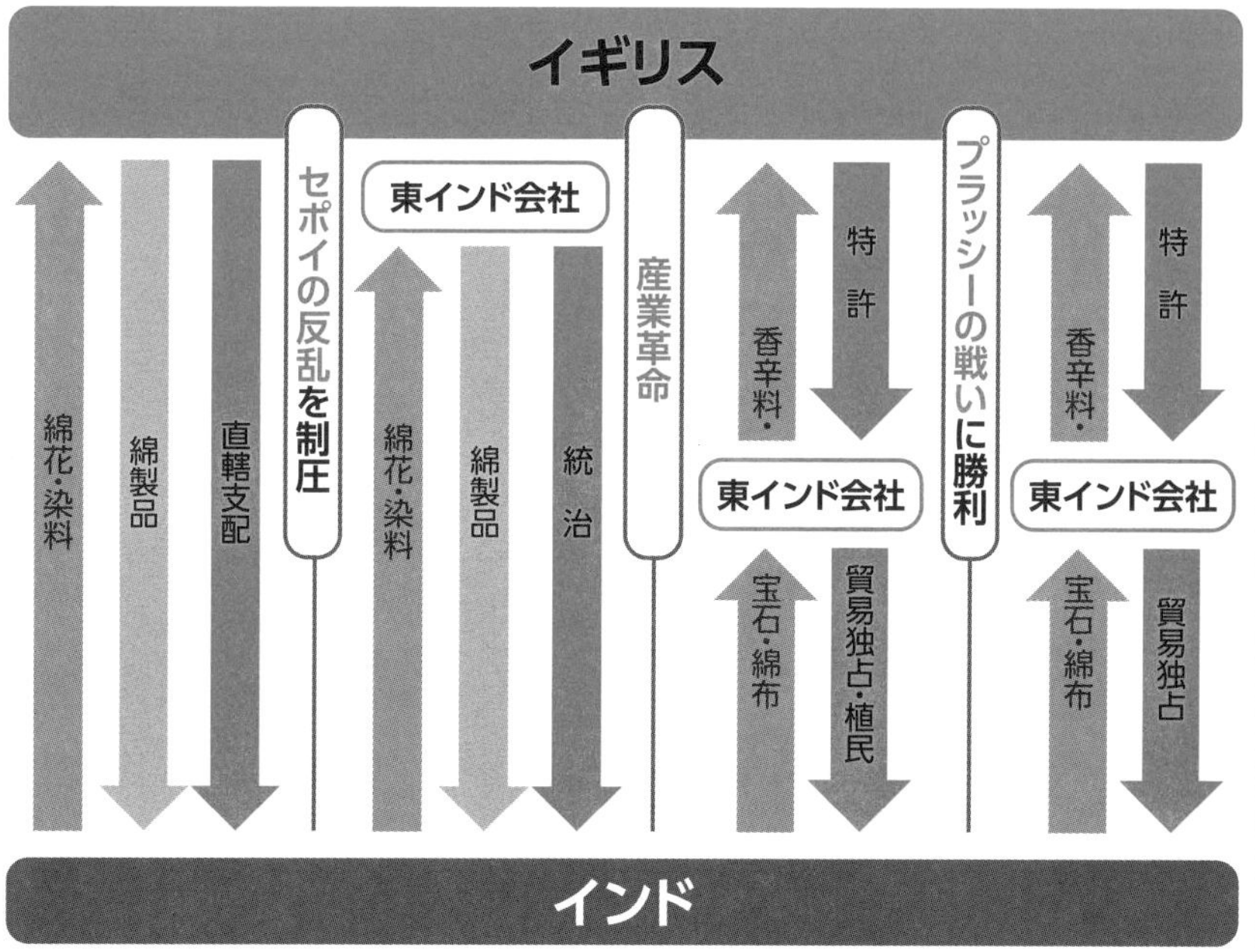

東インド会社の解散、インド帝国の成立によりイギリス本国が直轄支配する

産業革命で自由貿易が発展したため、東インド会社の貿易独占権が廃止される

イギリスは東インド会社に貿易独占権と植民権の特許を与え、侵略を深める

イギリスは東インド会社に貿易独占の特許を与え、貿易拠点を建設する

Column

セポイの乱、残酷な後始末

ワシーリ・ベレスチャーギンという画家が描いた絵画がある。反乱軍兵士を大砲の筒先に縛り付け、木製弾丸を発射するイギリス軍による見せしめの場面である。

想像される通り、木製弾丸が発射されたら兵士の身体は四散してバラバラになる。これは見せしめとして行ない、反乱軍と民衆の闘争心と士気をくじくところに狙いがあったことは言うまでもない。

だが、もう一つの意味があった。宗教上、イスラム教徒、ヒンドゥー教徒の聖なる殉教者として死を迎えることを冒瀆《ぼうとく》し、妨害する意図もあったと説明されている。残酷な後始末であった。神の名において執行されたのである。キリスト教とは、そういう宗教なのか。

外野席 **セポイ兵を処刑するイギリス軍の絵** 1876年から翌年にかけイギリス領インドを訪れ、セポイの乱などを描き続けた画家ワシーリ・ベレスチャギン。大砲の筒先にセポイの反乱兵を括り付けている絵を描いている。写真の普及していない時代のリアルな絵なので様子がよくわかる。その状態で木球を砲弾代わりに放ったのだという。

60

至上命令 断固たる鉄血政策によるドイツ統一

プロイセンのユンカーたちと鉄血首相が描く立憲君主国。

1861年
ビスマルクのドイツ統一

一八四八年、フランス二月革命の影響を受けて召集されたフランクフルト国民議会は失敗に終わり、平和的なドイツ統一の夢は消えた。歴史の歯車は**一八六一年に即位したプロイセン王ヴィルヘルム一世が翌年、ユンカー（地主貴族）出身のビスマルクを首相に任命**したときに動き始める。

ビスマルクは議会の反対を押し切って軍備拡張に着手。一八六四年、オーストリアと組んでデンマークと対戦し、シュレスウィッヒとホルシュタイン公国を獲得。ところが、この管理を巡って、オーストリアと戦う羽目になり、勝利したので、今度はドイツ連邦を解体。オーストリアを排除して北ドイツ連邦を組織する。

するとドイツ統一の急速な進展に脅威を感じたのか、ナポレオン三世は、フランスに隣接する西南ドイツに干渉するので、ビスマルクは応戦する。

一八七〇年、戦端は切って落とされ、あっと言う間にセダンでナポレオン三世を降伏させる。

この戦いで、ドイツは西南ドイツを守っただけではない。鉄鉱石資源の宝庫、アルザスとロレーヌ両州を奪取し、賠償金五十億フランを獲得した他、敵国フランスの首都パリに入城。**ヴェルサイユ宮殿にてヴィルヘルム一世のドイツ皇帝就任式を挙行**し、あろうことか、いき高らかに**ドイツ帝国の成立を宣言**するのである。

言うまでもないが、ビスマルクもまた、この日以来、二十年間、ドイツ帝国宰相として辣腕《らつわん》を奮うことになる。総じて、この時代を俗に「ビスマルク時代」というが、外見上は立憲君主国であり、君主政体を象《かたど》っているものの、**ビスマルク独裁の政体運営であった**ということである。

ドイツ建国の父と言ってよい。

ドイツ帝国の成立過程

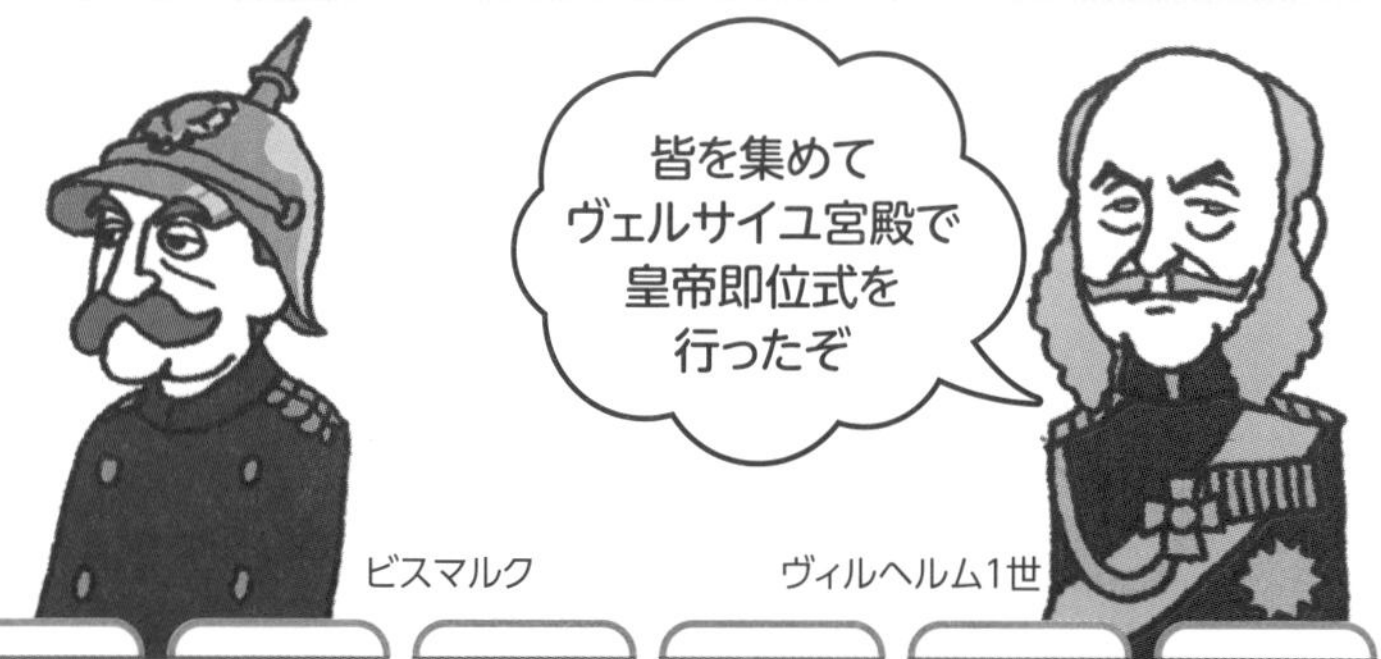
皆を集めて
ヴェルサイユ宮殿で
皇帝即位式を
行ったぞ
ビスマルク
ヴィルヘルム1世

ナポレオン・ボナパルトの傀儡国家、ライン同盟

1815年
ウィーン会議の結果として、35君主国と4自由市で構成されるドイツ連邦が成立

1834年
プロイセン中心の経済連合としてドイツ関税同盟が結ばれる

1848年
ウィーン・ベルリン暴動（三月革命）が起こるも鎮圧される

1861年
プロイセン王ヴィルヘルム一世が即位
翌年ビスマルクが首相に

1867年
プロイセン中心の国家連合として北ドイツ連邦が成立

1871年
ドイツ帝国が成立
ヴィルヘルム一世は皇帝、ビスマルクは宰相となり、「ビスマルク時代」を現出する

Column

マルクスも驚いたパリ・コミューン

ナポレオン三世の退位後、パリに成立した国民防衛政府は、侵入してきたドイツ連合軍に抗戦したものの敵わず、一八七一年一月、力尽きて降伏する。

そして、共和派ティエールを首班とする臨時政府が成立し、ドイツと仮講和条約を締結する。

だが、納得しないパリ市民は市内街路にバリケードを組み上げて解放区とし、「革命的自治政府（パリ・コミューン）」を樹立。結局、二重権力的状況になる。

これを聞いて驚き、狂喜したのがカール・マルクス。彼は端的に総括。曰く、「初の労働者独裁権力である」と。以後、その実現を目指して戦う革命家をコミュニストと呼ぶようになる。

外野席 **「愚者は経験に学び、賢者は歴史に学ぶ」** プロイセンのユンカー出身の鉄血宰相ビスマルクが言ったという名言。元々の由来を辿るとそれらしき言葉に出会う。曰く、「愚者は自分の経験に学ぶという。私はむしろ他人の経験に学ぶのを好む」。どうも、この辺から変形して表記のような洗練された文章になったのではなかろうか。

1861年〜
アメリカ　南北戦争

61 黒人奴隷を巡る南北アメリカの二つの価値観と相違点

「人民」のための政治に秘められた矛盾と発展の原動力。

独立戦争以来、連邦政府は「西部開拓」を奨励し、東部の植民地開拓時代を良く思わない人々を西部の開拓へ送り出した。植民地開拓時代の伝統や規則に縛られない西部は自由の天地として夢と希望を膨らませてくれたからである。

もちろん、そこには矛盾があり、まったく問題にされなかったのが先住民、ネイティヴ・アメリカン（いわゆるインディアン）の対応だった。**連邦政府が主導する白人による武力討伐が進められるか、詐欺同然の取引で彼らの先祖伝来の土地を奪い取って開拓が進められた**のだった。

そうして西部開拓が太平洋岸に到達したとき、今度は新しい問題が表面化する。

産業革命が進み、資本主義が浸透したアメリカ北部はイギリスに対抗する必要上、強力な連邦政府と保護貿易が不可欠であった。そして、黒人奴隷制には人道的に反対していた。対する南部は、黒人奴隷を使用せざるを得ない大農場が中心の農業社会であり、奴隷制存続と州独自の自治権保護、自由貿易を要求していた。

南北双方の対立点には妥協の余地がなかった。

一八六〇年、北部の利益代表、リンカンが大統領に当選すると翌六一年、南部諸州は連邦国家から離脱し「アメリカ連合国」を結成した。結局、一つの連邦国家が二つに分かれて戦うことになるのであるが、結果は改めて言うまでもなく、**北軍勝利、アメリカ合衆国の再建、再統一が成し遂げられたこと**は知られている通りである。

その際、リンカンがゲティスバーグで犠牲者を偲《しの》ぶ追悼演説で述べたのが**「人民の、人民による、人民のための政治」**という名演説であった。

アメリカの奴隷解放の動き

奴隷とされている全ての者は永遠に自由の身である
リンカン
ミズーリ州
アメリカ合衆国
南北戦争
アメリカ連合国
1808年 奴隷貿易が禁止される
1820年 ミズーリ州を奴隷州とするミズーリ協定が成立する
1833年 アメリカ奴隷制反対協会が設立される
1850年 逃亡奴隷取締法が制定される
1854年 ミズーリ協定が廃棄される
1861年 アメリカ連合国が建国する 南北戦争が始まる
1867年 奴隷解放が宣言される
1865〜1870年 黒人の権利が認められ始め、最終的に1870年、黒人初の上院議員が誕生

Column

領土拡張は天命だった？

東部十三州から発足したアメリカ合衆国は、一八〇三年、ミシシッピー川以西のルイジアナをフランスから買収したのを皮切りに領土拡張に乗り出す。

一八一九年、スペインからフロリダを買収、四五年テキサス、四六年オレゴンを合併。そして、四八年にはメキシコと戦ってカリフォルニアを獲得し、ついに領土は西部の太平洋岸に到達する。

そこで彼らは「明白な天命」というスローガンを叫ぶ。曰く、「Manifest Destiny」

領土の拡大と開拓は、神がアメリカ人（白人）に与えた明白な天命であると！ だから、すべてが許される、と。そうなのか？

外野席 **意外と知らない「南北戦争」ドキュメント** 南北戦争は断然北軍が有利だった。23州人口2200万人の北部に対し、南部は11州900万人（奴隷含む）。北部はまた工業力で勝り、武器・弾薬、衣類等、モノがあり、鉄道網があった。だが南部は防衛戦争であり地理を熟知し、有能な軍人が揃っていた。結局、北軍は物量作戦で勝った？

1867年
日本　明治維新

62

迫る外圧に日本が選択した「明治維新」という特異な道

尊王攘夷から開国維新に至る幕府内外の維新の志士の決断。

欧米列強による植民地支配の嵐は、徳川幕府が統治する東アジアの小国日本にも吹き荒れた。**アメリカの東インド艦隊司令長官ペリー提督の来航は、三代将軍家光以来、長い間、鎖国政策を採ってきた徳川幕府の存立を根本から揺さぶった。**

しかし五四年、幕府は周囲の反対を押し切って「日米和親条約」を結び、五八年には「日米修好通商条約」を結んで開国を断行したため、国内世論は沸騰。紆余曲折を繰り返した後、「尊王攘夷《そんのうじょうい》」から「討幕開国」にスローガンが変わり、**一八六七年、新政府が樹立**される。

新政府は急ピッチで近代国家建設に着手するのであるが、世界史上、どこにも見られない形で改革作業を開始した点が注目される。十五代将軍徳川慶喜《よしのぶ》が「大政奉還《たいせいほうかん》」したのに倣《なら》って、大名諸侯と武士団が自ら特権的身分と待遇を放棄し、領地と領民を天皇に返還したことである。

旧時代の支配者が新時代を体現する新政府に対し、自ら「版籍奉還」「廃藩置県」を実行して新国家建設に貢献するなどということは、古今東西の歴史上、聞いた試しがない。明治の改革を「明治維新」と呼び、欧米諸国のように革命と言わないのはそういう理由がある。

繰り返すが、明治維新は革命ではない。

小規模の反乱があり、武力紛争を伴っていたものの、将軍以下、大名、武士に至るまで真摯《しんし》な協力があったからこそ、明治新政府は近代国家建設に邁進できたのである。危ういバランスシートの上で綱渡りの毎日だったのだから。

アジアの国々が次々に欧米諸国の植民地に落ちて行く中で唯一、免れたのも偶然ではない。

幕末期重大事件年表

1853年	ペリー浦賀来航、翌年再来航
1854年	日米和親条約締結 日露和親条約締結
1858年	日米修好通商条約締結
1863年	薩英戦争
1864年	四国艦隊（英・仏・米・蘭）下関砲撃
1866年	改税約書調印
1867年	兵庫開港 徳川慶喜、大政奉還 王政復古の大号令

Column 植民地化を免れた理由は？

明治人は賢い人たちだった。

法外な高額給与を払って外国人を招き、その指導下で鉄道を敷き、鉱山を掘り、大学を設立し、砲兵工場や造船所を造り、郵便電信事業を手掛け、海運事業に乗り出し、製糸工業を起ち上げた。

こうした基盤事業を整備した上で徴兵制による常備軍を編成した。士族（旧武士団）と平民の区別なく、満二十歳になった男子を徴兵して近代国家独立の基礎を固めたのである。偶然ではない。

植民地支配下に呻吟《しんぎん》するインドや清国を横目で見ながら取り組む殖産興業、富国強兵だからこそ、一刻も休むことはできなかった。それができたからこそ、独立が保たれたと言ってよい。

外野席 **「朝幕共に外国に頼らず」** 幕府の勝海舟と大久保一翁は「徳川存続の道は謝罪恭順の他にない」と徳川慶喜を説得。「フランスの援助を受けて薩長と戦えば、イギリスが薩長を支援する。内乱に外国を介入させれば日本の破滅」。対する薩摩の西郷隆盛も「我が国のことは我々の尽力すべき事、外国に頼む面皮はない」ときっぱり。

63 東アジアに漂う古代中国の亡霊と帝政ロシアの野望

隣国朝鮮の安定なしに日本の安全はないという国防論議から火がついた。

1894～1905年
日清＝日露戦争

明治維新による新政府の成立早々、日本は厳しい国際社会の洗礼を受け、きれい事では済まない問題に直面する。**イギリス、フランス、ドイツの欧米列強による清国侵略、北方の大国ロシアの南下が凄《すさ》まじく、日本の独立自体、危うくなる。**

こうした中で、肝心の清国は古代以来、長く続いた「中華思想」が根強く残っているため、日清協働の力で欧米列強の侵略に対抗できず、逆に周辺諸国を「臣下扱い」するだけだった。朝鮮が開国し、近代化の道を歩もうとすると「宗主国《そうしゅこく》」ぶって指図し、妨害するばかり。

やむなく**日本は朝鮮の自主独立権を尊重し、その回復を図りつつ、日本の安全保障を確立するために清国に宣戦布告。圧倒的勝利**を得て新興国ニッポンの名を世界に知らしめるのだが、はなはだ不愉快な出来事が発生する。

ロシアがフランスとドイツを誘って、「下関条約」で清国から割譲された台湾、遼東《りょうとう》半島、澎湖《ぼうこ》諸島の内、遼東半島を清国に返還するよう、親切ぶって勧告してきたのだ。満州に大きな利権を持つロシアには見過ごせないことだったのである。

対抗するほど、武力のない日本は隠忍自重して外交努力をしながら臥薪嘗胆《がしんしょうたん》の思いで軍備増強に励み、**明治三十七年（一九〇四）初め、対ロシアに宣戦を布告。**陸軍は多大な犠牲を払って旅順《りょじゅん》を落とし、奉天を制圧。海軍もバルチック艦隊を玄界灘で捕捉撃滅。完全勝利を果たした。

その結果、「ポーツマス講和条約」で朝鮮に対する監督権、満州の租借権、南樺太《みなみからふと》と付属諸島の領有、沿海州とカムチャッカの漁業権を獲得。その背後には日英同盟の支援があったことも見逃せない。

日清日露戦争と講和条約

日清戦争

清
- 日本の提案を拒否
- 朝鮮への宗主権の正当性を主張

1894年8月〜1895年4月

日本（Win!）
- 東学党の乱に端を発した内乱を日清両国で共同で鎮圧し、内政改革推進を提案
- 清国の宗主権の下に置かれた朝鮮を解放し、日本の勢力下にする意図をもつ

1895年4月

下関条約

- 清国は、朝鮮の独立を承認する
- 清国は、日本に賠償金を2億両を支払う
- 清国は、日本に遼東半島・台湾・澎湖列島を割譲する

※ただし、遼東半島は11月、三国（露・仏・独）干渉により3000万両と引き換えに清国に返還

日露戦争

墺・独・伊（三国同盟）

独：露をバルカン半島から遠ざけるため露の東方進出を支持

露 — 露仏同盟 — 仏

1904年4月〜1905年9月

日本 — 日英同盟 — 英

米：露の満州占領に警戒

講和 1905年9月

ポーツマス条約

- ロシアは、韓国に対する日本の優越権を承認する
- ロシアは、日本に中国東北地方の鉄道とそれに付随する権利を譲渡する
- ロシアは、日本に北緯50度以南の樺太を譲与する
- 沿海州などの漁業権を日本に許与する

Column
日露戦争を陰で支えた財務の天才高橋是清

明治三十七年（一九〇四）二月、御前会議でロシアとの国交断絶を決定。すぐさまロシア政府に宣戦布告を発したとき、政府の金庫たる日本銀行には一億五千万円しかなかったらしい。

しかも、開戦ともなれば外国銀行は逃げ出す、軍需物資、その他で使うカネは正貨、国際決済通貨で支払うとすれば、残りは六千五百万円。軍事予算の最低見積もりは四億五千万円！　誰が考えても全然足らない。

しかも、日英同盟と言っても、白人対黄色人種の戦いには公然と味方できないというイギリスの苦言、言い訳を聞きながら驚くべきかな、高橋是清は十三億円もの外債募集に成功したのである。

外野席 **ハングル文字は福沢諭吉が広めた**　韓国は「日帝残滓の清算」と言うがハングル文字も清算するのか？　ハングルは15世紀頃、旧朝鮮国王世宗が作ったが、普及したのは19世紀後半。日本が東京でハングルの教科書を作り、学校を建て、朝鮮の子供たちに教えた。ハングル新聞「漢城周報」も創刊した。いずれも福沢諭吉が手掛けた。

1911年
中国
孫文と辛亥革命

64 三民主義を掲げて中国改革の先鞭《せんべん》を成す

清朝打倒の先鞭を付けるが、権力の亡者共の餌食《えじき》になる。

一九一〇年、日本が韓国併合を成し遂げる少し前、**中国では孫文《そんぶん》が中国同盟会という革命団体の連合組織を結成**していた。「三民主義」（民族独立・民権伸長・民生安定）を唱え、「四つの綱領」（駆除韃虜《たつりょ》・恢復《かいふく》中華・創立民国・平均地権）を掲げて、着実な革命運動を開始したのである。

翌一一年、清朝は国内幹線鉄道の国有化を宣布した。アメリカ、イギリス、フランス、ドイツの四ヵ国借款団からの資金借入の担保目的でなされたことであったが、鉄道建設や利権回収に従事していた民族資本家や有力者を激怒させた。

孫文ら同盟会にとって戦いの烽火《ほうか》を上げるには願ってもないチャンス。革命の火の手は湖北省の武昌から上がった。火の手は、たちまち各省に広がり、わずか一カ月間でほとんどの省が「独立宣言」を発する勢いだった。

アメリカとイギリスの遊説旅行から帰国した**孫文は、すぐ臨時大総統に選出され、南京において中華民国の建国宣言が発せられた**。しかし、清朝は未だ健在であり、北洋軍の実力者、袁世凱《えんせいがい》を総理大臣に任命して全権を与えたのであった。

ところが、権力に執着する野心家、袁世凱は革命派と取り引きし、宣統帝《せんとうてい》（溥儀《ふぎ》）の退位、共和制の実現を条件にして自ら臨時大統領に就任。これが狙い目だったので、一旦、権力を手中に収めると豹変。野に下った無冠の帝王、孫文ら革命派を徹底的に弾圧するのである。

滅亡した清朝に代わって、独裁政権と化した袁世凱はより強権的な権力を振るうようになる。その結果、革命に失敗した孫文は、よく知られているように日本に亡命。再び中華革命党を結成し、時の来るのを待つ身となるのである。

孫文の動きと清朝の滅亡

1894年 孫文が興中会を結成

1905年 孫文が興中会を中心に中国同盟会を結成（三民主義を唱える）

1907年 中国同盟会が各地で武装蜂起

1911年 四川で暴動、辛亥革命が勃発

1912年 中華民国が成立、宣統帝が退位（清朝の滅亡）袁世凱が臨時大総統に

1913年 孫文が革命に失敗し、日本に亡命

1914年 孫文が中華革命党を結成

Column

孫文を支援する大陸浪人たち

辛亥《しんがい》革命が起きると日本の世論は二通りの反応を示した。

予てより孫文と親しく、縁故の深い結び付きを持っていた者は古くさい中国をぶち壊し、新しい国造りに励むことができると喜んだ。頭山満《とうやまみつる》や犬養毅《いぬかいつよし》である。

しかし、山縣有朋《やまがたありとも》ら陸軍の大御所は隣国が共和制になるのを嫌い、内閣とは無関係に『帝国国防方針』を決定。清朝の存続を望んだほどで後の軍部暴走を予見させる芽がすでに胚胎されていた。

他に「大陸浪人」と称する正体不明の「勝手連」のような人々もいるが、何とも言えない。本人の志とは別に、日本本土の国家主義とか、対外膨張主義に利用される傾向があった。

外野席 **盗賊と変わらない軍閥集団** 清朝崩壊後、蒋介石による中華民国成立に至るまでの間、中国は割拠する封建領主のように各地で私兵を養う軍閥が現れ、欧米列強の支援を受け、地主階級と結び付いて好き放題の乱暴を働いた。軍閥同士はなれ合い程度の戦闘を重ね、離合集散を繰り返し、ようやく蒋介石の登場を待って統一される。

65 誰が勝者か？ 果てしなく続く消耗戦＝マルヌの戦い

弾丸消費量が予想の二十倍、四十五万発。戦争とは何か？

1914年〜
セルビア
第一次世界大戦

一九一四年六月二十八日、ボスニアの首都サラエボを訪問中のオーストリア、ハプスブルク家の皇太子夫妻が突然、セルビアの暗殺者集団に狙撃されて死亡する事件が起きる。

当然、**オーストリア政府はドイツの同意を得た後、セルビアに宣戦布告すると列強諸国も次々に参戦の意思表明をした。**オーストリアがセルビアに侵入し、それぞれその後ろ盾になっているドイツとロシアが参戦すれば、自動的にドイツとフランスの戦いになることは目に見えていた。

フランスとロシアは連合国側なので、ロシアがドイツと戦端を切って落とせば、**フランスとドイツが戦うのは誰もが予想する**ことができた。ドイツは二面作戦をするほど、余裕がない。おそらく、主力をフランスに集中するだろう。その際、イギリスは世界帝国として中立を守るだろう——。

実際の戦局はほぼ予想通りになった。

ドイツ軍はルクセンブルクに侵入し、ベルギー領内に殺到した。間もなくフランス軍が反撃し、激戦となった。このとき、両軍参謀本部が試算した砲弾消費量は一日当たり二万発だったが、最高潮時の生産量は一日平均三十〜四十五万発でも間に合わなかったという。

予想をはるかに上回る砲弾消費量であった。戦争の性格が兵員の戦闘中心から物量作戦になり、戦闘が塹壕《ざんごう》戦となったため、全面的な膠着《こうちゃく》状態に陥ってしまった。これによって、**ドイツの作戦は早くも挫折。勝利への道は閉ざされる。これをマルヌ会戦と言い、戦争形式を一変させた戦いとして歴史上に記録される。**

戦争は総力戦時代に突入したのである（※コラム参照）。

同盟国と連合国

1882年

ドイツ、オーストリア・イタリアと三国同盟を結成

1914年

6月	サラエボ事件
8月1日	ドイツ、ロシアに宣戦布告
8月3日	ドイツ、フランスに宣戦布告し、中立国ベルギーに侵入
8月4日	イギリス、ドイツに宣戦布告
8月23日	日本、ドイツに宣戦布告
10月	同盟国側にオスマン帝国が参加

1915年

5月	連合国側にイタリアが参加
10月	連合国側にブルガリアが参加

1917年

連合国側にアメリカが参加

1918年

9月、ブルガリアが降伏

Column

近代兵器が続出した第一次世界大戦

ドイツの短期決戦計画にも関わらず、戦争が長期化したので同盟国、連合国共、毒ガスを使用したのを始め、様々な新兵器を考案し、実験的に戦場に投入した。

代表的な例はタンク（戦車）、塹壕戦対策用兵器として考案された。また、空中からの偵察や爆撃のために生産されたのが飛行機だった。さらに海上権を支配されても水中交通には影響のない潜水艦等々。

製鉄技術や科学技術の発達なしには考えられない、時代の変化を象徴する動きである。戦争は兵士と兵士の戦いと言うよりは、国家と社会の総合的な仕組みや発展的な生産力の在り方によって決定される総力戦時代になってきたと言ってよい。

外野席

「死の商人」ノーベル A・ノーベルは実験中、弟や研究仲間を爆発事故で失いながらニトログリセリンの実用化に成功。鉱山採掘や土木工事で使われ、50カ国で特許を取得、100カ所の工場でフル稼働。億万長者になるが、ほとんどの財産を知人に横取りされる。死の商人と言われ、ノーベル財団設立の遺書を書き他界している。

66 ヨーロッパ中心の列強体制がアメリカ中心に変わる

アメリカがイギリス、フランスの経済的援助の形で世界の大舞台に立つ。

第一次世界大戦は、オーストリアがセルビアに宣戦布告すると同時に列強諸国も次々に参戦の意思表明をした。オーストリアがセルビアに侵入すれば当然、その後ろ盾になっているドイツとロシアが参戦する。そうなれば、自動的にドイツとフランスの戦いになる。

戦場が拡大し、世界規模になってくると主戦場から離れている**アメリカも戦争に巻き込まれる**ことは必至の情勢だった。実際、イギリスの海上封鎖に対抗し、ドイツが潜水艦による反撃を開始。イギリス商船を撃沈したところ、百数十人のアメリカ人が犠牲になった。

さらにドイツは指定航路以外を通る船舶は無警告で攻撃すると宣言したため、「中立」を宣言して再選されたアメリカ大統領のウィルソンであったが、ドイツと国交断絶。**一九一七年四月、ドイツに宣戦布告**せざるを得なくなる。

とは言え、資本主義の祖国イギリスが、かつては自由貿易主義を標榜して世界に君臨したようにアメリカもまた、保護関税貿易よりは自由主義を唱えて台頭しつつあったため、直接的な武力攻撃よりも連合国に対する経済的援助、ドル借款《しゃっかん》という形で対応している。

その結果、**戦争で疲弊《ひへい》し、弱体化したヨーロッパに代わって、新しい資本主義を創造するアメリカが世界の中心になる**。世界大戦はヨーロッパを興廃させたが、アメリカには空前の繁栄をもたらしたからだ、戦前のアメリカは債務国だったが、終戦時は約百億ドルの債権国になっていた。

また、世界の金保有高の半分がアメリカに集中。イギリスに代わる実力を備えていたのである。アメリカが世界の中心になる。

第1次世界大戦までのアメリカの動向

米英戦争
VSイギリス
1812年〜1814年
交戦国イギリスからの輸入が途絶えたため、国内商工業が発展する
南北戦争
1861年〜1865年
戦争が終結すると、北部と南部が結びついて商工業都市の大規模な発達を促す
米西戦争
VSスペイン
1898年
戦勝し植民地を獲得したため、経済規模が巨大化する
ウィルソン大統領
第1次世界大戦
1914年〜1918年
直接参戦ではなく、ドルによる参戦国援助をしたため、債務国から最大債権国となる

Column

平和を願うロマン・ローラン

ヨーロッパが戦争一色に塗り潰されてしまったとき、平和を願うヨーロッパの良心はスイスのジュネーブに集まった。その中に『ジャン・クリストフ』でノーベル文学賞を受賞したフランスの作家ロマン・ローランがいた。彼はあらゆる国々の社会主義者が好戦主義者と妥協し、それまでは激しく戦争反対を唱えていたのが妥協し変節したからだという。

では、このとき、レーニン率いるボルシェビキ党が「戦争を内乱に転化せよ」と叫び、十月革命を準備していたことを知らなかったのであろうか。批判は簡単。実践、実学はなかなか難しい。レーニンは、このとき、社会民主党と訣別。共産党を結党している。

外野席 **エジソンとフォードは大親友** 19世紀の終わり頃、ある夕食会で蒸気自動車か電気自動車かガソリン自動車か、議論になった。話題になったのは電気自動車だったが、エジソンはフォードがガソリン自動車を作ったと聞いて質問攻めにした。フオードはそれでガソリン自動車作りを決心したという。以来二人は大の仲良しになった。

1917年
ロシア革命

67

「帝国主義戦争を内乱に転化せよ」

共産党誕生、反戦運動が革命のスローガンになる。

近代化が遅れたロシアは、世界大戦が始まるとたちまち弱点を露呈した。前線で戦う兵士に対して、弾薬はおろか、衣料、食品も満足に支給できず、国内でも極端な物資不足が続いたため、労働者と農民、兵士の間で**戦争を継続する政府に対する不満と批判が高まった。**

一九一七年二月、パン屋の前にできた行列がデモになり、ストライキが始まるとたちまち各地に伝播《でんぱ》した。一九〇五年の経験があったので、ごく自然に**「ソヴィエト（評議会）」が労働者の間でも兵士の間でも結成**された。

ところが、社会革命党と社会民主党少数派（メンシェヴィキ）は自由主義者と手を組んで臨時政府を樹立。皇帝ニコライ二世は退位したので、ロマノフ王朝は滅亡（二月革命）。眼前には、臨時政府と労働者・農民・兵士ソヴィエトが並立する二重権力状況が出現する。

そのとき、スイスに亡命していたレーニンが帰国し、議会主義的共和国ではなく、労働者・農民・兵士代表機関であるソヴィエトが権力を掌握する共和国を樹立するよう、呼びかけた（四月テーゼ）

「全権力をソヴィエトへ」「帝国主義戦争を内乱に転化せよ」と叫び続けた。

戦争を継続する臨時政府に真っ向から反対する方針であり、十一月七日、**レーニンはトロツキーと共に武装蜂起して臨時政府を打倒。全ロシア・ソヴィエト会議で新政権樹立を宣言する**のである。これが「十月革命」である。

政権樹立後、レーニンは『平和に関する布告』によって全交戦国に無賠償・無併合・民族自決による講和を呼びかけ、『土地に関する布告』を発表するが、それは壮大な実験であった。

ロシア革命の経緯

1914年

第一次世界大戦勃発

近代化の遅れていたロシアは戦況不利、食料不足などという弱点を露呈した。

ツァーリズムの打倒へ

1917年

3月 ペトログラード暴動を経て、三月革命が起こる「ソヴィエト」と「臨時政府」の二重権力となる

4月 レーニンが「四月テーゼ」を提案「全権力をソビエトへ」「戦争を内乱に転化せよ」

11月 レーニンが新政権を樹立。社会主義革命を急速に進める

Column

プロレタリア独裁？共産党独裁でしょ？

革命の元祖、マルクスとレーニンは「資本家階級（ブルジョワジー）」による「賃労働者（プロレタリアート）」に対する独裁を逆転させるのが独裁だと主張した。

これを有《あ》り体《てい》に説明すれば、圧倒的多数派のプロレタリアートによるごく少数のブルジョアジーに対する独裁、すなわち、圧倒的多数派による少数派に対する独裁だから民主主義の実現だ、と。

しかし、独裁が暴力的に執行される限り、民主主義は「絵に描いた餅」であり、実際的な報告は正反対になる。さらに権力を執行する共産党独裁になってしまうのである。何度も革命は行なわれているが、民主的な革命などは見たことがない。

外野席 **連合国のロシア革命干渉戦争** 1919年4月、黒海に駐屯中のフランス艦隊が革命ロシアの影響を受けて反乱。北部ロシアでも米、英両軍に反乱が起きた。軍隊は撤退し、代わりにロシア国内の反革命勢力コルチャック軍に1億ドルの借款と膨大な兵器と弾薬が贈られた。南ロシアのデニキンにも借款の他、航空機、戦車等が贈られた。

68

アメリカ抜きのアメリカ体制＝国際連盟の発足

激変する第一次世界大戦後の世界秩序。大西洋から太平洋へ。

1919年
アメリカ　国際連盟

一九一九年一月、パリにおいて世界大戦の講和会議が開催された。会議の基調をなしたのは**アメリカ大統領ウィルソンが提案する「十四カ条の綱領」**である。ヨーロッパ諸国の古くからの伝統的な体質や慣例がやり玉に挙げられた。

具体的に言えば、秘密外交の廃止や関税障壁の撤廃、軍備縮小、ヨーロッパ諸国民の民族自決、植民地問題の公正な解決などだ。しかし、イギリスのロイド・ジョージやフランスのクレマンソーらに受け入れられるはずがない。ウィルソンの提案は部分的な実現に留まった。

それにしても、敗戦国ドイツは全ての植民地を失い、アルザス＝ロレーヌやポーランド、デンマーク等の国境地帯を割譲した他、莫大な賠償金（一千三百二十億金マルク）を課せられた。オーストリアはドイツ人だけの小共和国になった。ハンガリーやチェコスロヴァキア、ユーゴスラヴィア、ポーランドが独立した。そして、シリアはフランス、イラク、トランスヨルダン、パレスチナはイギリスの委任統治下に入った。**大幅な世界秩序の変更**だった。

この戦後秩序を実行するために**国際連盟（本部＝ジュネーヴ）が創立された**のであるが、ドイツとソヴィエトは最初から排除され、提案者たるアメリカ自身が国内の合意が得られず、参加できないという妙な体制となった。

それにも関わらず、**保守的なヨーロッパの身動きのならない旧秩序に代わって、若くて、自由な才気あふれるアメリカが国際舞台にデビューする機会を与えられた**のは幸いだった。この後、アメリカなしには到底解決できない難問が次々に勃発するのである。

国際連盟のしくみと働き

国際連盟の集団安全保障

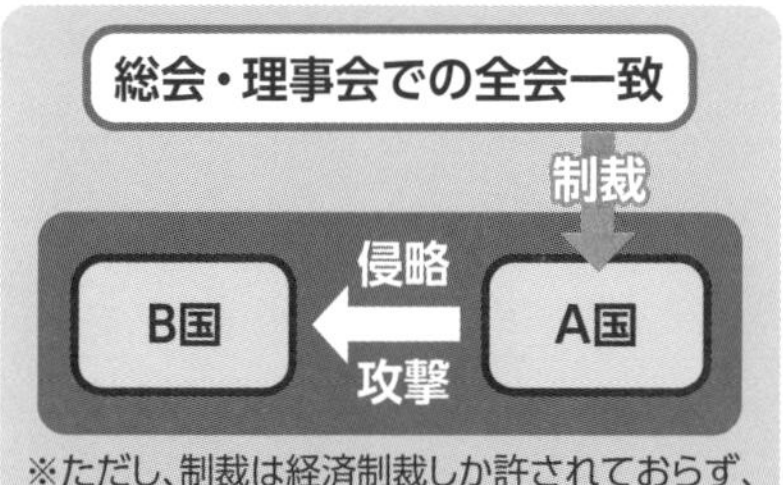

※ただし、制裁は経済制裁しか許されておらず、実効力が乏しかった。

国際連盟のしくみ

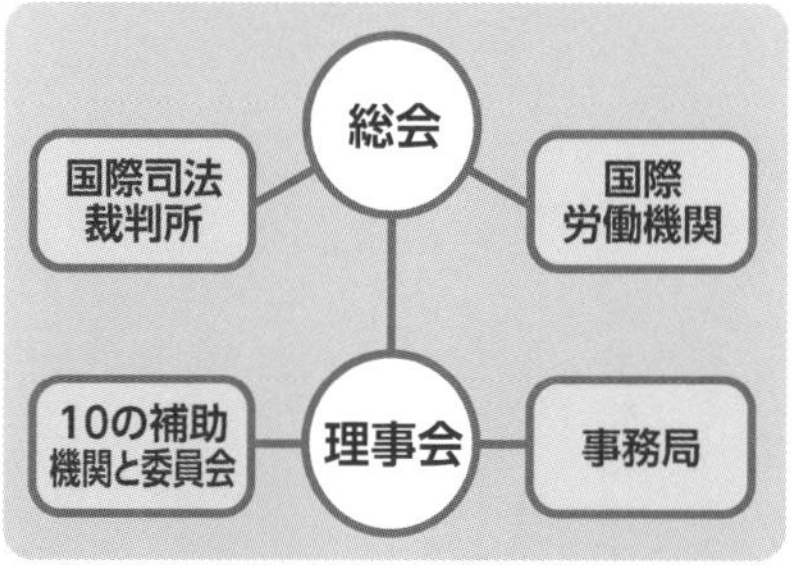

1920年
国際連盟が設立される。もともとアメリカ大統領ウィルソンの「14ヵ条の平和原則」に基づいて設立されたが、そのアメリカは国際連盟に不参加、42ヵ国の加盟で発足した。

1926年
第一次世界大戦の敗戦国ドイツが加盟
加盟

1933年
満州国問題で日本が、ファシズム台頭のドイツが脱退
脱退

1934年
ソヴィエト連邦が加盟
加盟

1937年
ファシズム台頭のイタリアが脱退
脱退

1939年
ソヴィエト連邦が除名される
除名

Column

ガンジーの願い 不服従・非暴力運動

イギリスは世界大戦の終了後、インドに自治権付与を約束して兵員と物資の供給をしてもらったが終戦後、約束を守らなかった。それどころか、澎湃《ほうはい》として沸き起こる民族独立運動の弾圧に動き回ったのであった。

このとき、稀有な形で民族運動、独立運動に甚大な影響を与えたのがガンジーだった。彼は自治権獲得を目指す運動を「非暴力・不服従の運動」という形で展開。反英、反帝国主義の運動を吸収した。

イギリスなど欧米列強の文化に馴染まず、原始的な手法で糸紡ぎをしたり、塩を精製する姿がインド人の心をとらえたのだろうか。いかにもインド的だった。

外野席 **国際連盟で人種平等を訴えた日本** 第一次大戦中、アメリカ大統領ウィルソンが講和のための14カ条を提案。日本も会議で人種平等案を提出。人種や国籍で差別を受けないというもので、12対5で可決したが、ウィルソンは全会一致の原則を言い立て、拒否する暴挙に出た。白人優位を突き崩す提案は受け容れられなかったのである。

69

金本位制を崩壊させ、再度の植民地争奪戦突入

ブロック経済と自給自足経済へ逆行する世界の行方。

1929～33年
アメリカ　世界恐慌

一九二九年十月二十四日、ニューヨーク株式取引所は一日だけで一三〇〇万株も売りに出され、続く十月二十九日は、一日で平均四三ポイントも株価が下がり、二か月前の半分に落ち込んだ。いわゆる「暗黒の木曜日」である。これが**世界経済の破局、大恐慌の前触れだった。**

　いまや、アメリカは世界経済の中枢を占める国であり、アメリカが風邪を引けば世界中がくしゃみをする関係になっていた。以後、三三年に至る間、世界の工業生産額は半分近くまで落ち込み、世界貿易の取引量は七〇％も減少した。

　こうした中で、**アメリカ資本が次々に引き上げられたため、各国の準備金は激しく流失し、金本位制度の維持は困難になってきた。**三一年九月、まずイギリスが金の兌換を禁止。外国為替《かわせ》を管理して金本位制を離脱したことが世界経済の転換を促がすきっかけになった。

　自動的にアジアの植民地諸国と南アメリカ諸国、北ヨーロッパ諸国も金本位制に留まることができなくなった。金本位制に留まった国々も関税障壁を高くしたり、平価を切り下げるなどをして貿易戦争を有利に導こうとしたので、**世界経済の分裂と対立はますます激しくなった。**

　ここで注目しておきたいことは、そうした混乱を前にしながら**国際連盟は何の力を行使することもできなかった**ということである。**イギリス連邦に続いて、フランス、アメリカも封鎖的な経済圏、すわち、「ブロック」を作り、それぞれ自国に関係の深い国と地域を囲い込むようになる。**

　そこで問題が出てくるのは「ブロック」ができる国はいいが、できない国はどうするか、という問題だった。ドイツ、イタリアは？

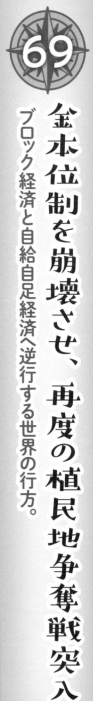

世界恐慌の影響

持てる国

アメリカ
- ドル・ブロック
- ニューディール政策
- 中南米諸国との善隣外交

イギリス
- スターリング・ブロック
- 金本位制の廃止
- 失業保険費の圧縮

フランス
- フラン・ブロック
- 仏ソ相互援助条約の締結
- 人民戦線内閣＝フランス・ファシズム内閣の成立

持たざる国

ドイツ
- ナチス内閣の成立
- 国際連盟からの脱退
- 再軍備の宣言

イタリア
- ファシスト党内閣の成立
- エチオピアへの侵入
- 国際連盟からの脱退

日本
- 拡張路線による満州国の建設
- 国際連盟からの脱退
- 日中戦争

Column

持てる国と持たざる国

簡単に色分けすると持てる国とは、アメリカ、イギリス、フランスの三カ国であり、持たざる国と言えば、ドイツ、イタリア、日本の三カ国である。

持てる国は、それぞれドル・ブロック、スターリング・ブロック、フラン・ブロックを形作って自前の消費経済を形作ることができた。しかし、持たざる国は自国の他に囲い込む地域を獲得しなければならない。戦争覚悟である。

ドイツはヒットラーとナチスのもとで再軍備。イタリアもムッソリーニとファシストのもとでエチオピア侵攻。日本は日中戦争と満州国建設だが、それ以外に方策はなかったのか？　当時としては、それ以外の方策がなかったのかもしれない。

外野席　**世界恐慌時の「金解禁」騒ぎ**　1930年1月ウオール街の大暴落が起きる直前、日本の金解禁。それは台風の真最中に窓を開け広げたようなもので大騒ぎ。ピカピカの金貨と交換されるとあって長蛇の列ができたが、1年半後、停止。激しい金の流出とドル買いが始まり、日銀の準備金は8億円まで急減。イギリスは金本位制から離脱。

70

政局混迷に乗じて台頭するナチズムとファシズム

国民の不安に便乗し、排外主義に転化して権力を振るう。

1922年～
ドイツとイタリア
持たざる国

過去を断罪するのはたやすい。しかし、現実問題としてイタリアのムッソリーニとファシズムに向かい合い、ドイツのヒットラーとナチズムに向かい合わねばならない。それは過去の歴史ではない。現実問題なのである。

イタリアは世界大戦の戦勝国だったが、約束された領土の一部が得られず、大きな不満を残した。また、戦後には激しいインフレに見舞われ、賃労働者の不満は爆発寸前に高まる。

そこで急速に勢力を拡大したのが元社会党員の**ムッソリーニが率いるファシスト党**だった。彼らは左翼勢力を襲撃し、弱体政府を批判することで地主と資本家、軍人の支持を集めた。そして、一九二二年、政権獲得を目指して「ローマ進軍」を開始。ついに権力の座に就いた。

ムッソリーニは一党独裁の強化に乗り出す一方、行き詰った国民経済のはけ口を対外侵略に見出すよう、誘導する。アルバニアの保護国化とエチオピア侵攻である。国際連盟は何もできなかった。

世界恐慌で大打撃を被ったドイツも悲惨であった。ヒトラーとナチス党はそこに食い込んだ。

ヒトラーはドイツ民族の優秀性を訴え、ヴェルサイユ条約の破棄、植民地の再分配、ユダヤ人の排斥を訴えた。そして、不労所得の廃止、トラストの国有化のような、一見すれば反資本主義的なスローガンも叫ばれた。

左翼と間違えられそうなスローガンはナチス党の正式名称が「国家社会主義ドイツ労働者党」であることを見てもわかる通り、わざわざ間違えるように命名している。右も左も不満分子を糾合しやすくしてあったのである。ここにナチス急増のトリックが隠されていた。

二人の独裁者、ムッソリーニとヒトラー

ヒトラー

1883～1945年

ナチスの独裁的指導者。オーストリアに生まれ、ドイツへ移り第一次世界大戦で従軍、戦後ナチスに加入し、1933年、ヒトラー内閣を成立させる。恐怖政治で独裁体制を敷く。

ムッソリーニ

1889～1945年

ファシスト党の独裁的指導者。職人の子としてイタリアに生まれ、社会党に入党。参戦を強硬に唱えたため、党を除名される。その後、反社会主義に転向し、ファシスト党を結成。ファシズム路線を突っ走った。

Column

ナチスの真の目的は何か？

ドイツ保守勢力はナチスの登場にとって初めて大衆を集団化することに成功した。極右団体は他にもあり、単なる陰謀集団か、暗殺団に終わっていた。

しかし、ナチスの場合、突撃隊という武装集団を用いて社会主義運動に対抗し、社会的要求も提出できる能力を持つ行動集団だった。理屈、理論だけに走りがちな青年を行動力を伴う集団に育て上げたという面を否定できない。

問題は、そのベクトルがどこを向いていたのか、左翼とユダヤ人を敵視し、外国民族の排外主義で固めて行った。今度は、いかにすれば世のお役に立てるか、善導しなければいけない。青年のエネルギーを悪用してはならない。

外野席 **持たざる国の宿命＝戦線の拡大** ワシントン条約により、海軍の主力艦の勢力比が英・米・日は10：10：6、補助艦もほぼ同じ比率で決められた。これに対して軍部、右翼の反発は大きく、五・一五事件、二・二六事件を経て満州事変に繋がって行く。資源を持たざる国が生きて行くには領土拡大、資源獲得しか道はなかった。

71

ナチスの領土拡大に対抗する英仏の国土防衛戦略

世界大戦勃発に弾みを付けた「独ソ不可侵条約」締結。

1938年～
イギリスとフランス
対ナチス戦略

スペインの内乱において、フランコ将軍の反乱を公然と支援したナチス＝ドイツとファシスト＝イタリアは、ソ連や欧米の社会主義者、知識人らの国際義勇軍と戦った経験から国際共産主義運動との闘いを開始する。

ナチス＝ドイツとファシスト＝イタリアが「ベルリン・ローマ枢軸同盟」を結び、ドイツと日本が「防共協定」を結んだのに続き、一九三七年には日独伊の「三国防共協定」が締結される。そして、それぞれが国際連盟を脱退し、三国枢軸《すうじく》体制が構築されるのである。

ナチス＝ドイツは早速、オーストリアを併合。さらにドイツ人が多いチェコスロヴァキアのズデーデンの割譲を要求。一九三八年九月のミュンヘン会議でイギリス首相チェンバレンとフランス首相ダラディエが追認している。

続いて、ドイツはチェコスロヴァキアの西半分（ボヘミア、モラヴィア）を併合し、スロヴァキアを保護国とした。さらにポーランドに対し、ダンツィヒの返還を要求する。このとき、世界をあ然とさせたのは、**ソ連がドイツと「独ソ不可侵条約」を締結した**というニュースだった。

ここに至り、一九三九年九月、イギリスとフランスは、ようやくドイツに宣戦布告。重い腰を上げる。**第二次世界大戦の火蓋が切って落とされる。**だが、ドイツはデンマーク、ノルウェー、オランダ、ベルギーを相次いで制圧。ついでフランスに侵入し、パリを占領する。

しかし、独ソ不可侵条約を破り、ロシアの大地に侵入を開始したとき、ドイツ軍はナポレオンと同じく泥沼化と破滅の道にはまり込むのである。

ナチス＝ドイツは自滅する。

第2次世界大戦へのドイツの歩み

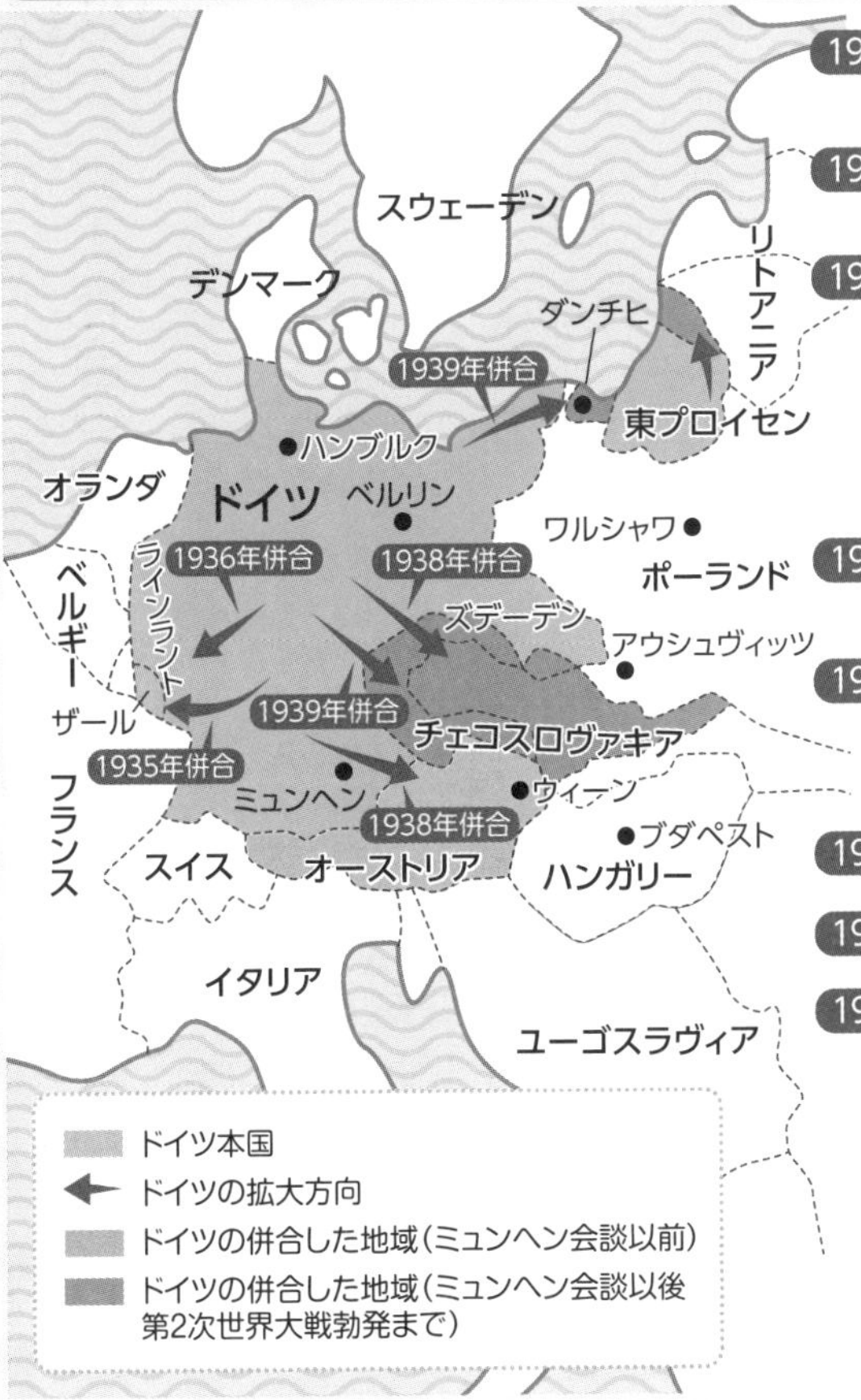

1932年 ナチス党が総選挙に勝利し、第一党になる

1933年 ヒトラー内閣が成立
国際連盟を脱退

1934年 ヒトラーが総統になる

1935年 ドイツが再軍備を宣言
英独海軍協定を締結

1936年 ロカルノ条約を破棄
スペイン内乱に介入
日独防共協定を締結

1937年 日独伊防共協定を締結

1938年 オーストリアを併合

1939年 チェコスロヴァキアを解体
独ソ不可侵条約を締結
ポーランドへ侵攻

↓

第二次世界大戦

Column レジスタンスの英雄、ド・ゴール将軍

ナチス=ドイツ軍のパリ占領によって、フランスは降伏。北半分をドイツが占領し、南半分をペタン政権が統治することになった。

しかし、このとき、ド・ゴール将軍がロンドンにてフランスの亡命政府を組閣し、抵抗を呼びかけた。そして、自由フランス軍を組織して連合軍に参加。

同時にド・ゴール将軍は、フランス国内のレジスタンス運動の結集に努め、アルジェでフランス解放国民委員会を組織した。ここまで来れば、もう臨時政府はできたようなものだった。間もなくフランス共和国臨時政府の首相以下、各閣僚の任務を定めた後、自らパリ解放、パリ入城の陣頭指揮を執ったのである。

外野席 **ルーズベルト大統領のニューデイール政策** ルーズベルトは不況に沈む30年代のアメリカに新しい概念の資本主義を作り出す。民間経済活動に政府が介入し、制限したり刺激、コントロールするようになる。政府自ら失業対策事業や、公社を組織して民間企業と競合することも出てきた。この一連の政策を「ニューデイール」という。

72

やむなく掲げた『大東亜共栄圏』建設のスローガン

白人社会の「欧米列強プラス1」から外された日本は孤立する。

一九三一年九月、日本陸軍の精鋭部隊とされる関東軍が柳条湖《りゅうじょうこ》で鉄道爆破事件を起こし、それを合図にして満州方面に軍を展開したという**満州事変が勃発**した。この件は欧米諸国の批判を招き、国際連盟のリットン調査団による現地調査となったが、真相不明。慎重な調査が求められる。

事の真相は日本がアメリカ資本との満州鉄道の共同経営を拒否し、日本の単独経営を宣言したため、**欧米列強プラス1という国際政治図からプラス1、すなわち、日本が外され、敵側に追いやられた**ということである。

このとき、蔣介石《しょうかいせき》の国民政府は毛沢東《もうたくとう》の中国共産党との内戦に終始しており、一九三四年、追い詰められた共産党は瑞金《ずいきん》からいわゆる長征に出発するが、長征途上、共産党は内戦を止め、抗日民族統一戦線の結成を提案したのであった。

そのとき、父張作霖《ちょうさくりん》を関東軍に殺害されたと思い込んでいる張学良《ちょうがくりょう》は共産党攻撃を主張する蔣介石を幽閉（西安事件）。**内戦停止と抗日戦争を提案。説得工作をした結果、間もなく国民党と共産党の国共合作（第二次）が成立**する。

日本軍は、すでに武漢、広州を占領したものの、重要都市と交通路を確保したというだけのことで、広大な農村部にはまったく手を出す余裕がなく、点と線をつないでいるだけだった。だが、情勢の赴《おもむ》くところ、力づくで南京の汪兆銘《おうちょうめい》を首班とする親日政権を樹立し、**一九三九年、初めて「東亜新秩序建設」のスローガンを掲げる**のである。

こうして事実上、第二次世界大戦に参戦。ハワイの真珠湾攻撃によってアメリカ、イギリスに宣戦布告したため、「大東亜共栄圏」建設の戦いは太平洋戦争と言われる新段階に入る。

日本軍の中国侵攻

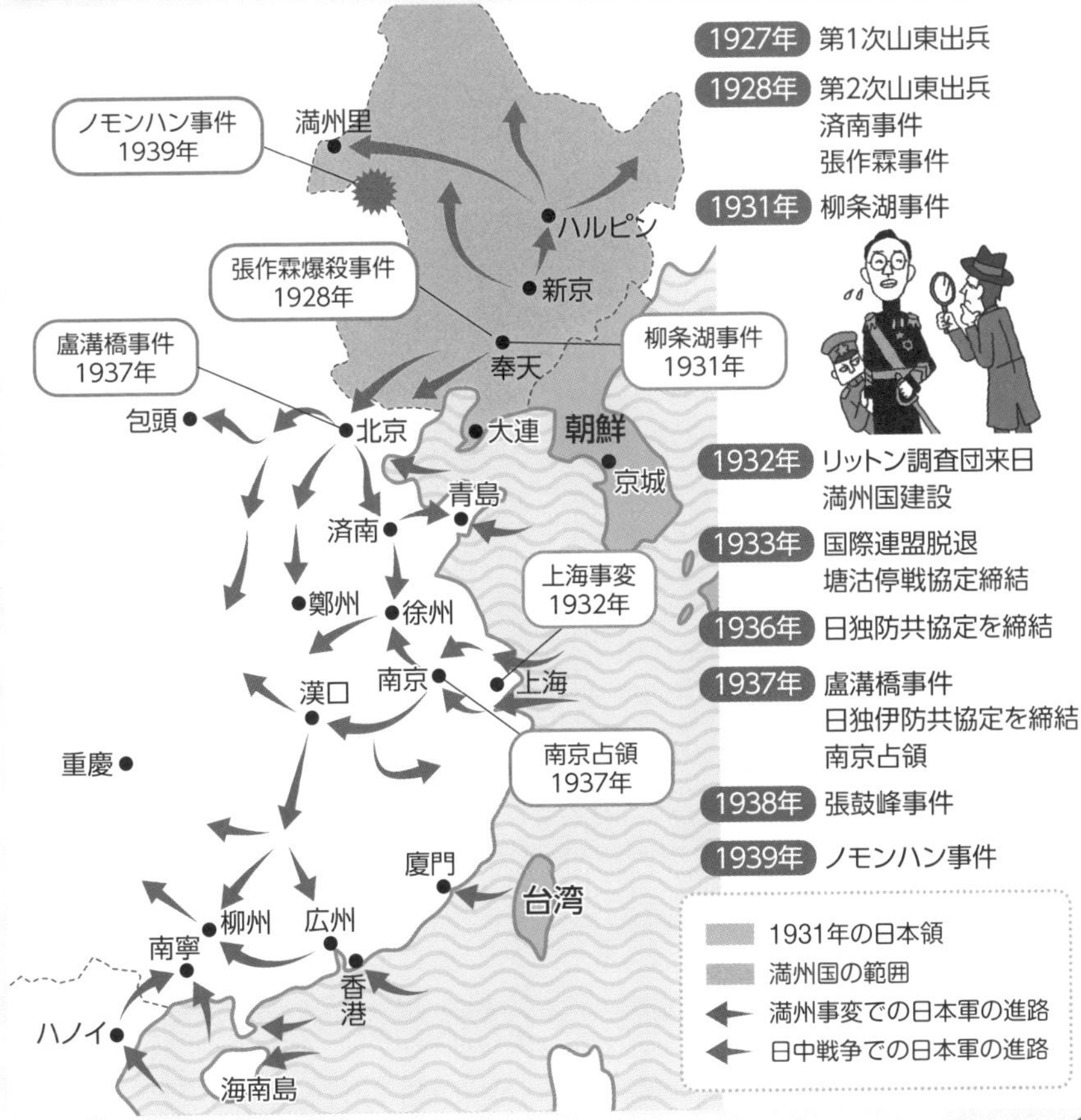

Column 青年将校の反乱は何だったのか?

欧米諸国の世論は日本を「世界の憲兵」「頼れる日本」と好意的に見ていたのであるが、第一次世界大戦後、日英同盟の解消、ロンドン軍縮問題、満州事変に対するリットン調査団の勧告などと厳しい対応をするようになる。

日本においても、軍の中枢を担う青年将校は「日本の行き詰まりは元老、重臣、財閥、政党の無能と腐敗にある」とし、軍中心の強力な内閣を作り、内外政策の大転換を図るべきだ、という動きが出てくる。

「五・一五事件」「二・二六事件」などだ。以後、まっしぐらに「太平洋戦争」にのめり込んでいく。それは、孤立無援の戦いになり、破滅の道となる。

外野席 **日中戦争の発端＝盧溝橋事件** 昭和12年（1938）7月7日夜10時から翌朝5時の間、3度も中国側（蒋介石率いる国民政府軍）から不法射撃を受け、日中両軍が衝突する盧溝橋事件が起きた。これが発端で日中戦争（支那事変）が始まる。日本側の発砲から始まったとされているが、夜間演習中なので実弾を装填していなかった。

73

連合国の総反撃を受け、伊・独・日は相次いで降伏す

原爆投下、ソ連の予期せぬ参戦で日本降伏。ポツダム宣言受諾。

1945年
日本
ポツダム宣言の受諾

アメリカを中心とする連合国は、一九四二年を期して総反撃に移る。特に**アメリカは大西洋、太平洋の両戦線で主力部隊として戦い、一九四三年にはイタリア、一九四五年にはドイツと日本を降伏させたので、第二次世界大戦は終戦した。**

アメリカ軍が太平洋諸島諸地域から日本軍を撃退するとソ連もスターリングラードでドイツ軍を撃破して反撃に転じ、北アフリカに上陸した連合軍もシチリア島を占領。イタリア本土に迫る勢いで、総反撃の体制が整ったのである。

四三年九月、連合軍がイタリア本土に上陸するとムッソリーニに代わったバドリオ政権は降伏。翌年六月には、**アイゼンハワー指揮下の連合軍がノルマンディーに上陸。パリを解放してド・ゴール将軍の臨時政府を樹立**した。

こうしてドイツ軍は東西両面で総崩れとなり、ヒトラーはピストル自殺。四五年五月にはドイツ軍も無条件降伏、武装解除した。残る日本にはアメリカが本土上陸の準備行動として沖縄上陸。八月には**広島と長崎に原子爆弾を投下**して非戦闘員である市民を大量虐殺した。少なくとも投下後、五年間に三十四万人を死に追いやっている。

また、日ソ不可侵条約の破棄後、ソ連は一年有効という規定を破り、**満州を攻略**。約六十万人もの日本人捕虜を厳寒のシベリアに抑留し、強制労働に従事させただけではなく、移動中の日本人家族ら、非戦闘員を襲撃し、筆舌に尽くし難い被害を与えたことを特筆しておきたい。

こうして混乱せる情勢下、日本は昭和二十年（一九四五）八月十四日、無条件降伏を要求する連合軍のポツダム宣言を受諾するのである。日本は敗戦国となる。

日本の第2次世界大戦

1941年12月8日
真珠湾攻撃
マレー半島上陸
さらに香港・マニラ
シンガポール侵攻
太平洋戦争開始
1942年6月5日
ミッドウェーの海戦
敗北
1944年7月
サイパン島陥落
制空権失う
1945年3月
東京大空襲
1945年4月
米軍 沖縄上陸
1945年5月
ドイツ降伏
同盟国失う
1942年8月6日
原爆投下
1945年8月8日
ソ連参戦(日ソ中立条約を無視し宣戦布告)
1945年8月14日
ポツダム宣言受諾
無条件降伏
1945年8月15日
天皇が終戦の詔書放送

Column

大惨劇！東京大空襲

昭和十九年（一九四四）末、サイパン島の日本基地がアメリカに奪取されると皮肉にも旧日本基地はアメリカ軍のB29戦略爆撃機の出撃拠点になる。

知っての通り、B29は日本国中の主要都市を襲い、軍需産業の拠点を集中攻撃するだけでなく、焼《しょう》夷《い》弾《だん》を雨あられのごとく投下して一般市民が逃げられないように退路を塞ぎ、封じ込めて焼殺するという計画的な作戦だった。

翌年三月の東京大空襲では、B29が百五十機の編隊飛行をして下町中心に十九万発もの焼夷弾を投下。一夜にして約十万人の市民を焼殺させた。全国規模で統計すれば、被害は計り知れない。これは戦時国際法違反であったと考えられる。

外野席 **石原莞爾「五族協和」の理想** 満州事変の主唱者、石原莞爾は満州国に居住する民族が平等に協力互恵して国土発展する「五族協和」「王道楽土」建設を主張した。堂々と「新たに建設さるる満州は支那のために失地にあらず、日本のために失地にあらず、日支両国共同の独立国家であると共に諸民族協和の理想郷である」と説いた。

1943～50年
東アジア
独立と解放

74 植民地支配から脱却したアジア諸国の解放と独立宣言

日本の敗戦と同時に始まった戦勝国からの独立＝解放戦争。

日本は「大東亜共栄圏」を旗印にして欧米列強の植民地支配下にあった国々を次々に解放し、アジアのことはアジア人の手に返すという戦いを続けてきた。フィリピン、インドネシア、ミャンマーに親日政権を建て、インドネシア、タイでも解放戦争を支援してきた。

しかし、日本が欧米列強の連合国軍に敗北したため、アジア諸国は再び欧米列強の植民地支配下に戻され、独立と民族解放のために戦わなければいけないことになった。そして、ソ連が介入したため、複雑な構造になった。

まず、日本の直接統治下にあった朝鮮は、北緯三八度線を暫定境界線として米ソ両国が分割支配することになった。南は**李承晩《イスンマン》を大統領とする大韓民国**となり、北はソ連を後ろ楯とする**金日成《キムイルソン》を中心とする朝鮮民主主義人民共和国**となった。

フィリピンはアメリカ軍の支配下になったが、農村部に根を下ろした共産党がゲリラ戦を繰り返したため、落ち着かなかった。フランス領インドシナは早くも一九四一年五月、ホー・チ・ミンが組織したベトナム独立同盟（ベトミン）を母体として独立したが、フランスが承服せず、武力闘争による民族解放戦争に移った。

南アジアのイギリス支配地でも相次いで独立国家が誕生した。ただし、**指導者ガンディーは統一インドを主張**したが、ムスリム同盟のジンナーが同調せず、ヒンドゥー教徒主体のインドとイスラム教徒主体の**パキスタンに分裂**した。その他、オランダ支配下から**インドネシアが独立**した。

日本が欧米列強の植民地支配を断ち切った後にできた空白の時間が、アジアの独立と解放戦争を有利にしたと言えなくもない。

第2次世界大戦後のアジア諸国の独立

独立したアジア諸国はアフリカ諸国とともに1955年、アジア・アフリカ会議（バンドン会議）で主権と領土保全の尊重や武力侵略の否定などを謳った平和原則を採択した。

Column

戦後秩序を決めた連合国の首脳会談

戦後に先立って、連合国首脳部の間で数度にわたる国際会議が開催されている。その話し合いによって戦後処理が決められた。

早くも一九四一年八月、ルーズベルトとチャーチルの会談で戦後の国際秩序を決める「大西洋憲章」をまとめ、さらにルーズベルトとチャーチル、蒋介石のカイロ会談で対日処理方針が決まった。

またフランス上陸はルーズベルト、チャーチル、スターリンのテヘラン会談、ドイツ処理とソ連の対日参戦はルーズベルトとチャーチル、スターリンのヤルタ会談で決められたのである。現代の国際秩序は、これらの強大国首脳の話し合い、すなわち、ボス交で決められた。

外野席 **日本が負けてアジア諸国は独立できた？** 日本は欧米の植民地だったアジア諸国独立を戦争当初から実践した。昭和18年1月、汪兆銘南京政府に日本の特殊権益を返還。8月ビルマ独立。10月フィリピン独立、自由インド仮政府成立。11月大東亜会議。20年3月ベトナム、カンボジア、4月ラオス独立。7月インドネシア独立決定。

75

1945年〜
戦後世界　国際連合

米ソ主導の戦後世界体制＝東西冷戦時代の始まり

敗戦国抑圧を目的とする国際連合の二極分裂。

一九四一年八月、世界大戦勃発後、**ルーズベルト大統領とチャーチル首相が早々と戦後の国際秩序と安全保障原則を定めた「大西洋憲章」を発表。**四四年秋、アメリカ、イギリス、ソ連、中華民国によるダンバートン＝オークス会議が開催され、**国際連盟に代わる国際連合設置が決まった。**

特徴的なのは、国際連盟の非力を反省し、総会決定によって運営されるとしながらも**アメリカ、イギリス、フランス、ソ連、中華民国の五大国を常任理事国とする安全保障理事会を設定した**点。紛争解決のために経済制裁、軍事行動などの強力な権限を与えている。

また軍事面だけでなく、国際経済、金融協力面でも連合国代表の間で協議され、戦後世界の経済復興のためにブレトン＝ウッズ協定によって**国際通貨基金（IMF）と国際復興開発銀行（世界銀行）が設立**されることになった。

こうしたことは、他の追随を許さない圧倒的な富と武力を擁するアメリカの実力を背景に実現されたのであるが、他方の軸とされるソ連と国際共産主義運動との協力関係作りが不可欠とされているため、いつバランスが崩れるか、わからないという不安定要因を内包していた。

その結果、ドイツの分割支配、さらに東ドイツ内に孤立するベルリンの分割という変則的事態が出現する。さらに異常な結果を招いたのは東ヨーロッパである。**解放軍が変じて占領軍となったソ連軍は有無を言わさず、親ソ的な傀儡《かいらい》政権を作り、ソ連防衛のための衛星国を作った。**ハンガリー、ブルガリア、ポーランドなどである。日本もドイツと同じ運命を辿るところであったが、アメリカの間接統治国となって難を逃れたのである。

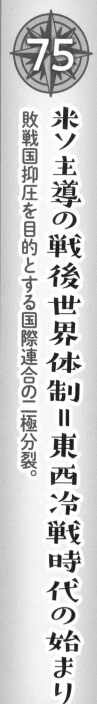

米・英・中・ソ主導の対戦処理と戦後体制

1941年8月　大西洋上会談
アメリカ ルーズベルト　イギリス チャーチル
戦後民主主義と国際協調を謳った大西洋憲章の発表など

1943年1～3月　カサブランカ会談
アメリカ ルーズベルト　イギリス チャーチル
反連合軍側の無条件降伏の原則の確認など

1943年11月　カイロ会談
アメリカ ルーズベルト
中国 蒋介石　イギリス チャーチル
対日本処理方針を決定したカイロ宣言を発表

1943年11月　テヘラン会談
アメリカ ルーズベルト
ソ連 スターリン　イギリス チャーチル
対独処理方針を確認

1944年8～10月　ダンバートン・オークス会議
アメリカ ルーズベルト　中国 蒋介石
イギリス チャーチル　ソ連 スターリン
モスクワ宣言（1943年）に基づく国際連合構想を具体化

1945年2月　ヤルタ会談
アメリカ ルーズベルト　イギリス チャーチル
ソ連 スターリン
対日独処理方針を確認

1945年6月　サンフランシスコ会議
連合国 50カ国の代表
国際連合憲章を採択

1945年7月　ポツダム会談
アメリカ ルーズベルト　ソ連 スターリン
イギリス チャーチル→アトリー
対独のポツダム協定の締結と対日のポツダム宣言の発表

Column

武装解除を図る新憲法制定の意図

占領軍総司令部（GHQ）は、大日本国憲法の改正作業を武装解除=民主化の最重要課題としており、幣原《しではら》内閣に再三再四にわたって改正案の作成を求めたが、どの案も天皇の統治権を認め、民主化が不徹底とし、自ら改革案を作成し、これを政府に示した。

改革案と称する新憲法草案は、いまでは誰でも知っているようにまったくの素人がにわか作りでまとめた作文集であったが、戦争放棄を定め、国際紛争を解決する手段としては武力を用いないという、第九条が長い間、注目された。

しかし、国家の存続を左右する自衛のための国防軍を持たないなどというのはおとぎ話の世界でも通用しないのではないか。

外野席　**上野動物園の象～日本とインドの絆**　戦争中、米軍の爆撃で檻が壊され、猛獣や大型動物が逃げて市民に危害を加えたりしないよう薬殺処分が行なわれた。象が殺されたときは皆が泣いた。これを聞いたインドのネルー首相は戦後、自分の娘の名前「インディラ」と名付けた象を上野動物園に寄贈した。その後も数頭の寄贈があった。

1946～48年
日本　極東軍事裁判

76 戦争は犯罪か？ 後世に汚点を残したGHQの茶番劇

「平和に対する罪」「人道に対する罪」という罪名は存在しない。

日本が連合国軍に降伏した後、昭和二十一年（一九四六）五月三日から同二十三年十一月十二日の間、極東国際軍事裁判と称する、勝者による敗者に対する見せしめの裁判が行なわれた。

東条英機《とうじょうひでき》首相はじめ、二十八名の戦争指導者らが**「平和愛好諸国民の利益並びに日本国民自身の利益を毀損《きそん》」した「侵略戦争」を起こす「共同謀議」を昭和三年（一九二八）一月一日から同二十年九月二日にかけて行なった**という、起訴事実であった。

罪名はA級戦犯が「平和に対する罪」、C級戦犯が「人道に対する罪」、そして、B級戦犯が「通常の戦争犯罪」であった。裁判中に病死した者二名と病気によって免訴された者一名を除く二十五名が有罪。うち七名のA級戦犯が死刑であった。

しかし唯一、パール判事（インド）が「平和に対する罪」「人道に対する罪」は戦勝国が作った事後法であり、事後法で裁くことは国際法に違反すると被告人全員の無罪を主張した（通称『パール判決書』）。同じアジア人の良心の叫びだったのか。

日本国内においても、「戦犯赦免運動」が全国的に広がり、その署名は四千万人を上回った。昭和二十七年（一九五二）、国会でも『戦争犯罪による受刑者の釈放等に関する決議』が可決された（労農党を除く）。さらに翌年、A級戦犯として処刑された人々は「公務死」として認定された。

こうした経過から見れば、被告人扱いされ、死刑に処せられた人々を「戦犯」扱いすることはいかがなものであろうか。語道断であることが理解されるだろう。言うところの「戦犯」などは存在しないといえる。合掌するより他にない。

GHQによる日本再生策

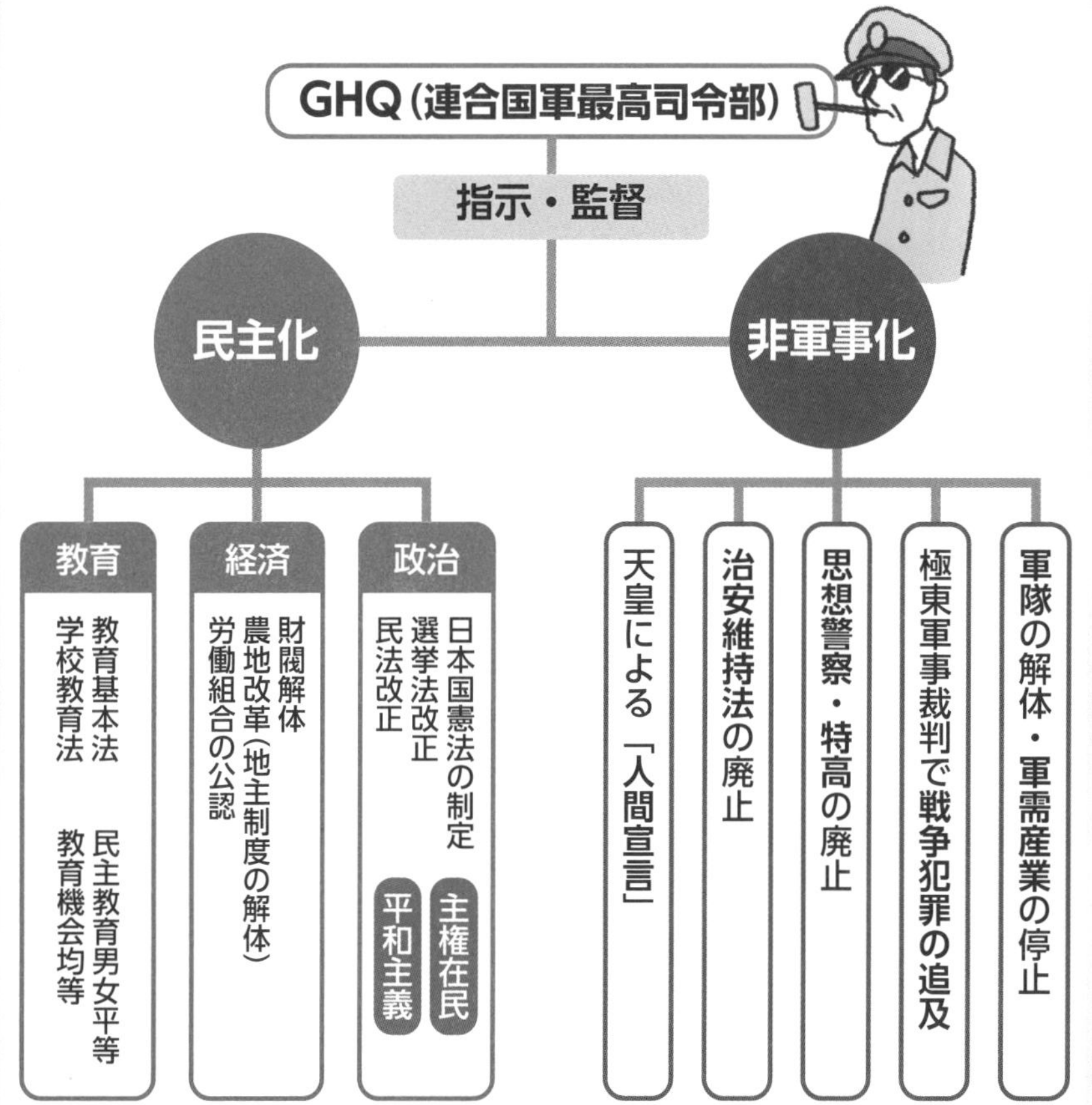

Column

マッカーサーの証言「東京裁判は誤りだった」

昭和二十五年十月、ウェーキ島でトルーマン大統領と会談した際、マッカーサーは「東京裁判は誤りだった」と告白したと伝えられている。また、翌二十六年五月、アメリカ上院の軍事外交合同委員会でも重大証言をして話題になった。

「大東亜戦争は自衛戦争だった」と証言した。侵略戦争ではなかった、すなわち、正当な戦争権を行使しただけであったと証言したのである。あ然とする他にない。

極東軍事裁判を演出し、東条元首相らの死刑を執行して二年も経たないうちに「東京裁判は誤りだった」「大東亜戦争は自衛戦争だった」と言うのでは、あまりにも人を小馬鹿にした発言だと言わざるを得ない。

外野席 **「人間宣言」とされた昭和天皇の『年頭詔書』** 「我が国は未だかつてない変革を成そうとしている。私自らが率先し、天地神明に誓ってこのような国是(「五箇条のご誓文」)を定め、万民保全の道に立つので、国民もこの趣旨に基づき一致団結して努力して欲しい」。この『年頭詔書』のどこに「人間宣言」があるのだろうか?

77

戦後のドサクサに紛れて独立。社会主義国を宣言する

農村部の土地解放を着実に重ねて国民党を追放する。

1949年
中国　毛沢東

日本の敗北が明白となり、中国大陸と満州から撤退すると広大な空白地帯が生じた。**残された日本の膨大な資産、軍需物資の奪い合いから蒋介石の国民党と毛沢東の共産党が対立し、ふたたび内戦状態になる。**

蒋介石は憲法を発布し、自ら総統に就任した上で中華民国をアメリカ、イギリス、フランス、ソ連と肩を並べる五大国の一つにする夢を唱えようとするが、国策が伴わない上、国民党内部の伝統的な腐敗と汚職が目立ち、支持が得られない。

対し、毛沢東は後進国の実情に似合った「新民主主義論」を唱え、農村部からの改革を進めたため、親近感を集めて勢力を拡大。農村から都市へ攻め上がるという独特な戦略で国民党が盤踞《ばんきょ》する都市部へ攻め上がって行く。

その結果、勝負は目に見えていた。蒋介石は大陸から追い払われ、台湾に本拠を移転。大陸反攻、大陸支配権の回復を根本是《ぜ》として生き延びる集団となる。その間、**毛沢東は一九四九年九月、人民政治協商会議と称し、全国から支持者を集めて中華人民共和国の成立を宣言する。**

毛沢東は主席として国家元首となり、その政府の中心には周恩来《しゅうおんらい》首相が座った。そして早速、念願の**土地分配と企業の国有化を実現**する。ソビエト・ロシアやドイツ革命の先進国型革命ではなく、アジア各地で反植民地＝独立戦争を担っている者にとって格好のモデルとなり、もてはやされた。

しかし、産業基盤を支える重化学工業がなく、農業が基本産業であるため、中国の進化、発展は進まず、先進国の資本と技術の投与を待って達成されるものだった。それは「一国社会主義」の限界を示すもので、以後、度々壁に突き当たる。

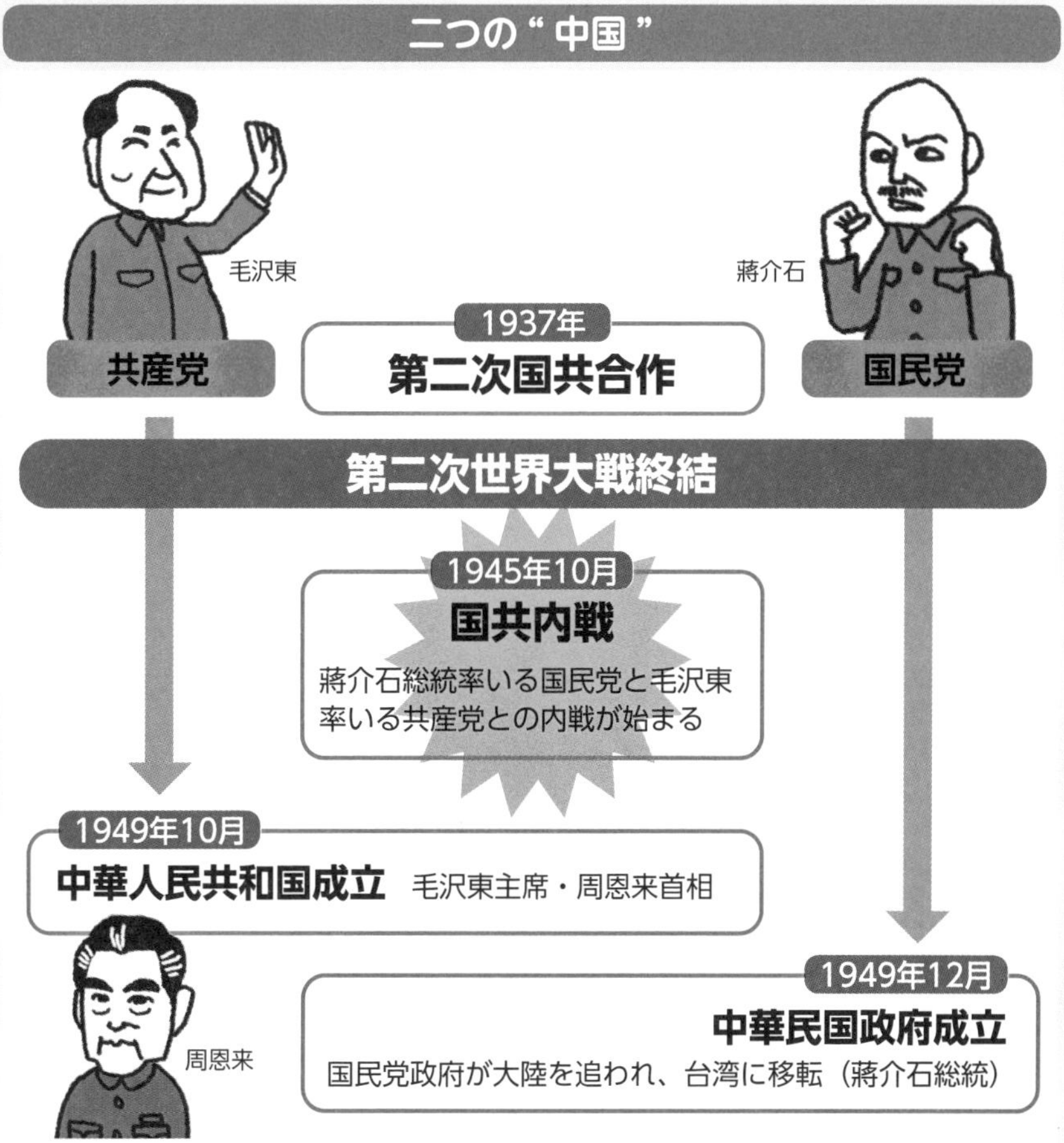

Column

チャーチルの名演説「鉄のカーテン」

一九四六年、イギリス首相チャーチルが東西冷戦時代の始まりを告げ知らせる名演説をした。

すなわち、ソ連がバルト海からアドリア海に至るまでの間に「鉄のカーテン」を下ろしていると語り、ソ連に対する不信感をあからさまに表明した。

朝鮮分割、中国内部の国共内戦、東ヨーロッパのソ連圏編入という形で共産圏の攻勢が続いているため、アメリカが経済援助、軍事支援に乗り出すきっかけになった演説であった。

以来、戦後世界は二つの超大国、アメリカとソ連のどちらかの陣営に属さなければ存続できないようになった。日本はアメリカを盟主とする自由主義陣営に属した。

外野席　**「南京事件」はあったのか**　一般市民を大量に虐殺したという南京事件。しかし短時日に30万人も殺害するのは大変なことで、そんな力は日本軍にはなかった。また共産党の戦闘手段はゲリラ戦。「便衣兵」といい軍服を着用せず一般市民の服装で戦ったので、傍から見れば日本軍は一般市民と戦っているように見えたともいう。

78 アメリカ＝日本とソ連、中国が激突する

敗戦国日本を再生し、戦後日本の運命を決定した朝鮮戦争。

1950年
朝鮮戦争

東西対立が深まる中、南北に分断された朝鮮統一をめぐる関係諸国の矛盾が一挙に噴出する。

昭和二十五年（一九五〇）六月、北朝鮮（朝鮮民主主義人民共和国）の武装勢力が停戦ラインを越えて大韓民国に侵入。朝鮮半島の南端に達する勢いで攻め下った。これに対し、**国連の安全保障理事会は直ちに北朝鮮の侵略と断定。アメリカ軍を中心とする国連軍を韓国に派遣した。**

国連軍は北朝鮮の武装勢力を停戦ラインまで押し返し、さらに追撃して中国国境まで追撃したところ、**中国共産党が人民義勇軍派遣を決定。**北朝鮮の武装勢力と合流して国連軍に反撃を加え、一進一退を繰り返すようになった。

そして、三八度線を挟んで膠着状態に陥ったところ、**北朝鮮側のソ連が和平提案。五三年七月に休戦協定が成立し、そのまま三八度線に重なる停戦ラインが南北朝鮮の分断線となった。**以後、ベルリンの壁が崩壊したいまも国境にも等しいラインとなり、定着しているのである。

アメリカは朝鮮戦争の勃発と同時に日本に「警察予備隊」という警察の顔をした半軍隊を設置。翌年には「サンフランシスコ講和条約」を締結し、慌てて日本を独立させる一方、**「日米安全保障条約」を締結。公然と日本を後方基地とするアジア防衛構想を作り出す。**

おかげで、日本は主権を回復し、ようやく独立国家として歩み出すわけであるが、安保条約は戦後日本の再建を図る基本路線となり、我が国はひたすら経済復興に専念し、驚異的な発展を遂げる。しかし、戦後七十有余年、朝鮮半島は再び、世界史を揺るがす火薬庫になりつつある。

日本の対応と決断はいかに？

朝鮮戦争の経過

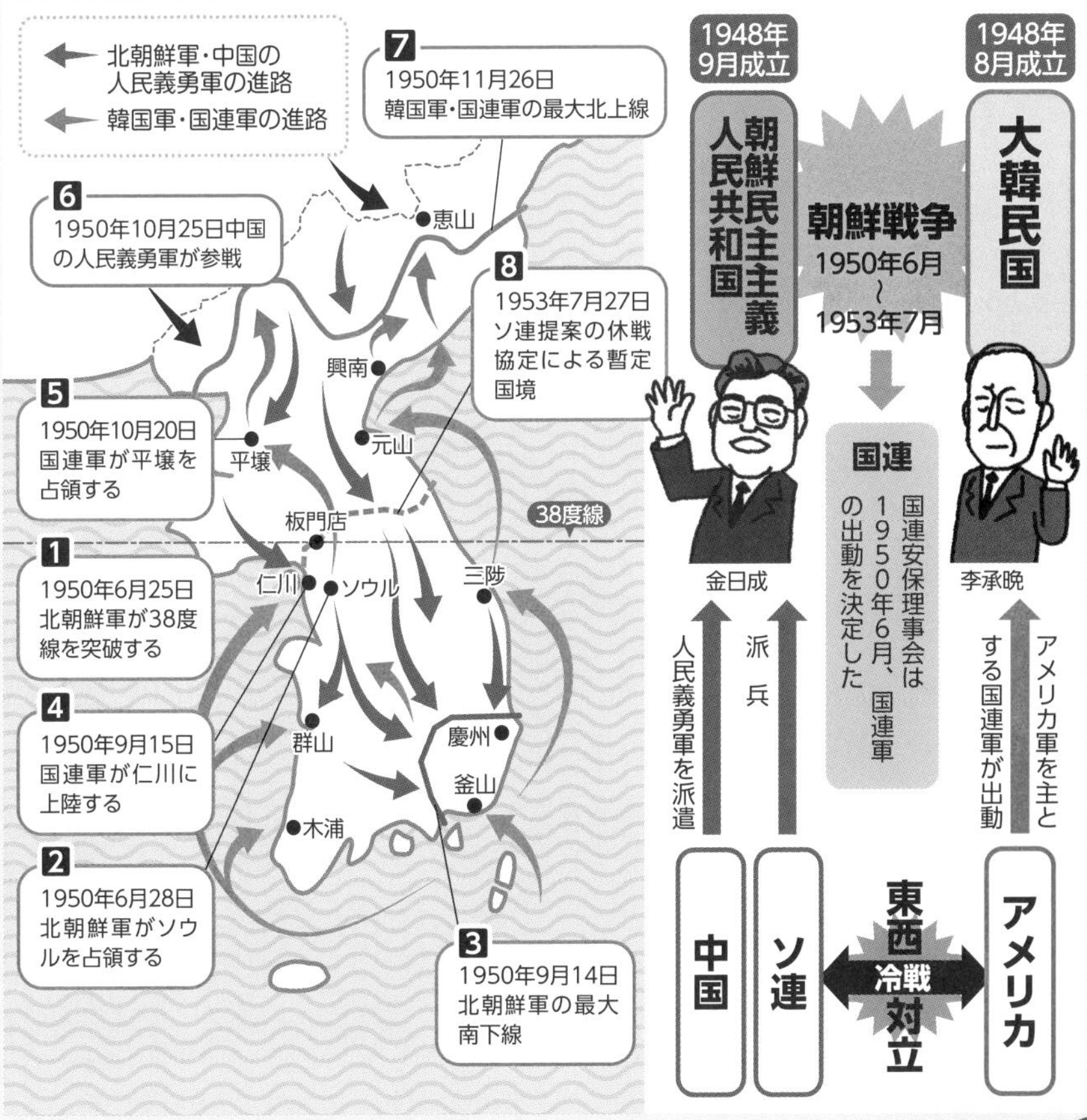

Column

自衛隊の誕生と吉田茂の決断

サンフランシスコ講和条約の発効によって、日本が独立を回復するや否や、吉田茂内閣は経済復興を進めると共に自衛隊の戦力増強に取り組む。

警察予備隊は講和条約の発効と共に昭和二十七年、保安隊が改組され、海上警備隊も新設されたのであるが、さらに二年後、アメリカの軍事・経済援助を受けて自衛力強化を図ることになる。

保安隊と海上警備隊を統合し、さらに航空部隊を設置して自衛隊を発足させ、防衛庁を新設する。また、平和条約の調印と同時に締結された日米安全保障条約、いわゆる安保条約によって、日本は駐留軍に基地を提供し、駐留費用を分担することになる。

外野席

慰安婦像の設置問題 2016年12月28日、釜山の日本領事館前に「慰安婦像」が設置された。同日、韓国の釜山市東区が設置を許可せず撤去。しかし、「抗議が殺到した」ため急遽許可。対して日本政府が韓国政府に抗議し、長峰駐韓大使は一時帰国。日韓通貨交換協議再開の協議中断の措置を取ったが未だに解決していない。

79

ソ連支配からの脱却と民主化・自立のための戦い

フルシチョフの平和共存路線が産み落とした「東欧の春」。

1956年〜
東欧世界
民主化闘争

一九五六年二月、ソ連共産党第二十回大会において、**フルシチョフ第一書記は自由主義国との平和共存路線を提唱**。東西冷戦時代の終結を図る緊張緩和策を打ち出した。また、**長く続いたスターリン時代**の個人崇拝や不当な抑圧、処刑を批判し、自由化の姿勢を明らかにした。

このフルシチョフ発言は、伝統的なソ連の対外戦略を根本的に揺るがすものとなり、**強制的にソ連の支配下に置かれてきた東ヨーロッパに予想外の影響を与える**。突然、訪れた春に狂喜するように民主化と自立化の波を引き起こす。

ポーランドでは同年六月、ポズナニで生活改善と民主化を要求する運動が始まった。その四カ月後、今度はハンガリーでソ連支配に抗議するデモが始まり、全国的な反ソ暴動に発展した。最初は指導部の交代で自由化路線に転換されるかに見えたが、束の間の夢であった。

ソ連軍が直接介入し、自由化と自立化の動きを戦車で踏み潰し、ハンガリー首相ナジ・イムレは逮捕処刑された。結局のところ、フルシチョフが平和共存とか、批判の自由と言っても言葉だけであり、戦車でハンガリー国民の自由を踏みにじったように戦後世界体制に変更をもたらすものではなかった。

事実に即して追跡すれば、大陸間弾道弾（ＩＣＢＭ）の開発競争や人工衛星の打ち上げ競争によって科学技術の開発競争を背景にして、**アメリカと裏交渉や直接対話によって取引する手法にすぎなかった**のである。それに対応したアメリカの指導者はアイゼンハウアーやケネディだった。真の民主化はさらに後のことになる。

間もなくゴルバチョフが登場する。

反ソ暴動とその鎮圧

1953年

スターリン死亡

1956年

ソ連共産党第二〇回大会で、第一書記フルシチョフがスターリンを批判。「雪どけ」の気運を高める。

反ソ暴動

ポーランド

ソ連軍の出動を拒絶し、自主解決。自由化への道の第一歩となる。

ハンガリー

ソ連が直接に軍事介入。首相が処刑され、体制の変化はもたらせられなかった。

フルシチョフ

1968年

チェコスロヴァキアで自由化運動

ソ連など ワルシャワ条約機構の軍事介入により鎮圧される

Column

ハンガリー暴動が残した一粒の種

ハンガリーの反ソ暴動がソ連軍の戦車によって踏み潰された後、東ヨーロッパは再び沈黙の時代に沈んで行くのであるが、確実に次の時代を迎える準備が始まる。

中ソ対立が表面化すると、アルバニアが六一年、ソ連と断交。ルーマニアはソ連中心のコメコンやワルシャワ条約に反発して独自路線に転換する。

六八年にはチェコスロヴァキアが自由化、民主化を進めてソ連と全面対決。一時は「プラハの春」と全世界に報道されたのであるが、やはり、ソ連軍の戦車によって踏み潰されたのであった。

しかしいま、東ヨーロッパ諸国は、ようやく待ち望んだ自由の春を謳歌している。

外野席 **スターリン批判の口火を切ったフルシチョフ** 1956年2月、ソ連共産党第20回大会において、フルシチョフ第一書記がスターリンを名指しで批判し世界を驚かせた。レーニンの集団指導を無視し党大会や中央委員会を開かなかった、反対派を大量に銃殺した、わがまま勝手に個人崇拝を進めたとずばり批判。ソ連の雪解けが始まる。

80 統合を目指す西欧諸国の願い＝経済協力事業

戦後復興事業から生まれた西欧世界の統合プラン。

一九五二年、フランス外相シューマンの提案で、フランスと西ドイツ、ベネルクス三国、イタリアの間で**「ヨーロッパ石炭鉄鋼共同体」（ESSC）が発足**したのがきっかけになり、ヨーロッパ統合の動きが始まった。

その結果、五八年、**ヨーロッパ経済共同体（EEC）とヨーロッパ原子力共同体（EURATOM）**が生まれ、やがて加盟国相互間の関税引き下げ、資本と労働力の移動の自由化、商業と農業の共同政策が実施されるようになった。

さらにヨーロッパ統合計画は進み、六七年、前記の**三つの機関の統合によって「ヨーロッパ共同体」（EC）が誕生する**。自信を付けたフランスはアメリカ、イギリス、ソ連に続く核保有国となり、独自の外交方針を採用するようになる。

六四年、中華人民共和国を承認、六六年には北大西洋条約機構（NATO）への軍事協力を拒否。しかし、六八年の五月革命で、ド・ゴールは退陣し、フランスの独自外交は失敗に終わる。

イギリスは元々、EECに参加せず、六〇年、「ヨーロッパ自由貿易連合」（EFTA）を結成して対抗するが、ポンド切り下げに追い込まれたのを切っ掛けに、七三年、アイルランド、デンマークと共にECに合流する。

こうして、終戦直後、ギリシア、トルコへの共産主義の浸透を防止する目的で動いている**トルーマン・ドクトリンの狙い**と相まって、ヨーロッパ全体の経済復興を目的とする西ヨーロッパの統合と統一は徐々に形を整えて動き出したのであった。しかしいま、ヨーロッパはイギリスのEC離脱によって、再び試練のときを迎えている。

ヨーロッパ統合の勝利者は誰なのか。

マーシャル・プランとコミンフォルムという“二つの世界”

コミンフォルム
（共産党情報局）

1947年10月、ソ連をはじめとする9ヵ国の共産党が、マーシャル・プランへの対抗措置として、組織したもの。

当初の加盟国ユーゴスラヴィアは、マーシャル・プランの受け入れなどの理由で除名された。

1949年に東ドイツが新規加盟した。

マーシャル・プラン
（ヨーロッパ経済復興援助計画）

1947年6月、米国務長官ジョージ・マーシャルが、大戦で疲弊したヨーロッパ諸国への経済援助と、対ソ体制の整備をはかって提案したもの。

1948年～1951年の間に実施され、末期には軍事同盟的な色が濃くなった。

Column

ECの単一通貨、ユーロの功罪

一九九九年になって、ECはヨーロッパ共同体の夢であったヨーロッパの統合と統一を象徴する単一通貨ユーロを発行した。

その日から二十年目を迎えた年、二〇一九年一月、欧州連合（EU）本部はお祭り気分に包まれ、喜びの祝杯を挙げた。

「ユーロは二十年間、私たちに繁栄と安定をもたらした」

だが、「通貨統合はすべての国で期待された利益をもたらしたわけではない」とする見方もあり、ギリシアに端を発する債務危機で表面化した経済格差も生み出した。

ヨーロッパの統合と統一はいま、功罪半ばして、再び分裂抗争が始まる恐れがないとも言えなくなってきた。

外野席 **超国家的機関としてのヨーロッパ共同体** ヨーロッパ共同体（EC）という超国家的機関に対し、加盟各国は権限を委譲しないものの、ヨーロッパ的規模で協力提携する政策の枠組みが増えている。第一は経済協力、第二は政治協力、第三は司法・警察協力。どんどん増えているが、名目だけで実質上の権限はない。この先どうなるか？

81 米ソ支配に抵抗する土着民独自の民族独立戦争

フランスに負けず、超大国に勝った自主独立の国。

南北に分断されたベトナムは、**一九六〇年、再び南北統一＝独立を目指す戦いが始まった。**北のベトナム民主共和国の支援を受けて、南のベトナム共和国に作られた南ベトナム解放民族戦線が活発な動きを始めたのである。

朝鮮半島における南北対立とまったく違うのは北と南の解放戦線が一体であり、同じ赤い糸で固く結ばれていること。北をベースキャンプとして南の非公然組織が「ホー・チ・ミン・ルート」という縦横に張り巡らされた秘密ルートを通して密接に繋がっていた。

ベトナムの転機は、アメリカの傀儡と化した南のゴ・ジン・ジェム政権がクーデターで倒され、南解放戦線の勢力が急激に広がったときだった。南ベトナムの解放と独立は時間の問題となった。ところが、怒ったアメリカは北ベトナムに空爆を開始。南でも最大動員（五十万人）を実施し、ゲリラと化した解放戦線の兵士と戦った。

戦場はジャングルと集落とを問わず、兵士と民間人の区別なく、男女も大人、子供も区別なく、あらゆるところで戦われた。最新兵器で武装したアメリカ兵が、菅笠《すげかさ》とゴム草履の農民スタイルの解放戦線と戦うには常識は通用しなかった。

結局、**苦境に陥ったアメリカは北に対する空爆停止、和平交渉に移った。**ジョンソン大統領からニクソン大統領になって、ようやくアメリカ軍の撤退が始まり、一九七五年四月、北ベトナム軍と解放戦線は南の首都サイゴンを制圧した。そして翌年、念願の南北ベトナムの統一を達成する。

実に戦前のフランスとの戦いから通算して数えたら、**半世紀を超える、長期にわたる植民地からの独立、民族解放の戦い**であった。

ベトナムが統一されるまで

- **1945年9月** ベトナム民主共和国が成立(ホー・チ・ミン大統領)
- **1946年12月** インドシナ戦争が開始
- **1949年6月** フランスがベトナム国を樹立(バオ・ダイ主席)
- **1954年7月** ジュネーヴ休戦協定でインドシナ戦争が終結
北と南の境界は北緯一七度線に
- **1955年10月** ベトナム国のゴ・ディレ・ディエム首相がバオ・ダイ主席を追放し、ベトナム共和国を樹立
(ゴ・ディレ・ディエムは大統領に)
- **1960年12月** 統一をめざすベトナム民主共和国の支援を受けて、ベトナム共和国内に南ベトナム解放戦線を結成
- **1965年2月** アメリカの北爆によりベトナム戦争が開始
- **1973年1月** ベトナム和平協定が調印され、アメリカ軍はベトナム共和国から撤兵を開始
- **1976年7月** ベトナム社会主義共和国が成立し、統一が完了

Column

ホー・チ・ミンとベトナム残留日本兵

日本の敗戦後、残留日本兵たちは、ホー・チ・ミンが作ったベトミン（ベトナム独立同志会）が経営する士官学校の教官を務めた。

インドシナ駐屯軍参謀の井川省《せい》少佐は戦闘指揮、夜間戦闘訓練等の技術、戦術を指導し、その部下たちもベトミンに協力した。名前がわかっている者だけで七百六十余名に及ぶ。相当の大部隊になるが、戦闘記録はない。

ソ連と中国共産党から武器の供与、軍事支援を受けるまでは逃げ遅れたフランス軍の下級将校も残留日本兵と一緒に教官として働いていたようで、旧日本軍もベトナム独立戦争に加わっていた。ただし、その後のことは杳《よう》としてわかっていない。

外野席 **日本人と似ているベトナム人** ベトナム人は日本人と似ており、相性が良いように思う。ほとんどの外国人は個人主義だが、ベトナム人は公共精神を尊び、人と人の協調性がある。年長者、特にお年寄りを大切にする。そして集中力があり、細かい作業が得意。器用で勤勉な人ばかり。日本人が学ばなければいけないことが多い。

82

社会主義神話を崩壊させたゴルバチョフ物語

硬直化した社会と経済の歪みを正すペレストロイカの衝撃。

1985年～
ソ連
ペレストロイカ（改革）

一九八五年三月、ゴルバチョフがソ連共産党の書記長に選出された。いきなり「グラスノスチ（情報公開）」を叫んだ。ブレジネフが死に、アンドロポフが死に、チェルネンコが死に、次々に老指導者が亡くなり、若い指導者ゴルバチョフに出番が回って来たのである。

ゴルバチョフが、いきなり「グラスノスチ」と叫んだのは、あまりに停滞的なソ連の経済社会の現状を打破するために現実を知ることが必要だ、と感じたからだ。次にタイミングをうかがって出したのが**「ペレストロイカ（改革）」**だった。ゴルバチョフには、こちらが本命だった。

そこで公表されたのが、チェルノブイリ原子力発電所（ウクライナ）の事故だった。それはソ連の経済社会に一般的に見られる官僚主義的な管理体制や杜撰《ずさん》な事故対応に見られる欠陥を集中的に露《あら》わにする事故だったからだ。改革の必要性は、緊急かつ最重要課題として認識された。

社会の仕組みも変えなければいけない。**共産党独裁にピリオドを打ち、複数候補者制選挙による連邦人民代議員大会、連邦最高会議が実施された。九〇年には大統領制が採用**され、初代大統領にはゴルバチョフが選出された。

肝心の生産＝経済の仕組みも共産党独裁、一極集中、中央指令型ではなく、市場経済に移行し、混乱を覚悟の上で需要と供給を原則とする経済活動が始まった。それは長い間に蓄積された不合理や誤り、歪《ゆが》みを修正する変革の戦いに立ち上がることを期待するゴルバチョフの願いだった。

改革の灯りはエリツィンに渡され、プーチンに引き継がれたはずであるが、灯りは消えてしまい、旧ソ連が蘇《よみがえ》りつつあるような気がする。

ゴルバチョフのソ連改革

ゴルバチョフ

エリツィン

プーチン

1968年〜1986年

アンドロポフ、チェルネンコのあとを継いで**ゴルバチョフ**が**共産党書記長**に就任。

↓

情報公開（グラスノスチ）による**言論の自由**を打ち出す

↓

ペレストロイカ（改革）として政治と経済、社会体制の**全面的な見直し**作業を始める

1988年〜1990年

ソヴィエト型民主主義を修正し、複数候補者制選挙による**連邦人民代議員大会・連邦最高会議制**を実行する

強大な権限をもつ**大統領制**を導入し、自ら就任した

Column 二人の後継者、エリツィンとプーチン

どちらかと言えば、ゴルバチョフはいつもニコニコ、笑顔の似合う紳士だった。人を幸せにする人相をしていた。

エリツィンは何故か、よくわからないが、苛々《いらいら》して怒鳴り巻くっていた。周りで知らぬ者がいないくらいのアル中で、コニャックの瓶を離せない人だった。

では、プーチンは？　と言うと、柔道をしたり、寒中水泳を好む、一見清潔な印象を漂わせるが、実は元KGBの秘密情報機関員であったというと頷《うなず》ける。

ソ連は消滅したが、旧ロシア帝国に似た共同体が出現しつつあるように見える。もう二度とゴルバチョフの出番はないのだろうか。惜しまれる人物だった。

外野席 **「ソ連」の正式名称？** 消滅してしまったのでソ連の正式名称はわからなくなった。ロシア・ソヴィエト連邦社会主義共和国？　間接民主主義を拒否し、労働者の組織ソヴィエト（評議会）を基礎単位とし、最高単位まで積み上げて行く。しかし、それが機能したのは一度もなく、ずっと共産党がソヴィエトを支配する独裁国家だった。

83

ベルリンの壁の崩壊と東西ドイツの合流

東西冷戦の壁が崩壊した後の課題は山積み。

1989年
ドイツ
東西交流と統一

一九八九年十月、東ドイツのホネカー社会主義統一党書記長が突然、解任された。理由は東ドイツ国民の多数が西側に移住し、改革を要求しているにも関わらず、国民の要求を鎮静化できなかったためだ。そして、**「ベルリンの壁」の開放要求が強まり、十一月、ついに開放される。**

喜びに沸き立つベルリン市民は壁をハンマーで叩き壊すやら、壁の上に馬乗りになって飛び越えるわ、思い思いに感動と喜びを表して乱舞した。世界中の人々は我と我が目を疑って〝ベルリンの奇跡〟に見入り、見守り続けたのであった。

その後、東ドイツで「ドイツ統一」を叫ぶ声が高まったため、九〇年春、自由選挙を実施すると「早期統一」を主張する保守連合「ドイツ連合」が圧勝。**東西ドイツとアメリカ、イギリス、フランス、ソ連の外相会議が開催され、通貨・経済・社会組織の統合手続きが承認された。**

ドイツ統一は西ドイツによる東ドイツの吸収合併という形で進められたが、半世紀以上にわたって分裂と対立を強いられてきた後遺症の傷跡は大きく、経済的格差や文化的相違を埋める作業は並大抵のことではなかった。

だが、東ドイツには西ドイツという強力なパートナーがいたから良かったが、ハンガリー、チェコスロバキア、ブルガリア、ルーマニア、ポーランドなどの東ヨーロッパは自力更生の他に道はない。ユーゴスラヴィアなど、かえって地域対立、民族対立が噴出して内戦を引き起こしている国も出て来た。まだまだ再建途上にある。

ドイツや東ヨーロッパ諸国の改革に共通するのは非共産化であり、国旗などを変更する際、いずれの国でも「鎌と鎚《つち》」「赤い星」が抹消されている。

ドイツ統一への歩み

- 1933年　ナチス独裁による第三帝国
- 1945年　敗戦により連合国が占領
- 1948年　ベルリン封鎖

- 1949年　ドイツ連邦共和国（西ドイツ）とドイツ民主共和国（東ドイツ）が成立
- 1961年　東ドイツがベルリンの壁を構築
- 1971年　東ドイツにホネカー政権誕生
- 1989年　ホネカー退陣　東ドイツがベルリンの壁を解放
- 1990年　西ドイツが東ドイツを吸収し、東西ドイツが統一

東西分裂

再統一

Column

ポーランド労組、「連帯」の活躍

一九八〇年、ポーランド政府に抗議するストライキが始まった。ワレサ議長が率いる自主管理労組「連帯」に参加する労働者が急激に増え、改革運動が全国に拡大したのである。

翌年、政府は戒厳令を布告し、「連帯」の抑え込みに掛かったが、もはや政府の手に負えるものではなくなり、憲法改正で懐柔せんとするや、ワレサ議長は大統領選挙に立候補。みごと、当選して政府の中心に座る。

ソ連の武力と恐怖政治で維持されてきた東ヨーロッパの社会主義は、この時点で事実上、崩壊していたのではないだろうか。社会主義を標榜する反社会的勢力は、もはや終焉のときを迎えたのである。

外野席

「史上最もすばらしい勘違い」 1989年11月9日、東ドイツ政府は出国の規制を緩和する改正案を可決。その後の記者会見で政府報道官は「いつから発効するのか」と質問を受け、つい「いますぐ」と答えてしまった。本当は翌日だった。勘違いをしたのが後でわかったのだが、「史上、最もすばらしい勘違いだった」と称された。

84

市場経済制度を導入し「世界の工場」としてドルを稼いだが、いま

国際金融センター香港を巡る中国と米英の金融攻防戦。

2020年
中国
経済発展と米中関係

中国の首相李克強《りこっきょう》は、二〇二〇年の全国人民代表大会（全人代）終了後の記者会見で「今年の中国経済はプラス成長を達成できる」と豪語した。

だが、この言葉は信用できるだろうか。

中国経済と社会を大混乱に陥れた文化大革命の最終年度（一九七六年）、中国のＧＤＰ（国内総生産）はマイナス一・六％まで落ちた。そこで**鄧《とう》小平《しょうへい》の指導下、共産党一党独裁を堅持したまま、外国資本の導入や経済特区の設置を推進。**さらに市場原理を取り入れて自由に取り引きできる中国独自の「社会主義市場経済」をスタートさせた。

企業間の競争が始まり、中国経済は活発になった。歴史的な高成長を続け、二〇一〇年には我が国を抜いてアメリカに次ぐ世界第二位になった。

「一部の人や地域が先行して豊かになり、それで経済全体のパイを大きくして国全体が豊かになる」と鄧小平は説いた（先豊論）。

それから四十年が過ぎたいま、その計画通りに中国経済が発展したと言えるだろうか。

冒頭の首相李克強は正直に言う。

「月収一千元《げん》（約一万五千円）の人が六億人いる。一千元では中都市で部屋を借りることも難しい」（産経新聞）。中国のＳＮＳ上では「やっと本当のことを聞いた」と評判になった。

貧富の差が広がり、大規模な国有企業偏重政策を続け、民営企業への管理統制を強化するのは鄧小平以来の市場経済とは違う方向へ向かっているのではないか。また、香港国家安全維持法のように締め付け一辺倒では先が見えなくなる。

習近平《しゅうきんぺい》国家主席は中国の周辺各地で傍若無人の王様気取りで独善外交を展開するが、米中戦争とも言うべき対立が始まった。未来はあるのか。

中華人民共和国のあゆみ

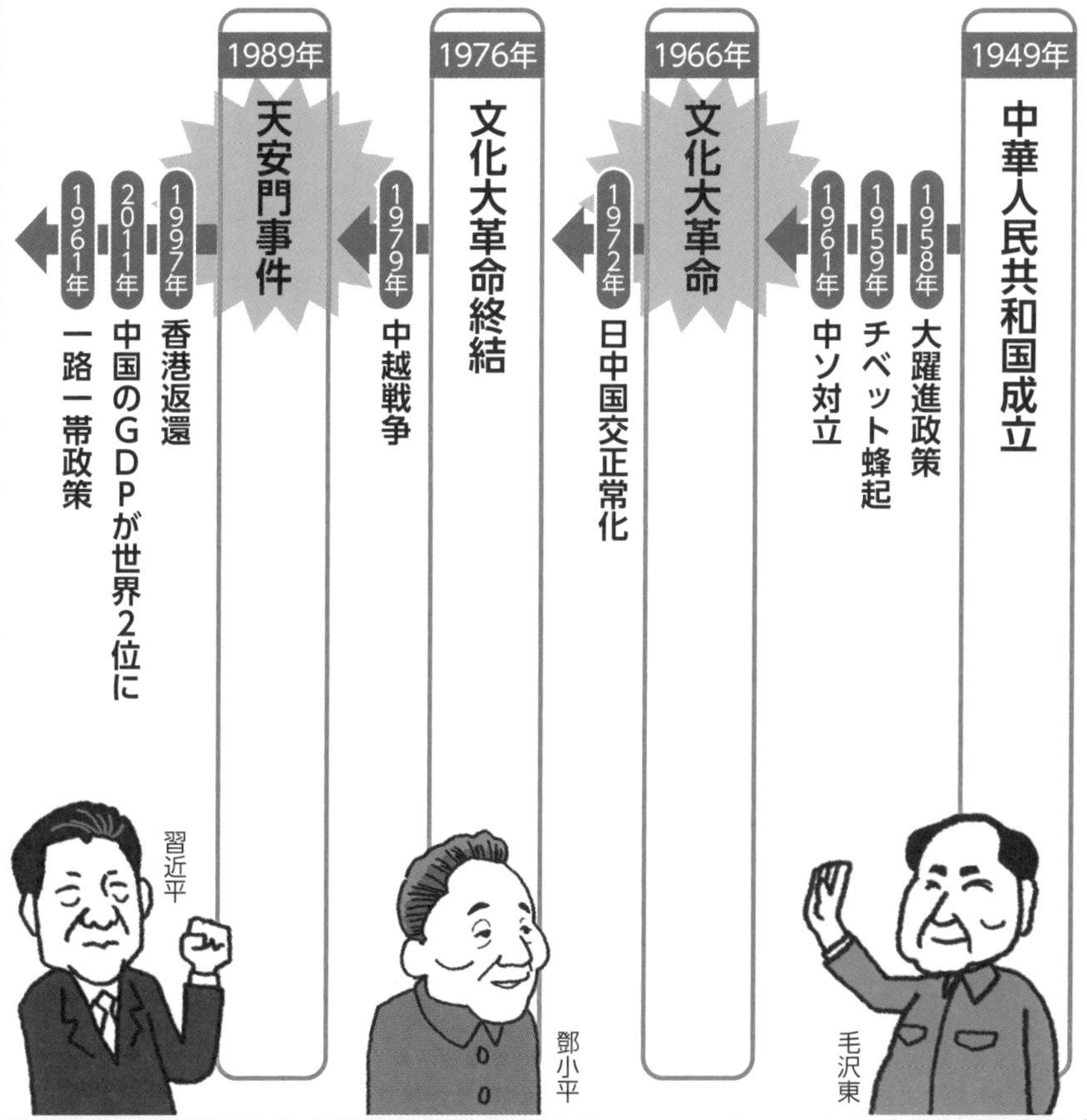

Column

香港を巡る米中の綱引き合戦

香港を巡る中国共産党とアメリカのトランプ政権のやり取りはいま、どんどん深みにはまり込みつつあると言ってよい。

「香港国家安全維持法」によって香港市民の自由が奪われ、共産主義特有の恐怖政治になるというだけではない。国際金融センターとしての香港を巡る冷徹なせめぎ合いが始まったということだ。

香港に拠点を持つイギリスの大手金融資本HSBCは国家保安法支持を表明し、アメリカのモルガン・スタンレーも中国企業上場の幹事引き受け、株の売買に血眼《ちまなこ》になっており、市民の行方に関心を払うヒマはないという雰囲気だ。

ビジネスの論理は厳しい。

外野席 **つい本音を言ってしまった習近平** 中国の香港統治に対し世界中から批判が起きているとき、習近平は「三権分立は西側（自由主義陣営）の論理。中国は一貫している」と答えた。立法・行政・司法の論理は一貫しているということで、「西側」の用語で判りやすく言うと中国は独裁国家だとうっかり白状してしまったのかもしれない。

85

「アメリカ・ファースト」と戦後体制再編成を目指す

過去二十年来の対中国政策の誤りを認め、徹底検証するアメリカ。

2020年
アメリカ
対中国政策の見直し

二〇一七年一月、アメリカ合衆国の第四十五代大統領にドナルド・トランプが就任した。年齢は七十歳。歴代最高齢の大統領となった。年齢だけでなく、鼻息も荒く、**「アメリカ・ファースト（アメリカ第一主義）」を強調して**話題になった。

早速、調査会社コーラシア・グループが『わが道を行くアメリカ』という見出しでレポートを発表した。曰く、「安全保障、貿易および価値の推進における米国のヘゲモニー（主導権）が、世界経済の防壁として機能した『**パックス・アメリカーナ（米国による平和）**』**も終わりを迎える**」

アメリカの圧倒的な富と軍事力によって維持されてきた戦後世界は終わった、と。そして、アメリカに代わって世界を取り仕切る国がない以上、混乱と対立が渦巻く世界になるだろう、と。しかも、厄介なことにソ連体制が崩壊した後を襲うかのように中国共産党が台頭してきた、と。

当初は仲良く利益を分かち合うパートナーとして認識されてきた中国が、昨今、一転してライバルどころか敵対する存在であることが理解され、対中政策の徹底的検証が始まった（ホワイトハウス「合衆国の中華人民共和国に対する戦略的アプローチ」（二〇二〇年五月二十日）。

中国共産党は「自由で開かれたルールに基づく国際秩序を利用しつつ、それを自分たちに都合のいい秩序に変える」（同上）ことを企てているので、中国へのアプローチを転換すると断言し、**ポンペオ国務長官は「世界は米国か中国かではなく自由か暴政かの選択に直面している」と明言**する。

アメリカ政府は言葉だけではない。大胆な対抗策を次々に打ち出し始めたので予断を許さない。日本ものんびりしてはいられなくなった。

アメリカとロシア、中国の関係

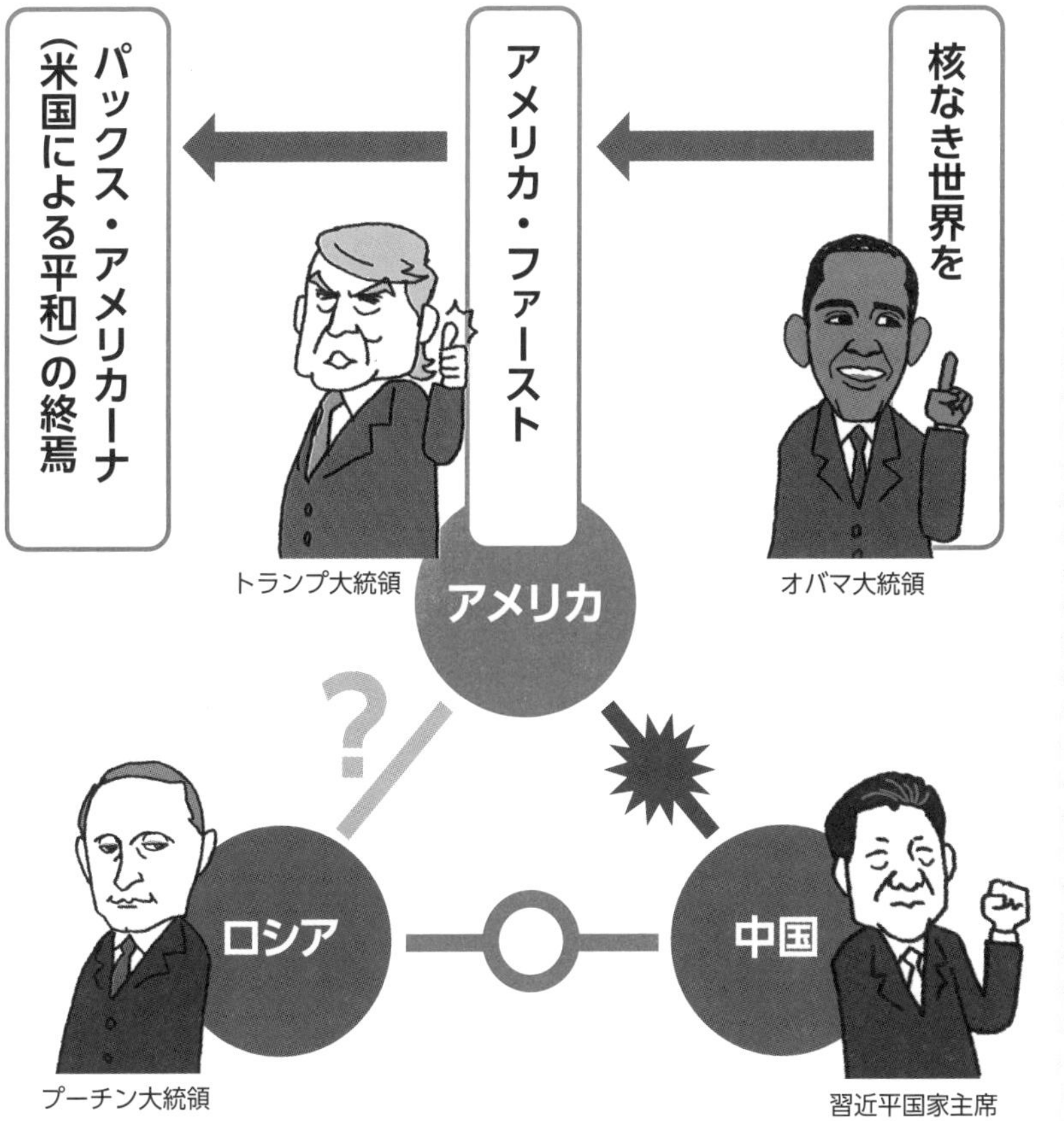

Column

国益を踏まえた戦略の転換を願う

トランプ大統領が率いるアメリカ政府が対中政策の誤りを認めた勇気は称賛に値する。オバマ民主党政権は、二〇一五年の「国家安全保障戦略」では「協力と注視」と述べるだけだった。

だが、トランプ大統領は「米国の価値や利益とは正反対の世界への転換を図るライバル」と中国を名指しで非難した。未だに習近平国家主席を国賓待遇で招待するとか、しないとか、腰の座らない某国の対応とは大違いである。

わが国においてもアメリカ政府同様、過去の対中関係を振り返り、徹底的に検証し、問題点を洗いざらい掘り起こす「報告書」を作成すべきであろう。その作業には国家の命運が掛かっている。

外野席 **ジャパン・ファースト!!** アメリカは日清＝日露戦争当時から日本敵視政策を採ってきた。ハワイ併合からスペイン領有に辿り着いたとき、中国支配を渇望。日本の満州政策を批判し、取って代わろうとして太平洋戦争となった。朝鮮戦争以来、アメリカは日本を友好国としたのはなぜ？　対共産主義の防壁として利用したのだ。

2020年
北朝鮮
ミサイルと原爆開発

86

金正恩の大言壮語「核抑止力で国守る」？

国内危機に喘ぎながら原爆開発、ミサイルで国造り？

二〇二〇年八月、金正恩《キムジョンウン》朝鮮労働党委員長は、朝鮮戦争の「休戦協定締結」から六十七年を迎えた二十七日の演説で「核抑止力により、わが国家の安全と未来は永遠に堅固に保障される」と述べたことが朝鮮中央通信から報道された。

非核化を巡る米朝間の交渉が完全に行き詰まる中で、核放棄に応じない姿勢を改めて強調することが国の安全と未来に通じる道だと確信しているわけで、背後でミサイルと核開発を支えている国があればこそ、虚勢を張っていられるが、それも時間の問題だと見られている。

なぜならば最近、北朝鮮の実情を伝える情報が洩れ伝わってくるようになったからだ。金正恩が極めて異例なことであるが、党中央委員会で経済失敗を認める発言をしたという。すると党と政府の高官たちの「反省リレー」が続いているというのだ（労働党機関紙「労働新聞」）。

大規模な水害を出した黄海北道の朴道党委員長が「我々の元帥さまに泥道を歩ませた」と詫びると張《チャン》化学工業相と金《キム》金策製鉄連合企業所支配人も「まともに使命を果たせなかった」と自分を責めた。他に何人も続いたという。

従来は、このような場合は幹部を粛正《しゅくせい》し、生贄《いけにえ》とするのが常であったが、首領自ら失敗を認め、幹部らが首を連ねて自己批判をするというのは極めて異例のこと。ある脱北人氏は「よほど状況が深刻なのだろう」と推測した。また脱北人氏は次のように語って唇を噛み締めた。

「北朝鮮の住民はいままでのように『生贄騒ぎ』にだまされるほど甘くない点も考慮されたのではないですか」

北朝鮮の動向に注目しておきたい。

北朝鮮の指導者の変遷

1948年 朝鮮民主主義人民共和国樹立

初代最高指導者
金日成
1948～1994年

2代最高指導者
金正日
1994～2011年

3代最高指導者
金正恩
2011年～

- 1950年 朝鮮戦争
- 1953年 朝鮮戦争休戦
- 1993年 核拡散防止条約脱退
- 1993年 ミサイル発射実験開始
- 2000年 南北首脳会談
- 2002年 日朝首脳会議
- 2006年 核実験再開
- 2018年 南北首脳会談
- 2018年 米朝首脳会談

Column

犯罪者集団、北の拉致を許すな

北朝鮮で拉致され、一時拘束された米国人のドンホル・キム博士が産経新聞のインタビューで日本人拉致被害者と見られる人物に出逢ったと答えた。

「北朝鮮に渡った在日朝鮮人や日本人配偶者が大勢いることは知っていたが、それ以外の日本人がいるとは想像すらできなかった」『良い待遇が受けられる』といった甘い言葉で誘い出され、北朝鮮に着いてだまされていたことに気付いたと話すケースが多かった」

北朝鮮で自由を奪われた日本人が一人でもいる限り、日本政府は救出に全力を尽くすべきだとキム博士は強調した。言われるまでもない。我が国の政府もまたアメリカ同様、全力を尽くすだろう。

外野席

中国が決めた「朝鮮」の国号 中国の顔色をうかがって国政を維持してきた朝鮮。14世紀、李成桂の建国時、明王朝から国号の報告を要請され、李は「朝鮮」と「和寧」（李の生誕地）を提示した。すると明は朝鮮を選んだ。以来、朝鮮は朝鮮となり年号も明王朝の年号を使用することになった。朝鮮は中国の一州か、植民地か？

87

日本、アメリカと決別し漂流する韓国。中国に救いを求める

恩を仇で返す韓国の外交=国是に忍び寄る中国共産党。

2020年
韓国
外交失敗の悲哀

二〇二〇年は、韓国にとって大きな曲がり角になった。もはや、誰も止めることはできない。

韓国大統領府の徐薫《ソフン》国家安保室長は八月末、中国の外交担当トップ、楊潔篪《ようけつち》共産党政治局員を釜山に招いて**「中韓の戦略的パートナーシップを新たな段階に進めたい」**と語った。また、新型コロナウイルス対応での両国の協力関係が「国際的な規範になった」と強調した。

また、これに先立って、中国の邢海明《けいかいめい》駐韓大使は韓国の李仁栄《イインヨン》統一相と面談し、**「中韓は心も一つだ」**と語り、「(南北関係は)前から引っ張ったり、後押ししたり手助けしたい。それがわれわれにもプラスになる」と約束した。

前日、同じ李統一相に対し、アメリカのハリマン特使は北朝鮮の非核化に向けた連携を強調し、南北協力も米韓協力の枠組みの中で進めるようにクギを刺したのは聞いていたのか、いないのか。在韓米軍の駐留経費の負担増、インド太平洋戦力にも興味を示さない。

韓国の文在寅《ムンジェイン》政権は日本、アメリカとの縁を断ち切り、清算して、中国の習近平国家主席の訪韓実現によって未来を切り開こうとしているが、とんだ計算違いに終わるだろう。韓国内の伝統的な保守層から批判の声があがり始めている。

「朝鮮日報」は公然と社説に言う。

「外交が均衡を失い、一方に傾けば、相手国からの要求は増え、譲歩するばかりになる」

他力本願で、その場しのぎの暮らしを続けているようでは独立国家としての名分が立たないはずであるが、何度失敗しても懲りないようだ。しかし、いま、ここで間違えたら亡国の民となる。真剣かつ深刻に考えるべきだろう。

韓国歴代大統領と南北外交他

1948年　大韓民国樹立

主な大統領		年	出来事
初代	李承晩	1950年	朝鮮戦争
		1952年	李承晩ライン設定
5~9代	朴正熙	1965年	日韓基本条約
		1972年	南北共同声明
11~12代	全斗煥	1984年	全斗煥大統領訪日
13代	盧泰愚	1991年	南北基本合意
15代	金大中	2000年	南北会談・共同宣言
17代	李明博	2008年	韓米首脳会議
18代	朴槿恵	2013年	初の女性大統領
19代	文在寅	2018年	南北会談・板門店宣言

Column

堪忍袋の緒が切れる？

いわゆる徴用工訴訟で韓国最高裁が新日鉄住金（現日本製鉄）に賠償を命じた判決で、大邱《テグ》地裁浦項支部が出した資産差し押さえ命令の「公示送達」期限（八月四日）を越えて、資産現金化はいったい、どうなったのか。

韓国は国際的な協定を無視し、自国の勝手な司法判断を優先したために自縄自縛現象に陥っているのであるが、これでは二流国、三流国と言われても仕方ないのではないだろうか。

我が国では対抗措置として国内にある韓国側の資産差し押さえや輸入関税引き上げ等、二桁以上の実行策が検討されている。韓国はよく善後策を考えてから動くべきではないだろうか。

外野席　**逃げ足の早い独裁者、李承晩**　韓国の初代大統領になった李承晩。いつも議会と対立して軋轢を生みだす独裁者だった。日本海に得手勝手な「李承晩ライン」を設定して日本と紛争を起こしたことでも有名。ところが、朝鮮戦争が勃発すると開戦2日目に敵前逃亡。国民を見捨ててソウルを脱出。雲隠れしたのはいまも語り草である。

88

EU離脱はイギリス没落の始まりか？

一九九五年以降、最大のGDP落ち。前期比二〇・四%減。

二〇一六年六月二三日、イギリスはEU（ヨーロッパ連合）離脱に賛成か、反対か、国民投票を実施した結果、離脱賛成が五一・九%。反対をわずかに上回る投票を確保した。だが、この事実を反映してか、なかなか離脱手続きは進まず、三度も延期になり、ようやく**二〇二〇年一月三十一日午後十一時を期して実行**された。

英語ではこの離脱をブレグジット（Brexit）というが、British と exit の合成語。語呂合わせではないが、これではイギリスの終わりと読んでも間違いではない。当初は、EU分担金の支出削減効果とか、経済効果、自由貿易の進展とか、景気の良い話が飛び交ったが、実際はどうか。

二〇二〇年四～六月期の国内総生産（GDP）では世界主要国の中で最も落ち込みが大きく、実質で前期比二〇・四%減。コロナ禍とはいえ記録のある一九五五年以降、最大の下落（産経新聞）だ。年率換算を試みると五九・八%減となる。日本の二七・八%減、アメリカの三一・九%減、EU圏の四〇・三%減と比べると突出している。

こうした傾向から見れば、**景気後退局面に入ったと見られても仕方がない**。EUとの貿易交渉は難航しており、二〇二〇年中にまとまらなければ経済活動は混乱し、「同意亡き離脱」と同じ状況になると噂されている。イギリスの産業界はドイツなどに工場を移転し始めているという。

それだけではない。スコットランドは独立の可能性を口にし始めており、北アイルランドもアイルランドに併合される恐れも出てきた。そうなれば、**“小さなイギリス”**になる。ぼんやりしている暇はないはずだ。大英帝国の栄光は、もはや消えかかっているのではないだろうか。

イギリスのEU離脱

Column

EUの南北格差、ユーロの未来

フランスの経済学者トマ・ピケティは『21世紀の資本』の中で「通貨統合は自然に政治、税務、財務統合につながり、メンバー諸国はますます密接な協力関係へと向かうはずだった」と語る。

しかし、加盟国の経済は明暗が分かれ、ギリシア危機にはユーロ離脱を模索。イギリスのEU離脱でも「離脱ドミノ」が続く気配があった。ドイツとフランスがユーロの恩恵をこうむる反面、自国通貨への復帰を願う国もある。

EUの近未来は決して明るいものではない。何があっても不思議ではないわけで、予断を許さない状況が続く。ヨーロッパ統合の夢は幻に終わるのか？　自由主義陣営の未来は？

外野席　**イギリスのEU離脱は再考できないのか？**　1952年、フランスと西ドイツ、ベネルクス3国、イタリアの間で「ヨーロッパ石炭鉄鋼共同体（ESSC）」結成をきっかけに壮大なヨーロッパ統合の実験が始まった。そして1967年、念願のヨーロッパ共同体（EC）が結成されたはず。イギリスは自国の利害しか考えないのか？

2020 年
日本　領土・外交問題

89

漂流する日本はどこへ行くのか？

傑出したリーダー、安倍晋三なき後の日本の針路は如何に？

二〇二〇年八月二十八日、安倍晋三首相は突如辞任する意向を明らかにした。持病の潰瘍《かいよう》性大腸炎が悪化したため、「国民の負託に自信を持ってこたえられる状態ではなくなった」からだという。第二次内閣発足以来、約七年八カ月。歴代最長の記録を更新したばかりであった。

日経平均株価が一時六百円以上も暴落したのも止むなし。まさに安倍首相の辞任は「青天霹靂《せいてんのへきれき》」の如し。たちまちの内に速報が世界を駆け巡ったのである。中でも最も衝撃を受けたのはアメリカのトランプ大統領であろう。

なぜなら、その理由を問うまでもない。**世界の安全と平和の基軸を担うのはアメリカと日本、そして、オーストラリアとインドなどの同盟諸国であり、対中国包囲網であることは誰も否定できない**ことであり、その中心に座るのはアメリカと日本をおいて他にないからである。

今後、中国との競争、対立は避けられないし、激化の一途を辿るのは疑いない。いつ、何が起きても不思議ではない。何があっても対応できるように国の仕組みを万全たるものにしておく必要がある。それには憲法改正を停滞することなく、直ちに実行することだ。

領土問題、拉致《らち》被害者救出を含む外交問題からあらゆる国難に立ち向かう力強い政府にパワーアップしなければ、今後の日本は立ち行かない。

これ以上、「お人良し外交」「援助一辺倒の金持ちニッポン」では通らない。微笑み外交では、今後の世界は渡れない。カネも出せば、クチも出す。力も行使する。凄みの利く国になることだ。

安倍首相の引退は、そういうイメージチェンジを図る機会にして欲しいものである。

日本の主な外交問題、課題点

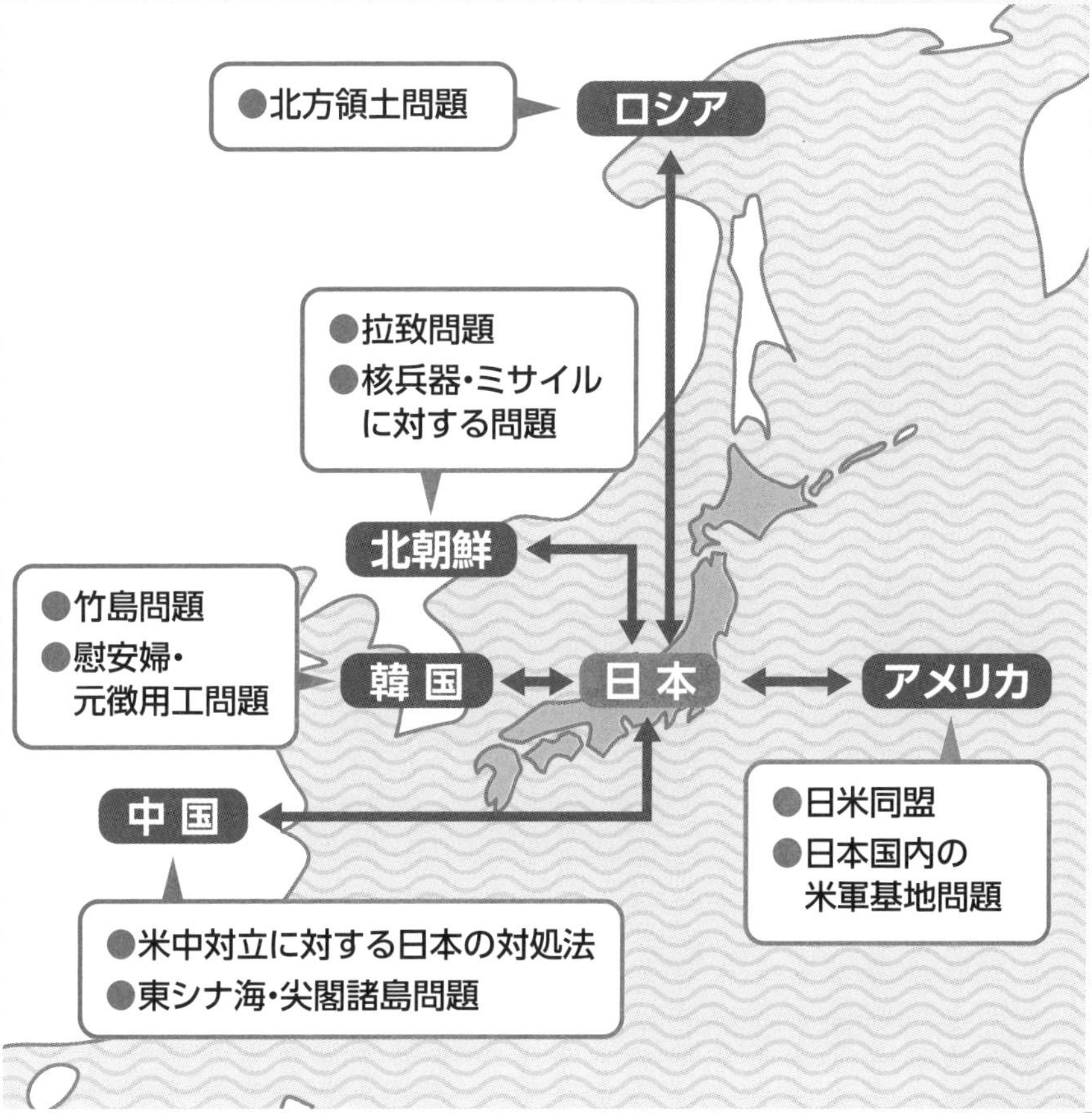

Column

大東亜戦争の見直しをしよう

面白いニュースに出逢った。

「世界秩序が大転換した大東亜戦争」「白人の植民地支配からの解放と独立を実現」という見出しで堂々と論陣を張る『日本時事評論』という新聞だ。

同紙は大東亜戦争が「アジアの人々を苦しめた戦争」「ファシズムと民主主義の戦い」というように連合国を正当化する歴史が児童、生徒に教えられているとし、歴史を学び直そう、と呼び掛けている。

今時、めずらしい意見、主張である。襟《えり》を正して読ませていただいた。同紙には「停滞する遺骨の帰還」という戦没者の遺骨収容作業を伝える記事もあった。思わず黙祷合掌した。

外野席 **作家伊藤整、「白人と戦う他なし」** 大東亜戦争が始まった昭和16年12月8日、作家伊藤整は「感想～我々は白人の第一級者と戦う外、世界一流人の自覚に立てない宿命を持っている」と日記に書いた。古代は中国に、近代は欧米列強に遅れを取った。いつも二番手。伊藤はその運命と宿命を言ったのか？　いまこそトップに立てと。

おわりに

混迷打開の道——故きを温ねて新しきを知る

アメリカのトランプ政権は「過去二十年間の対中国政策は『誤り』だった」と述べ、「中国に対する米国の戦略的アプローチ」と題する報告書を出したということで話題になった。途端に我が国の評論家諸氏も喜んだのである。

しかし、トランプ政権も我が国の評論家諸氏も一九五一年五月三日を思い起こすべきであろう。D・マッカーサー元帥が対中戦略を巡ってトルーマン大統領の見解と対立したため、連合国軍最高司令官職を解任され、上院軍事外交合同委員会の聴聞会に呼ばれたときのことだ。

質問者は親しく語りかけた。曰く、「赤化中国を海と空から封鎖するという元帥の提案は太平洋で日本を相手に勝利を収めた際の戦略と同じではないですか」と。真意はマッカーサーの戦略の正当性を補強するのが狙いだった。

ところが、証言は予想外のものだった。

「(日本は)綿がない。羊毛がない。石油の産出がない。錫がない。ゴムがない。他にもないものばかりだった。その全てがアジアの海域にあった」

「もし、それらを断ち切られたら、一千万から一千二百万人の失業者が発生する。それを恐れた。従って、日本を戦争に駆り立てた動機は、大部分が安全保障上の必要に迫られてのことだった」

そして、言った。

「過去百年、米国が太平洋地域で犯した最大の政治的過ちは共産勢力を中国で増大させたことだ。次の百年間で代償を払わなければならない」

日本を敵視し、中国を甘やかした代償がいまなのだ。改めて、この言葉を腹に収めなければいけない。日本再興が今後の世界を決める。

令和二年九月　自宅書斎にて記す

鈴木　旭

著者紹介
鈴木 旭（すずき・あきら）
昭和22年6月、山形県天童市に生を受ける。法政大学第一文学部中退。地理学、史学専攻。高校が電子工業高校だったためか、理工系的発想で史学を論じる。手始めに佐治芳彦氏と共に「超古代文化論」で縄文文化論を再構成し、独自のピラミッド研究から環太平洋学会に所属して黒又山（秋田県）の総合調査を実施したのは有名な話。以後、環太平洋諸国諸地域を踏査。G・ハンコック氏と共に与那国島（沖縄県）の海底遺跡調査。新発見で話題になった。しかし、あくまで本業は歴史ノンフイクション作家業。「歴史群像」（学研）創刊に携わって以来、「歴史読本」（新人物往来社）「歴史街道」（PHP）「歴史法廷」（世界文化社）「歴史eye」（日本文芸社）で満遍なく活躍。『うつけ信長』では「第1回歴史群像大賞」を受賞した。著書多数。「面白いほどよくわかる」シリーズ『日本史』『世界史』『戦国史』『古代日本史』はロンブセラーとなった（すべて日本文芸社）。他に『明治維新とは何だったのか？』（日本時事評論社）『本間光丘』（ダイヤモンド社）など著書多数。歴史コメンテーターとして各種テレビ番組にも出演。幅広い知識と広い視野に立った史論が度々話題となる。NPO法人八潮ハーモニー理事長として地域文化活動でも活躍中。行動する歴史作家である。

眠《ねむ》れなくなるほど面白《おもしろ》い
図解《ずかい》 世界史《せかいし》

2020年11月10日　第1刷発行
2024年 3 月 1 日　第5刷発行

著　者　鈴木《すずき》 旭《あきら》
発行者　吉田芳史
印刷所　株式会社 光邦
製本所　株式会社 光邦
発行所　株式会社 日本文芸社
〒100-0003 東京都千代田区一ツ橋 1-1-1 パレスサイドビル 8F
TEL 03-5224-6460（代表）
URL https://www.nihonbungeisha.co.jp/

Printed in Japan 112201027-112240219 Ⓝ 05（300041）
ISBN978-4-537-21838-1

（編集担当：坂）